국가재테크

National Financial Technology

국가재테크

초판 1쇄 인쇄 2013년 9월 5일
초판 1쇄 발행 2013년 9월 10일

저 자	유상오
발행인	김진희
디자인	김지연
펴낸곳	SniFactory (에스앤아이팩토리)

등록	제 2013-000163호(2013년 6월 3일)
주소	서울시 강남구 삼성동 157-3 엘지트윈텔2차 1608호
전화	02-517-9385 / **팩스** 02-517-9386
이메일	dahal@dahal.co.kr
홈페이지	http://www.dahal.co.kr

ISBN	979-11-950663-0-8

값 15,000원

21세기 대한민국 경제성장의 기적

—— National Financial Technology ——

국가재테크

유상오 지음

다흘미디어

대한민국은 재테크 공화국이다. 온 국민이 재테크 열풍 속에 빠져 있다. 10대들은 경제 교육에, 20대들은 학자금과 스펙 자금 마련에, 30대들은 아파트 마련을 위해, 40대들은 자녀 교육에, 50대들은 은퇴와 자녀 결혼, 부모 의료비를 준비하는 데 혈안이 되어 있다. 60대는 아르바이트로 적은 돈이라도 벌려고 노력한다. 70대와 80대들은 더 이상 돈을 마련하기 힘들지만 어떻게든 비용을 절감하고 적은 돈으로 생활을 할까 궁리하고 있다.

한마디로 대한민국은 잘살기 위해 발버둥치는 나라다. 정부나 기업은 수출과 무역 흑자를 내기 위해, 가정이나 개인은 부자가 되려고 혼신의 힘을 다한다. 부자만 될 수 있다면 물불 가리지 않는다. 부자가 될 수 있다면, 수출만 잘된다면, 방법이나 절차에 조금 무리가 있어도 큰 문제가 되지 않는다. 수많은 고위 공직자 후보들이 청문회 과정에서 크게 네 가지로 낙마한다. 부동산 투기, 자녀 교육, 병역 기피, 탈세다. 그 중 백미는 역시 위장 전입과 다운 계약서, 탈세로 이어지는 부동산 시나리오다.

2010년 언론인 출신 유력 장관 후보가 청문회 과정에 불거진 부동산 투기 문제로 낙마한 사건이 있었다. 여러 가지 창의적인 방법을 융복합해 부동산 투기를 했지만, 세간 사람들의 시선은 비판 일변도만은 아니었다. 물론 장관 후보자로서는 비난받아 마땅하지만, 재테크 성공이란 측면에서는 부러움의 시선을 보내기도 했다.

단군 이래 지금처럼 재테크가 성황을 이룬 시대는 없다. 국민 각자의 재테크가 이처럼 빅히트를 치는 것은 IMF 이후부터다. 모 카드사에서 광고하는 "여러분! 부자되세요~~"라는 문구가 국민을 흔들었다. IMF 이전까지는 지금처럼 재테크에 매달리지 않아도 되었다. 연공 서열과 회사가 끝까지 자신을 지켜 준다는 믿음이 있었기 때문이다.

하지만 믿었던 회사가 없어지고 가족이 해체되는 처절한 몇 년을 보낸 사람들은 무섭게 변해 갔다. 자신만이 유일한 믿음이다. 가족은 내 힘으로 지켜내야 한다는 신념은 한민족 증후군으로 물들어 갔다. 벌써 까마득한 일이 되었지만, 외환 위기 직후인 1998년 봄, 제일은행은 직원 4천여 명을 감원시켰다. 당시 〈눈물의 비디오〉라는 영상이 화제가 된 바 있다. 폐쇄 직전 서울 강남 테헤란로 지점 직원들의 '잔인한 하루'를 담담하게 스케치한 작품이다.

명예퇴직 당하는 직원들이 간간이 등장해 "남은 사람들이 회사를 위해 잘해 달라"며 울먹였다. 초점 없는 동공 속에는 피눈물이 담겼다. 비디오를 보는 국민 모두 울었다. 한국 사람이라면 누구나 아픔을 공감했기 때문이다. 그러다보니 〈내일을 준비하며〉라는 원제와 상관없이 〈눈물의 비디오〉란 이름이 붙여졌다. 이러한 퇴직자들의 염원에도 불구하고 제일은행은 뉴브리지캐피털로 변하고, 다시 스탠다드차타드로 주인이 두 번

바뀌었다. 선진국 헤지펀드가 번갈아 경영한 10여 년 동안, '먹튀 논란'으로 떠들썩한 금융기관이 되었다.

시장 점유율도 총자산 기준 3.54%(2012. 12. 기준)로 시중은행 7개 중 꼴찌에서 두 번째다. 결국 떠나간 사람들의 염원과는 무관했다. 인내할 수 있는 아픔은 사람을 철보다 강하게 만든다.

대한민국 모두가 재테크에 몰입해 돈을 많이 벌기 위한 무한 경쟁 체제로 진입했다. 우리라는 공동체는 재테크 속에 함몰되고 민간 사회 안전망도 사라졌다. 오로지 돈? 돈! 돈$ 돈€ 사회로 빠르게 변화해 가고 있다. IMF에서 십 수 년이 지났다.

지금 한국 사회는 과연 돈 많은 사회로 변화했는가. 돈의 궁극적인 목표는 무엇인가. 행복한 사회를 만들기 위함인가. 이렇게 사는 당신은 건강하고 행복한가. 저출산, 고령화의 영향인지 한국 사회의 역동성은 점점 사라진다. 역동성이 없어지면서 사회는 점점 침체되고 양극화와 저성장의 구렁텅이에서 10여년 동안 벗어나지 못하는 것이 현실이다. 수출이 잘되지만 고용 없는 성장과 내수 부진에 걱정하는 사회가 되었다. 과연 이런 방식의 이기적인 재테크가 한국호에 도움을 줄 수 있는가. 나만 행복하면 된다는 식의 사고방식은 상부상조의 조화로움을 해치고 새로운 문제점을 잉태하고 있는 것은 아닌가.

그렇다면 우리의 재테크 대안은 무엇인가. 국민 모두가 잘사는 한국형 재테크의 원형은 무엇인가. 앞으로 한국형 재테크가 발전하려면 이기적인 개인재테크에서 벗어나 함께 부자 되는 세상, 이웃과 더불어 나누는 세상, 사회 공동의 부를 마련하고 공유하는 재테크를 실현하는 방안을 고민해야 한다.

저자는 한국형 재테크의 원형을 파악하기 위해 많은 시간을 투자했다. 다양한 자료와 인터뷰를 통해 '한국형 재테크의 원형은 새마을운동, 실체는 새마을정신, 본질은 국가재테크'라는 결론에 도달했다. 국가재테크란 '리더의 통찰력으로 현실 사회와 접목해 개인과 국가가 공생하는 미래 비전을 만드는 것'이다.

5년 이내에 베이비부머 712만 모두가 은퇴한다. 향후 20년간 총 1800만 명의 한국 사회의 실세들이 퇴직해야 한다. 은퇴 이후 이들이 지속적인 경제생활을 하도록 돕고 과거 직장생활할 때보다는 못하겠지만 스스로 자립할 수 있는 기반을 국가와 개인 모두가 모색해야 한다. 이것이 가능하다면 국가는 좀 더 수출과 대한민국 발전을 위해 노력할 수 있을 것이다.

이 책은 은퇴 이후의 사람들이 지속적으로 소득과 복지를 스스로의 힘에 의해 만들어 나갈 수 있도록 우리 사회가 공감대를 형성하자는 의도로 엮은 책이다. 그리고 우리가 그동안 잃어버렸던 우리 마음속 재테크 고향을 찾아보자는 의도도 있다.

중고령자들이 좀 더 경제생활을 영위해 나간다면 국가는 일자리 마련에 큰 도움이 될 것이다. 현역 시절의 기술과 기능, 지식과 재능을 사용할 수 있는 방안이 모색된다면 중고령자 자신들에게도 큰 의미를 갖는다.

오늘날 인간 수명을 100세 시대라 한다. 100세 시대에 직장에서 은퇴하는 50세는 낮 열두 시이다. 적어도 정오부터 저녁 여섯 시가 되는 75세까지는 일해야 하지 않을까? 지천명부터 등산가고 노인이 된 것처럼 남은 50여 년 무작정 소비해 버린다면 너무 아쉽고 안타깝지 않은가. 자신의 소질과 취미, 일을 통한 다양한 봉사를 하면 어떨까.

후배들에게 교훈과 가치를 전해 주는 고령의 역할도 중요하다. 조금 눈을 낮추고 불편함을 감수해 일한다면 대한민국 21세기 노동혁명이 일어날 것이다. 왜냐하면 베이비부머는 대한민국 역사상 처음으로 자신의 분야를 세계 최고로 만든 전문 인력군이기 때문이다. 베이비부머가 20년만 더 일해 준다면 대한민국은 세계 다섯 손가락에 들어가는 G-5 나라가 될 것이다.

2013년 8월

청계산 기슭 향촌서방에서

유상오 씀

목차

왜
국가
재테크인가

세상에서 가장 빈곤한 나라

지구 위의 저주받은 나라

대한민국은 지구상에서 가장 가난하고 저주받은 나라였다. 해방 후 한국전쟁을 겪고, 그리고 1960년대 초반까지 세계 최빈국이었다. 먹을 것이 없어 굶어 죽는 아이, 경제가 어려워 거지와 깡패가 판치는 세상이었다. 수많은 전쟁 고아들이 저주받은 조선 땅을 피해 미국으로 입양되던 시대였다. 비록 아이들을 구미 국가로 보내는 뻐꾸기 나라지만 결코 희망의 끈은 놓지 않았다.

1945년부터 15년 동안 이어진 전쟁과 가난, 혼란의 결과는 무엇인가. 1960년 유엔UN은 120개 국가를 대상으로 통계를 조사해 1인당 국민소득GNP을 발표했다. 인도가 60달러로 최빈국이었다. 꼴찌에서 두 번째는 대한민국이다. 북한이나 필리핀보다도 못한 1인당 국민소득 79달러로 119위다. 한마디로 세계에서 가장 못사는 나라다.

그렇다면 대한민국은 어떻게 용쓰는 재주가 있어 50년 만에 G-20 국가로 성장했는가. 모두가 일치단결하여 혁신했으며, 모든 사업을 단기 프로젝트 단위로 선택과 집중을 하고, 그리고는 반드시 결과를 도출했다. 국민들이 근면성실한 자세로 자신의 책무를 위해 최선의 노력을 하면서 푼돈이라도 저축했다.

한국의 승리를 만든 국가재테크는 국가와 국민이 하나가 되어 한길을 걸어간 것이다. 국가재테크란 좀 생소한 용어이지만 '국가의 능력으로 경제부국이 되는 전략과 기술'을 총칭한다. 모두가 포기한 대한민국을 살리는 기틀을 만든 것은 다름 아닌 국가를 믿고 따랐던 우리 아버지, 어머니, 조부모세대였다.

2013년 6월 통계청 발표에 따르면, 1960년 1인당 국민소득은 79달러에서 2012년 2만2700달러로 52년 만에 287배 증가했다.[1] 한마디로 믿을 수 없는 일이 한국에서 일어난 것이다. 같은 기간 인도는 어땠는가. 인도도 많이 발전했다. '글로벌 인사이트Global Insight'에 따르면 2010년에는 1인당 국민 소득이 1,351달러, 한국이 20,759달러를 기록했다.[2] 인도가 22.5배 성장할 때 우리는 262.7배 성장했다. 비교가 되지 않는 수치다. 개발도상국 리더들이 대한민국을 외치며 코이카KOICA에서 교육을 받는다. 그들이 감격하며 울음을 터트리는 이유는 우리가 잘살기 때문이다. 자신들의 나라도 한국 사람처럼 성공 신화를 쓰고 싶다는 애국심의 눈물이다.

한국을 배우러 온 사람들에게 농촌 개발 교육을 하면 자주 이런 질문을 받는다. 당신네 나라는 식민지 경험에 자원도 하나 없고 좁은 국토 면적에 먹여 살려야 하는 인구밀도는 세계 3위이다. 농토도 거의 없고 산마다 헐벗은 나라가 어떻게 50여 년이라는 짧은 기간 동안 세계에서 가장 괄목할 만한 성장을 했는가.

그들의 관점에서 본다면 반세기 전에는 자기들보다도 못한 최악의 조건의 대한민국과 한국인이다. 도대체 어떤 마술을 어떻게 써서 지금과 같은 부와 번영을 누리게 됐는지 정말로 알고 싶어했다. 그 연금술 같은 비밀을 가르쳐 달라고 아우성이다.

5무의 나라, 대한민국

대한민국은 50년 전 5무(무자본 · 무자원 · 무에너지 · 무기술 · 무자신감)의 국가로 전 세계가 업신여겼다. 아무도 대한민국에 돈을 빌려주지 않았다. 우리는 본원적 자본을 만들기 위해 1963년부터 서독에 광부와 간호사를 보내고 한일 굴욕 외교를 했다. 또 젊은 군인들을 이역만리 베트남에 총알받이로 보냈다. 피눈물을 흘리면서 독하게 자본

---

1 통계청(2013. 6), 『2012년 한국사회 지표』
2 홍석빈, LG경제연구원, www.lgeri.com

을 축적한 나라가 대한민국이다. 분명히 해야 할 점은, 절대로 외세에 의존해서 쉽게 벌지 않았다는 점이다. 그 과정에 학생 데모와 정치권의 반대도 있었다. 하지만 대부분의 국민들은 묵묵히 국가를 신뢰하고 자신의 입장에서 최선의 노력을 다했다.

내 가족을 먹여 살리고 사회에 폐를 끼치지 않는다는 소박한 생각, 국가가 최빈국에서 탈출해 자본을 만들려는 국가재테크의 씨앗이었다.

작은 자본을 만든 이 나라는 기술을 얻기 위해서 전 세계 어디든 산업 스파이를 보냈다. 일본과 미국, 독일 등 선진 기술을 빼오는 데 모두가 나섰다. 대학교수는 명예를 버리고 현대판 문익점으로 돌변했다. 특이한 것이 있으면 무조건 카피하고 도둑질했다. 쫓겨나고 구금당하고 욕을 먹고 매를 맞아도 대한민국을 위한 일이라면 현대 · 삼성 · 포항제철 등 기업과 엘리트 집단에서 먼저 나섰다.

무엇이 반세기 전 선배들에게 이런 열정을 만들었는가. 잘살아 보겠다는 일념이다. 대한 국민이 세상에 보여 준 것은 "우리는 할 수 있고, 하면 된다"라는 국가재테크의 마음이다. 자본이 축적되고 기술이 서서히 진보하자, 전 세계에서 자원을 수입했다. 이것을 가공하면서 본격적으로 수출을 시작했다. 자원 부족은 경제력이 커지면서 5무 중 가장 쉬운 일로 변화했다. 왜냐하면 돈 주고 수입하면 되었기 때문이다.

무에너지는 예나 지금이나 심각한 문제다. 국가가 발전하기 위해서는 값싼 전력을 공급해 수출에 매진해야 한다. 하지만 1960년대까지 전력의 90%가 화력인 나라에서 석유 수입은 무척 큰 부담이었다. 이것을 해결하기 위해 다목적댐을 만들고 1970년대 원자력에 집중해 전 세계에서 가장 싼 에너지를 공급하는 나라로 성장했다. 에너지 노이로제 국가인 대한민국은 어느덧 석유 완제품 수출 세계 1위 나라로 성장했다.

선진국으로 성장하기 위해 가장 필요한 것은 국민들이 가지는 자신감이다. 지난 50년 동안 열심히 일한 우리는 구한말, 일제강점기를 겪으면서 잃어버렸던 한민족의 자존감을 다시 찾았다. 이런 프라이드로 이제는 지구촌에 K-pop 문화를 보급하고 한류와 한국 제품을 수출하고 있다. 새로운 드라마, 가요, 음식, 패션 등이 지구촌에 전파되고 있다.

한류의 특징은 단순한 유행 자체가 아니다. 한국 문화와 창의성, 과학 기술이 융복합되어 세계 젊은이들이 열광할 수밖에 없다는 점이다. 문화는 마약과 같은 흡입력을 갖고 있다. 세계 20억 젊은이들이 좋아하는 한류를 만든다면 21세기 중반의 대한민국에는 희망이 있다.

현대사를 공부하면서 얻은 결론은, 대한민국 국민들은 실용적이라는 점이다. 또 세계 어떤 민족보다도 동포애가 강하다. 목표 달성의 집념이 억세고 한번 결정한 사항은 반드시 달성해야 직성이 풀리는 민족이다. 평창 동계올림픽 도전 과정을 보면 지구촌 사람들이 경악한다. 우리는 홍수환 선수 이래 몇 번 떨어져도 다시 시작할 수 있는 강한 민족으로 각인되었다. 이렇듯 도전정신으로 뭉친 민족은 우리와 유대인밖에 없을 것이다. 수천 년 외세 침략을 극복하면서 단결된 공동체 의식과 도전정신이 필요했을 것이다.

그렇다면 어떻게 5무의 나라가 무역 규모 1조 달러의 세계 7위권 경제대국이 되었을까. 어떻게 성장하는 재테크의 역사를 썼을까.

결론부터 말한다면 '하면 된다, 할 수 있다는 자신감' 이 새 역사를 창조했다. 잔머리 안 굴리고 앞만 보고 묵묵히 달린 결과, 무에서 유라는 역사적 업적을 이룩했다. 국민 총화로 만든 정성의 결과라고 할 수 있다. 온 국민의 애국심과 중산층의 시대정신이 대한민국 재테크라는 드라마의 주인공이다. 물론 그 안에는 주연과 조연, 악역과 감초 역할, 수많은 엑스트라가 등장한다. 이 드라마에는 교육, 경제개발, 국민 참여, 성과와 평가, 프로젝트 단위 집중 등 몇 가지 다른 나라에서 볼 수 없는 비밀이 숨어 있다.

왜 한국형 재테크인가

한국 근대화를 이야기할 경우 경제개발계획과 새마을운동을 뺀다면 전개 자체가 쉽지 않다. 그 중에서도 새마을운동은 주민 생활이나 산업경제, 지역사회에 물리적인 변화뿐만 아니라 정신면에서도 큰 영향을 미쳤다. 하겠다는 자세가 우리 민족에게는 중요하다. 하겠다는 정신, 즉 혼이 살아 있으면 개발이나 수출, 운동도 모두 성공시킬 수 있다. 어떻게 국민들에게서 자주적 참여정신을 고양시킨 것인가.

재테크 관점에서 본다면, 1970년대 잘살아 보겠다는 정신이 개인들의 초기 잉여 자금을 저축으로 변환시켰다. 재테크란 돈이나 재물을 나타내는 재財와 수법, 기교, 전문 기술을 나타내는 테크닉technic이 합해져 만들어진 조어다. 일본에서 1980년대 후반 만들어진 용어로, 우리나라에서는 1989년부터 일반 언론에 사용되기 시작해서 IMF 이후 본격적으로 사용되고 있다.

국가란 '일정한 영토와 주민들이 살고 있으며 주권에 의한 통치 조직을 지닌 사회집단'을 말한다. 결국 국가재테크란 '주권에 의한 통치 조직이 돈이나 재물을 만들어 내는 기술이나 수법'이라고 사전적인 정의를 할 수 있다.

정부는 국가재테크를 위해 모든 국민이 근면하고 성실하게 일해 주길 원했다. 그래서 모은 푼돈을 은행에 계속 저축하길 장려했다. 개개인의 저축이 국가 발전의 원동력이 되고 1970년대 중화학공업을 건설하는 자본이 되었다. 높은 저축률은 기업의 빠른 자본 축적으로 이어지고, 한국 경제 성장의 원동력이 되었다.

2010년 12월 한국개발연구원 KDI 현오석 원장(현재 부총리)은 『한국 경제 60년사』를 발간하는 기념 세미나를 열었다.[3] 그는 "한국 경제 성장은 높은 저축률과 투자율을 기본에 둔다"고 하면서 "한국 특유의 성실함과 근면함으로 빠른 자본 축적을 했다"고 평가했다.

현 부총리의 이야기를 들어 보면 한마디로 국가의 통일된 힘에 의해 경제 성장을 연출한 것처럼 들린다. 1970년대 경제성장을 통해 북한이라는 라이벌 국가의 경제력을 뛰어넘어 자유민주주의로 이념적 통합을 이끌어 내었고, 공산주의를 이겨내는 성장 동력을 만들어 낸 것이다. 이 과정을 놓고 보면, 국가의 선도성과 국민 특유의 성실함과 근면함이 결합했다. 국가에서 큰 틀과 목표를 제시하면 국민이 이를 따르면서 내용을 채워

---

3 한국 경제성장은 이스라엘 건국에 버금가는 기적, 중앙일보, 2010. 12. 4.

나간다. 한국의 재테크는 국가와 국민이 만든 합작품이다.[4]

분명 1970년대 만들어 낸 새마을운동이 한국형 재테크의 기원이다. 새마을이라는 재테크 정신으로 온 국민이 하나로 뭉쳤기 때문에 30년 이상 30~40%의 높은 수준을 유지한 저축률을 만들었다.[5] 국민들의 높은 재테크 인식과 애국애족 정신이 빠른 자본 축적을 키우고 오늘의 대한민국을 만들었다고 말해도 과언이 아니다.

재테크의 첫 작품, 저축

5천 년 가난을 벗어나게 했던 재테크 첫 작품은 '저축'이다. 저축때문에 1960년대 노동 집약적 경공업에서 1970년대 자본 중심의 중화학공업으로 산업구조가 변할 수 있었다. 저축은 국민 재테크의 목표이자 국가재테크의 수단이다. 저축을 통한 빠른 산업자본 축적은 1980년대부터 자동차, 가전과 같은 고부가가치 신상품 수출의 기반이 되었다. 오늘날 성공한 대기업도 초창기 국민의 저축을 통해 이룩한 국민 기업이 아닌가.

1974년 4월 『매일경제신문』을 보면 '한 가족 한 통장 갖기' 운동의 장려에서 탈피해 이제부터는 식구마다 '1인 1통장 갖기 운동'을 1976년까지 2년 동안 전개한다는 내용이 나온다.[6] 국가의 권장 속에 온 국민이 저축을 통해 경제 발전을 하자는 캠페인이다.

그 결과, 저축을 통한 국민 자본이 모이고 기술 진보와 자원 활용을 통한 비교 우위 산업으로 경제가 체질 개선했다. 수출은 한국 경제를 더욱 발전시켰다. 즉, 자본 축적은 생산 기술력을 증진시키고 현재와 같은 고부가가치의 산업구조를 구축하는 데 기여했다. 저축을 기반으로 국내 대기업들은 정부와 협력해 스스로 많은 노력을 해 나갔다. 원자재를 가공한 수출 학습, 자본재의 수입과 부가가치 투여, 해외 기술의 구입과 원천 기술을 한국형 신기술로 융복합, 수출을 통한 반복되는 심화 학습 등으로 기술력을 진보시켰다.

결국 1960년대와 70년대, 80년대 30여 년의 피땀 흘린 노력이 현재의 대한민국을 만든 원동력이다. 국민적 통합은 세계 시장에서 큰 규모의 경제를 실현해 생산성을 높이고 빅Big 코리아라는 국가 브랜드를 만드는 원동력이 되었다. 30여 년 요소적 투입과 성장은 1990년대 이후 기술 집약적인 질적 성장을 가능하게 했다.[7] 드디어 1995년 1만 달러 돌파와 함께 세계 1위 상품이 나오기 시작했다. 전후 보릿고개와 기아, 선진국의 업신여김을 이겨내는 순간이기도 하다.

이러한 과정 속에 문제점이 없었던 것만은 아니다. 1960년대 이후 국민들의 저축을 통한 초기 자본의 축적 과정에서 나타나는 서민 금융 억압과 대규모 정책 금융 운용에 대한 부정적인 견해도 있었다. 또 1973년에서 1979년까지의 중화학공업 육성이나 1972년 8·3조치로

---

4 김적교(2012), 『한국의 경제발전』, 박영사.
5 통계개발원(2011), 『한국의 사회동향』, p. 95.
6 식구마다 '통장갖기' '모범(저축)마을' 운동 전개, 매일경제, 1974. 4.19.
7 송병락 (2009), 『한국인의 길을 찾아라』, 청림출판, pp.297–352.

대기업에 특혜를 주고 부실 기업의 반복적 구제에 대해 반자본주의적 이라는 의견도 있다.[8]

대기업 옹호 기업정책에 대해 당시 청와대 특보를 지낸 박진환 박사 는 "북한이 1·21사태와 같은 도발을 하고 서울 한복판에서 총격전을 벌이는중대 국가 위기에서 외국만을 믿고 있을 국민과 지도자가 누가 있겠느냐"고 반문한다. 그는 "국가의 자주 국방이 위급한 상황에서 자위 적인 차원에서중화학공업을 육성하는 것은 당연하다고 대통령은 보고 있었다"고 전한다. 1968년 공비 기습부터 1975년 월남 패망으로 이어지 는 당시 사정은 국민들이 알고 있는 것보다 훨씬 절박했다는 말로 설명 될 수 있다.

또 중화학공업을 육성하기 위해서는 규모화와 집중화, 기업 안정화 가 필요하기 때문에 대기업이 탄생했다고 볼 수 있다. 그는 중화학공업 을 육성하기 위해서는 충분한 전력이 필요한데, 석유를 수입해서 만드 는 화력은 외화낭비이기 때문에 "원자력 개발에 총력을 다하라"는 것이 대통령의 뜻이었다고 회고했다.[9]

저축을 통한 자본 축적과 기술 개발이 수출을 촉진시켰다. 앞만 보고 달리던 어느 순간 1988년 서울올림픽이 열렸다. 한국인으로서 처음 자 부심을 느끼게 했다.

88올림픽은 단순한 스포츠 축제가 아니다. 1984년 LA올림픽이 공산 진영이 빠진 반쪽 올림픽이었던 것과 달리 88올림픽은 소련·중공 등 공산권이 참여한 올림픽이다. 이 과정에서 정부는 뛰어난 북방 외교를 했고, 국격이 높아지고 공산 진영이 대한민국을 인정하면서 확고한 중진국의 자리매김을 했다. 88올림픽 이후 우리는 정치·경제·외교 면에서 북한에 확실하게 우월적 지위를 갖는 계기가 되었다.

1990년대에도 우리는 중단 없는 저축을 해 왔다. '수출 상품의 양적 증가가 산업의 질적 변화를 초래시키는 대전환 시점'이라고 볼 수 있다. 매년 세계 수출 점유율 1위 품목이 늘어나기 시작해 우리나라의 2009년 기준 세계 수출시장 점유율 1위 품목 수는 74개이다.[10]

하지만 저축률이 부진한 2011년에는 수출 세계 1위 품목이 26개나 줄어들었다. 그 중에서도 세계 1위를 자랑하던 우리나라 수출 품목 가운데 12개 품목을 중국에 빼앗겼다. 그 결과 2010년에 71개였던 세계 제1의 수출 품목이 2011년 말 현재 61개로 감소했다.[11]

2012년 12월 한국은행과 통계청에 따르면, 우리나라 총저축률(원계열 기준)은 3분기 기준으로 30.4%로 저축률이 30년 만에 최악이다. 최근 대한민국 국민들은 저축을 거의 하지 않는다는 반증이다. 1980년대 부동산 신화 이후 저축보다는 투자로 얻는 수익이 컸던 경험 때문이다. 투자는 주로 빚을 내서 이뤄졌고, 가계 부채가 한국 경제 최대의 뇌관으로 부상한 현재 저축률 하락에 대한 우려가 높다. 글로벌 금융 위기가 불거졌던 2008년보다도 더 악화됐다.

저축 없는 한국형 발전 모델이 축소하고 경제 성장 동력이 약화되고

8 외환 위기 그 후 10년(6) 정부가 기업운명 쥐락펴락, 서울경제, 2007. 2. 1.
9 저자가 국립묘지에서 박정희 대통령 서거 30주년 합동 참배시에 박진환 박사 인터뷰, 2009. 10. 25.
10 국가별 세계 1위 품목 비교 … 고부가가치 전략이 살 길, 내일신문, 2011. 7. 8.
11 우리나라 세계 1위 품목 1년새 10개 감소, 연합뉴스, 2013. 1. 13.

있다. 대신 선진국의 금융 자본이 밀물처럼 몰려들어 온다. 대기업은 과거처럼 고용을 촉진하지 못한다. 연일 쏟아지는 우울한 경제 뉴스에 마음이 언짢다.

News Scrap

2011년도 우리나라 세계 1위 품목 10개 감소/중국을 경계하라.

2013년 1월 한국무역협회 국제무역연구원의 '추격하는 개도국, 쫓기는 한국' 보고서에 따르면 2011년 우리나라의 세계 수출시장 점유율 1위 품목은 반도체, 철강, 선박, 석유화학, 자동차 부품 등에서 총 61개로 2010년(71개)보다 10개가 줄었다. 세계 1위에서 밀려난 품목이 26개다. 중국에게 세계 1위 품목 중 12개(16.2%)를 빼앗겼다. 문제의 심각성은 이러한 추세가 상당 기간 지속될 것이라는 데 있다. 1위 품목의 수출액도 2007년 이후 4년 만에 처음으로 감소하는 등 글로벌 경쟁력을 자랑하던 수출 한국에 빨간 불이 켜졌다.

가뜩이나 환율 하락으로 수출 경쟁력에 비상이 걸려서인지 금융투자업계는 중국에 밀린 업종들의 주가 움직임에도 촉각을 세우고 있다. 세계 1위 품목의 수출액도 2010년 1천256억 1천만 달러에서 2011년에는 1천34억 3천만 달러로 17.7% 감소해 2007년 이후 4년 만에 증가율이 마이너스로 돌아섰다. 중국에 추월당한 품목에는 액정디바이스, 철·비합금강 평판압연 제품, 합성 필라멘트사 등 일부 IT를 포함해 석유화학, 철강 제품 등이 포함됐다. 우리나라의 주력 수출 효자 상품군이다. 중국이 우리나라를 추월한 품목 수는 2009년 2개, 2010년 7개, 2011년 12개로 매년 증가하는 추세다. 우리가 중국을 경계해야 하는 이유다. 또 우리나라가 1위에 오른 61개 품목 가운데에서도 중국은 13개 품목에서 2위를 차지하며 우리나라를 바짝 추격하고 있다.

우리나라가 2010년에 이어 2년 연속 세계 1위를 유지한 품목은 45개였으며, 새롭게 1위에 등극한 품목은 16개였다. 그러나 신규 1위 품목 16개는 2위국과의 점유율 격차가 대부분 10%포인트 미만이어서 중국 추격에 대비한 제품 경쟁력 강화가 필요한 것으로 나타났다. 2011년 세계 수출 1위 품목 최다 보유국은 중국(1,431개)이었으며, 독일(777개), 미국(589개), 이탈리아(230개), 일본(229개)이 뒤를 이었다. 한국은 총 수출액 규모가 5,552억 달러로 세계 7위의 무역 대국이지만 1위 품목 보유 순위는 15위로 밀려 있다. 다시 세계 최고의 기술력과 수출 1위를 만들기 위해 저축과 연구 개발, 국가재테크를 통한 화합을 만들어야 한다.

『추격하는 개도국, 쫓기는 한국』 한국무역협회·국제 무역연구원, 2013. 1.

02

국가재테크의 비전과 목표

성공 신념을 심어 준 비전 운동, 신바람

1970년대 대한민국의 목표는 대망의 80년대가 되면 '국민 소득 1,000달러, 수출 목표 100억 달러 달성'이었다. 대부분의 국민들이 "쌀밥에 고깃국을 먹을 수 있다"는 구호가 복지 비전이자 소득 목표였다. 새마을운동 덕에 몇 년 앞당겨진 1977년 한국은 드디어 목표를 달성했고, 이러한 근저에는 애국심이 전제되었다.

한국형 국가재테크는 압축 경제 성장과 민족 번영을 위한 개인의 희생 정신이 없었다면 만들 수가 없었다. 돌이켜 보면 한국전쟁, 서독 인력 수출, 월남전, 중동 건설 등 수많은 국가적 전환점에는 이름 모를 애국자들의 나라사랑이 전제된 것이다. 2012년 한국호는 5000억 달러 수출 목표를 달성했다.

1억 달러 수출 목표를 달성한 1964년부터 47 년만에 5,000배의 비약적인 발전을 성취했다. 전후 가장 못살았던 1955년, 65달러의 350배가 넘는 1인당 국민소득을 내고 있다.

한국의 비약적인 발전을 타산지석 삼아 지금 북한 김정은 체제가 새마을운동을 북한 스타일로 흉내 내고 있다. 최근 '김정은 스타 만들기' 일환으로 미사일과 핵 개발, 경제 살리기운동, 쌀밥에 고깃국의 복지 비전을 달성하기 위해 혈안이다. 말로는 중국 개혁 개방 모델을 벤치마킹해 북한을 잘살게 한다고 하지만, 실상은 농공병진農工並進의 한국형 개발 모델을 배우려는 의도이다. 하지만 북한이 개인 사유제와 자본 축적을 거부하는 사회주의 체제를 버리지 않는다면 북한식 사회주의 개혁, 개방은 결코 성공할 수 없다.

● **국가 수출 달성 및 1인당 국민 소득 추이**

1964년	수출 1억 달러 달성	1인당 국민 소득 103달러
1970년	수출 10억 달러 달성	1인당 국민 소득 255달러
1977년	수출 100억 달러 달성	1인당 국민 소득 1,043달러
1995년	수출 1000억 달러 달성	1인당 국민 소득 11,735달러
2012년 (무역 규모 세계 7위)	수출 5000억 달러 달성 무역 1조 달러 달성	1인당 국민 소득 22,708달러

결국 국가재테크 관점에서 본 한국의 발전 모델은 산업화 과정에서

쇠락할 수밖에 없는 농민과 도시민에게 "할 수 있다"는 성공 신념을 심어 준 비전운동이다. 즉, 1960년대 국가가 경제개발의 비전을 주고 노동자 농민에게 신념을 심어 준 것이 계기가 되었다. 이것이 1970년대 가난한 주민들이 스스로 일하고 저축해 부자되는 목표와 꿈을 달성한 최초의 국가재테크 실적이 되었다.

스스로 만든 성공 경험은 1980년대 지역사회의 이해관계를 일치시켜 가장 안정적인 3저 효과와 물가 안정을 구축해 낸다. 20세기 한국형 국가재테크의 특징은 자신과 지역사회 공동체가 하나가 되어 실현 가능한 재테크 목표를 설정하고 이를 빠르게 달성한다는 점이 특징이다.

하지만 21세기의 개인 재테크는 자신과 가족만을 위한 재테크다. 지역공동체와 국가는 소외되어 있다. 때문에 개인만을 위한 재테크는 사회 통합에 실패하고 지속 가능하지 못하다. 결국 국가의 조정능력 부재가 공동의 이익에서 소외되는 사람들을 사회 통합의 적으로 만들고 있다. 이들의 돌출 행동이나 우발적인 범죄가 국론 통일의 걸림돌이 되기도 한다. 결국 대한민국은 하나이고 함께 갈 수 있는 길을 창조해야 안심할 수 있다. 새마을운동이 다른 운동과 비교되는 것은 시대정신과 상황을 통일시켜 전 국민을 하나의 목표와 하나의 비전으로 이끌었다는 점이다. 우리 역사에서 이러한 일들이 몇 번 있었다. 88올림픽, 2002년 월드컵, 천안함과 연평도 포격 등으로 국민들이 하나로 뭉쳤지만 새마을운동처럼 강한 영향력을 주지는 못했다. 한국형 재테크 성공 모델을 간단히 정리해 보자.

첫째, 개인과 사회가 공생하면서 재테크를 실천하는 가운데 성공할 수 있다.

둘째, 작고 쉬운 단위의 프로젝트로 목표를 설정하고 반드시 목표를 성공시킨다.

셋째, 목표 성공의 자신감을 주변과 공유해 공동체의 일체감을 증진시킨다.

넷째, 성공했다는 자신감을 한국인 특유의 신바람으로 일체화된다.

다섯째, 뭐든지 할 수 있는 자신감과 다이나믹한 추진력과 공동의 창의력으로 신사업에 도전한다.

우리 재테크는 한번 신바람을 타면 힘들어도 지칠 줄 모르는 품앗이(상생)정신이 솟아 나온다는 점이 한국형 국가재테크의 커다란 특징이다.

선 단결, 후 비전

한국형 재테크가 지향하는 방식이란 무엇인가. 먼저 지도자와 주민의 단합을 전제로 한다. 선 단결이 이루어진 다음에 비전을 제시하는 것은 어렵지 않다. 먼저 주민 상호 간에 민주적으로 토의해 의견을 일치시키고 공동의 비전을 만들어낸다. 쉽게 달성할 수 있으면서 긴요한 공동 목표를 설정한다는 것이다.[12]

작은 목표에 도전하고 달성하는 과정을 겪는다. 이 과정을 반복하면서 개인과 지역사회가 공생하는 성공 모델이 만들어진다. 한번 성공하면 다음에 어려운 목표가 와도 성공할 수 있다. 대한민국이 최빈국에서 선진국으로 진입할 수 있는 까닭은 국가재테크에 충실한 국민과 기업의 반복 훈련 결과다.

서구식 재테크의 모델이 개인의 근면과 노력에 의해 부를 축적했다면, 한국식 재테크의 모델은 개인과 사회가 공동으로 신뢰하면서 발전하는 형태를 원한다. 최근의 노사 관계에서 불협화음은, 기업은 잘되는데 개인이 얻는 만족은 적기 때문에 생기는 결과라고 할 수 있다. 한국형 재테크는 자신과 지역사회가 더불어 살 수 있는 방법을 모색하는 가운데서 발생한다. 우리는 동질성이 강한 민족이기 때문에 사회의 이익을 높이는 방향으로 투자가 전개되는 것이 기업에게도 유리하다. 우리가 추구하는 공동체적 자본주의 윤리는 돈이 되는 것이면 무엇이든 하는 미국식 금융 자본주의와 다르다.

심하게 비약하면 이런 가정도 할 수 있다. 국민연금에서 수익률을 높이려고 헤지펀드에 가입해 돈을 맡겼다. 헤지펀드사는 수익률을 높이려 뭐든 돈 되는 것을 다하고 기업 인수 합병도 불사한다. 예를 들어 경영상태는 일시적으로 불안하지만 지역사회에서 평판이 좋은 사회적 기업이 있다. 이 회사에 근무하는 직원들이 내 직장이라는 인식을 갖고 우리 사주에 투자했다. 잠시 경영이 악화된 회사를 헤지펀드가 공격해 인수 합병하고 '지역사회 안전망 건설'이라는 기업 이념을 송두리째 파괴한다. 직원의 50%를 해고하고 자산을 매각해 막대한 이익을 챙긴다.

이런 형태가 일반화되면 큰일이다. 한마디로 기업을 죽이면서도 돈만 벌면 된다는 '막가파'식 논리이다. IMF 이후 제일은행을 인수한 뉴브리지 캐피탈, 한미은행을 되판 칼라일 그룹, 론스타의 외환은행 등이 사회문제

---

12 문화공보부(1973), 『새마을운동』, pp. 82-84.

가 되고 있다. 이들은 우리나라에 세금 한푼 내지 않았다. 증권 거래에 따른 세금만 냈을 뿐 7조 규모의 이익에 대해서는 세금을 내지 않은 것이다.

결국 미국식 금융 자본주의는 개인과 사회의 황폐화, 그리고 사회 안전망의 파괴를 불러온다. 때문에 국가 사회를 유지, 발전시킬 수 있는 21세기형 모델은 윤리성에 근거한 올바른 기준 마련 등이 필요하다.

21세기 한국형 재테크 정신에는 1970년대 선 단결, 후 비전 제시의 재테크 원리와 목적이 담겨 있다. 국가재테크를 극명하게 표현한 문장이 있다. 박정희 대통령은 한국형 재테크를 이렇게 표현했다. "우리 스스로가 우리 마을을 우리 손으로 가꾸어 나간다는 자조·자립 정신으로써 땀 흘려 일한다면 모든 마을이 잘살고 아담한 마을로 그 모습이 바뀌지리라 확신한다."[13]

여기서 말하는 '우리' 즉, 주체는 주민이자 시민이고 국민이다. 운동의 목표는 잘사는 마을, 살기 좋은 마을을 만드는 것이다. 과정은 자조와 자립정신으로 땀 흘려 일해야 한다는 것이다. 땀 흘려 일해서 얻는 결실만이 의미 있고 당연한 결과다. 개인과 지역사회가 먼저 단결하고 협동해서 비전을 세우고 일하는 가운데 지역사회가 부자가 되어야 한다는 말이다.

1960년대까지 분열과 기아, 의욕 상실 등 한국 사회의 약점이 한국형 재테크를 통해 해결되었다. 다시 말해, 자주적으로 공동의 일을 한다는 것과 스스로 일어설 수 있다는 사실을 자각했다. 이것은 한국호가 후진국에서 벗어나 중진국으로 들어서기 위한 매우 중요한 진전이다. 자신의 힘으로 일하는 자조정신과 스스로 힘으로 일어설 수 있다는 자립정신은 재테크의 기본이다.

하지만 현재는 펀드매니저 등 다른 사람의 힘에 의해 재테크하고 그에게 많은 수수료로 보상하는 형태이다. 돈만 번다면 사모펀드[14]가 시장을 지배해도 상관하지 않는다. 1997년 IMF 외환 위기가 그리스나 스페인에서 발생해도 나만 돈 번다면 상관없다는 논리이다. 하지만 모두 돈만 벌기 위해 총구를 상대방에게 겨눈다면, 그것이 다시 우리에게 올 때 문제가 심각하다. 혹시 배에 구멍이 나서 여러 명이 갑자기 물에 빠졌을 때는 스스로 수영을 할 수 있는 것만이 살아나는 방법이 아닐까.

국가재테크를 실현하려는 의지, 새마을운동

대한민국은 1960년대부터 지금까지 어떤 성장 방식과 방법을 가지고 발전했는가. 1960년대는 국가가 계획경제에 의해 봉제 · 가발 · 섬유등을 수출하기 시작했다. 1970년대는 국가가 새마을운동으로 주도한 재테크 운동을 경제정책과 결합해 국민소득과 국가 발전이라는 두 마리 토끼를 동시에 잡는 시기였다. 1980년대는 3저 효과를 이용해 중화학공업인 자동차와 조선을 수출하면서 국가가 물가와 경제 안정을

---

13 새마을운동은 1970년 4월 22일 중앙청의 전국 지방장관(특별시장, 직할시장, 도지사급) 회의에서 박정희 대통령이 처음 제창함으로써 시작되었다. 박 대통령은 이 날 유시에서 위와 같이 땀 흘려 일하면 변화된다는 것을 강조했다.

14 소수 투자자로부터 자금을 조달해 주로 부실기업 등을 인수했다가 되팔아 차익을 추구하는 펀드.

이룩한 시대이다.

1990년대는 반도체·자동차·휴대전화·IT를 육성하면서 전문적인 금융과 OECD에 가입한 시기이다. 2000년대는 핸드폰과 반도체·자동차·유화·선박·기계 등으로 우리는 2만 달러대의 국민소득을 올리고 있다. 급변하는 시대적 특성 속에 주역을 담당한 사람들은 따로 있다. 60년대는 여공, 70년대는 기능공, 80년대는 수출을 위한 화이트컬러, 90년대는 전문직, 2000년대는 연구직들이 각각의 시대에 중요한 역할을 수행해 왔다.

한국형 국가재테크에서 중요한 것은 1960년대 국가가 먼저 국민들에게 손을 내밀었다는 것이다. 70년대 국가는 오일쇼크와 월남 공산화 위기를 극복하고 국민들이 국가의 손을 잡고 수출에 매진한 것이 승리의 원동력이었다. 우리 역사를 긍정의 눈으로 본다면 1970년대 개인 단위에서 전개된 근면과 절약, 마을과 기업 단위의 소득 증대, 국가정책의 총화단결이 성공 원동력이 아닐까.

우리가 식민지 국가를 경험한 저개발 국가 중 가장 성공한 이유는 국가재테크를 실천하려는 국민과 국가의 이심전심이다. 결국 보릿고개라는 경제문제를 해결하고 잘살아 보겠다는 국민적 열성이 5천 년 가난을 벗어나게 했다. 돌이켜 보면 경쟁 국가들이 쉬고 있을 때 우리는 밤낮을 가리지 않고 일했다. 포항제철 용사들은 영일만에 빠져 죽을 각오로 일했다. 삼성전자는 선진국의 비웃음 속에서도 반도체를 만들기 위해 일본 기술을 악착같이 배워와 결국 세계 제1이 되었다. 남들이 자고 있을 때 밤새워 매진했다. 개미처럼 근검절약하고 일사분란하게 성공을 향해

영원한 철강왕 – 박태준

1927년 경남 양산에서 태어나 1945년 와세다대학 기계공학과를 중퇴하였다. 박정희 대통령과 박태준 포철 회장의 인연은 1948년으로 거슬러 올라간다. 박태준 회장이 육사 생도 시절 탄도학을 가르치던 박정희 교수가 수학을 잘하던 박태준 생도를 예뻐하면서 인연이 시작되었다. 세월이 흘러 박정희 장군이 5·16 거사를 준비하던 중 박태준 중령을 부른다.

 박 장군이 "임자는 일에서 빠지지, 잘못되었을 때 내 가족들이나 돌봐줘"라고 말했다. 박태준 회장은 현대사에서 가장 의리 있는 사람이 아닐까. 그 약속은 평생 가져간다. 1980년대 아무도 박정희 대통령 가족을 돌보지 않을 때 음지에서 도운 몇몇 사람 중에 박태준 회장이 있었다.

 1960년대 최대 프로젝트는 경부고속도로와 포항제철이다. 박 대통령은 농담 삼아 "철은 사람도 들어야 하지만 나라도 들어야 해. 산업을 일으키는 필수 산업이야. 어떤 분야에도 철이 없으면 아무것도 못하는 기반산업이지"라고 언급했다. 박정희 대통령은 제철산업이 꼭 필요했고 박태준 회장은 제철보국으로 보답했다. 이후 박 회장은 미국·일본 등 백방으로 뛰었고, 결국 여러 고난 속에 포항에 제철산업을 일으켰다. 강렬한 눈빛과 진한 눈썹, 굳게 다문 입술을 가진 의리파 사나이 박태준을 프로젝트의 적임자로 삼은 것은 대한민국의 천운이었다. 당시 포항제철 건립 과정에서 박태준 회장을 못 살게 군 기관이나 국회의원이 많았다. 그때 박 대통령에게 너무 괴로워 사표를 내겠다고 전하자 대통령은 '종이 마패'를 써 주었다. 즉, "박태준을 건들면 누구든 가만히 안 두겠다"는 뜻을 종이에 무섭게 적어 준 것이다. 포항제철 전권도 박태준에게 주었다. 이때부터 박 회장의 철강 신화는 시작된다. 전무후무한 종이 마패는 박 회장과 독농가연수원의 김준 원장 두 사람에게만 써 준 것으로 보인다. 포철인들은 제철산업이 성공하지 못하면 모두 영일만에 빠져 죽을 각오로 일했다. 박 회장에게 포철은 난산 끝에 태어난 자식이다. 그것도 5대 독자 같다. 박태준 회장은 전 세계에서 여덟 번째로 '철강 명예의 전당(Steel Hall of Fame)'에 이름이 올랐다. 제철보국의 이념으로 철강 불모지에 제철소를 설립해 조국 근대화를 이끌었기 때문이다. 무에서 유를 창조하지만 과묵함과 의리로 뭉친 용사가 박태준이다. 만약 그가 아니었다면 포항제철이 지금과 같은 세계 제1의 제철 기업이 될 수 있었을까. 박태준 회장이 죽기 직전 가장 안타깝게 생각한 것은 영일만 모래 바람을 이겨내고 고생한 동지들이 너무나 어렵게 살아간다는 점이다. 그들을 도와주지 못하는 심정이 너무 뼈저리다고 후회했다. 지금 우리는 오늘의 번영을 만든 우리 선배 세대를 어떻게 대하고 있는지 곰곰이 생각해 보아야 할 것이다. 박태준 회장의 마음처럼 뜨거움이 있는가. 박 회장의 눈빛과 우향우 정신이 그립다.

힘을 모았다. 죽기 살기로 일했다.

이미 신바람이 생겼기 때문에 근면·자조·협동의 정신으로 목표를 초과달성하면서 힘든 줄도 모르고 일했다. 10년의 시간이 모여 대한민국을 재테크 공화국으로 변모시켰다. 신뢰가 형성되었기 때문에 누구나 "빨리빨리"와 "까라면 까"로 상징되는 재테크 신화를 만들었다. 지금도 대부분의 개발도상국에서는 한국형 재테크의 상징인 새마을운동을 대한민국의 성공으로 인식하고 있다. 2009년 대한민국이 개발 원조 회원국DAC이 되면서 새마을운동은 저개발 국가의 성공 모델로 해외에서 더 유명해진 것도 사실이다. 그들이 부러워하는 것은, 과거에 똑같은 식민지 경험을 했고, 문맹률도 자신들보다 높은 나라, 자기들보다 자원도 변변치 못한 나라가 짧은 기간 동안에 최빈국에서 선진국으로 변모한 사실이다. 중진국에 진입한 지 20년도 안 된 나라가 어떻게 세계 7대 무역 대국으로 성장하고, 미·일·중·러가 무시하지 못하고 협의해야 하는 나라로 강변强變했냐는 것이다.

새마을운동을 폄하하는 사람들은 정부정책과 관료들이 만든 독재 선전과 관변 어용단체로 보고 있다. 새마을운동이 아니라도 우리 민족은 변화와 성공을 이루어 나갈 용기와 희망을 가지고 있다고 강조한다. 하지만 자신의 조상과 역사를 부정하는 사람에게서는 미래 비전을 찾을 수 없다.

칭기즈칸의 국가재테크, 속도

개발도상국들이 한국에서 배우고 싶어하는 국가재테크 전략은 무엇일까. 저자는 '역사상 가장 빠른 변화와 성장, 세계 지배력'이라고 본다. 한국형 국가재테크 모델이 나오기 전에 가장 빠른 세계 지배력은 몽골의 칭기즈칸이다. 칭기즈칸은 1206년, 100만 인구와 2천만 마리 가축을 보유한 알려지지 않은 나라의 왕이었다. 2천만 마리의 대부분은 양떼였다. 소와 말, 낙타는 전체의 20%에도 미치지 못했다. 칭기즈칸은 몽골을 통일한 뒤 새로운 나라 이름을 '예케 몽골 울루스(큰 몽골 나라)'라고 정했다. 이때부터 칭기스칸의 세계 지배는 시작되었다.

먼저 내부 단속과 일체감을 위해 시베리아 부족과 위구르족까지 친족관계를 확대했다. 부족이나 민족 전체 단위로 가족적 유대를 맺는 통합정책을 통해 공동체성과 미래 비전을 강화했다. 한국형 재테크가 지향하는 방식으로서 지도자와 주민의 대동단결을 가장 먼저 강조하는 것과 동일한 방식이었다. 칭기즈칸의 선 단결, 후 비전 제시는 전사들로 하여금 빠른 속도로 아시아를 점령하도록 도왔다. 쉽게 점령할 수 있으면서 긴요한 공동 목표를 설정하고, 항복하면 관대하게 대하고 저항하면 무자비하게 점령한다는 원칙도 세웠다. 1207년부터 1209년까지 서아시아의 강자 탕구트를 정복했다.

1211년 금나라 원정을 결정하고 진군을 개시한 칭기즈칸은 1215년 금나라 수도 베이징을 포위해 항복을 받아 냈다. 당시 원정에서 몽골군의 병력은 기병 6만5천이었다. 그렇다면 칭기즈칸은 6만여의 기병으로

100만 이상의 군대를 어떻게 물리쳤는가. 그것은 극한에 도전하는 속도전이다. 지구력 강한 몽골의 말과 보급 부대를 두지 않는 간편함으로써 상대가 생각하는 진군 속도보다 5배나 빨리 속도를 내고 기습을 하는 것이다. 보급이 없기 때문에 이기지 못하면 매번 죽음을 각오하는 싸움이다. 죽기 살기의 정신력으로 상대가 방심한 곳을 여지없이 도려내는 잔인함이 승리의 원동력이다. 칭기즈칸은 "준비된 적을 이기기는 쉽지 않다"는 좌우명을 가지고 적이 준비할 시간적 여유를 주지 않았다. 한민족의 빨리빨리 정신과 몽골의 속도전은 시대를 초월한 승리 요소이다.

이런 측면은 한국형 재테크도 마찬가지이다. 짧은 기간 안에 소기의 성과를 이루어 내는 것, 철저하게 프로젝트 베이스로 일 처리 하는 것, 작은 마을 공동체 안에서 선택과 집중으로 사업을 성공시키는 것 등이 새마을운동과 칭기즈칸 전쟁의 공통점이다.

몽골군은 고도로 조직화된 부대 편제와 속도가 장점이다. 간편한 식문화는 몽골군의 기동력을 강화해 전쟁을 치르면 치를수록 세계 최강으로 만들었다. 여기에 포로들을 통해 익힌 벤치마킹 전술과 무기, 군은 충성심과 규율, 적에게 불안과 공포를 불러일으키는 선전전, 적이 제대로 대응하기 전에 전격적으로 기습하는 전술, 적진 깊숙이 작전을 펼쳐 혼란을 일으키는 전술 등은 몽골군을 무적 군대로 만들었다. 13세기 유라시아 대륙의 모든 사람들은 칭기즈칸의 이름 아래 머리를 숙여야 했다. 중국을 지배한 칭기즈칸은 이제 넓어진 영역을 다스리며 교역과 상업에 큰 관심을 기울인다.

칭기즈칸은 거울을 글로벌 통신 수단으로 사용한 최초의 인류다. 유라시아를 통치하기 위해서는 거울을 이용해 소통하는 빛의 속도가 필요했다. 그는 빠른 속도로 공간 이동을 계속해 유라시아 최대 제국을 건설했지만, 한국형 재테크와 수출정신은 전 세계 130개국에 전파됐다. 칭기즈칸은 속도와 칼이라는 물리력으로 지배했지만, 한국형 재테크는 다른 나라들이 스스로 변하고 닮으려고 하는 문화적 변화와 혁신이 본질이다. 한국형 국가재테크 문화가 지구촌에 전파되고 있는 것이다.

한국형 재테크를 배우려는 사람들은 먼저 스스로의 마음을 열어 놓아야 가능하다. 그래야 한국 문화와 습관, 보통 사람을 이해하고 한국어를 배울 수 있다. 700년 전 몽골이 지배했던 방식과 전혀 다른 모방이 21세기 개발도상국에서 일어나고 있다. 몽골은 거울로 소통했지만 이제 인류는 삼성 애니콜로 통신한다.

03

한국형 재테크의 정신

절제와 검소, 그리고 긍정의 시대정신

목표 달성 관점에서 칭기즈칸의 정복은 한국의 새마을운동과 유사점이 많다. 칭기즈칸은 죽기 전에 이렇게 말했다.

"우리는 똑같이 희생하고 똑같이 부를 나누어 갖소. 나는 사치를 싫어하고 절제를 존중하오. 나의 소명이 중요했기에 나에게 주어진 의무도 무거웠소. 나와 나의 부하들은 늘 원칙에서 일치를 보며 서로에 대한 애정으로 굳게 결합되어 있소. 내가 사라진 뒤에도 세상에는 위대한 이름이 남게 될 것이오. 세상에는 왕들이 많이 있소. 그들은 내 이야기를 할 거요!"[15]

1975년 1월 국무회의에서 박정희 대통령도 이와 비슷한 말을 했다.

그는 "중동발 오일쇼크에서 살아남기 위해서는 자원 절약이 무엇보다도 필요하다. 또 내수 경기 진작을 위해 새마을 취로就勞사업을 확대 전개해야 하며 부유층이 근검하고 검소한 생활과 절제의 미덕을 발휘하는 생활 태도를 가져야 한다. 검소한 생활의 실천과 허례허식의 배격이 나라 경제를 살린다"고 절약과 의식 개혁을 권장했다.[16] 박정희와 칭기즈칸은 절제와 검소 이외에도 공통점이 아주 많다. 가장 큰 공통점은 속도를 사랑하고 시간을 줄이는 데 매진했다는 점이다. 두 사람은 숫자로 표현하기를 좋아했다. 칭기즈칸은 정복을 수치화했고, 박정희는 경제개발을 백분율(%)로 표현했다. 많은 공통점 중에 하나의 차이점은 칭기즈칸은 자신의 업적을 강조했고, 박정희는 자신보다 국민이 하나로 뭉치고 지역개발 원동력인 새마을정신을 중시했다는 것이다.

목표 달성적인 관점에서 새마을운동을 본다면, 과거 권위주의시대의 역사가 아니라 현재 진행형이라는 판단이 든다. 지금도 한 해 수천 명의 외국인들이 새마을운동이라는 국가재테크 전략의 교훈을 얻고자 온다. 그들은 한국의 경제성장과 부자 되는 방법을 배우러 왔다.

칭기즈칸은 똑같이 희생하고 같이 부를 나누어 갖는다고 말했다. 또 사치를 싫어하고 절제를 존중한다는 점은 우리에게 상징하는 바가 크다. 우리의 근면 성실하고 절약하는 국민성은 40년 전 새마을운동을 통해 얻은 성숙한 정신과 일치한다. 우리는 한국적 자본주의 정신인 공동체적

---

15 표정훈, 『칭기즈칸』, 2010. 1.
16 박대통령, 부유층 근검생활을, 동아일보, 1975. 1. 18.

자본주의 속에서 태어났고 이를 계승하고 있다.

우리가 목에 힘주며 잘산 지 얼마나 되었는가. 우리에게 부를 만들어준 세대를 존중하고 대우하는가. 비록 경제적인 지원을 많이 못 해 주더라도 최소한 그들이 오늘의 한국을 이룩한 경제혁명 세대들이라는 자부심만은 빼앗지 말아야 할 것이다. 몽골 제국은 칭기즈칸이 죽은 후 2세기 동안 유지되었다.

우리의 정신상태는 과연 2백 년을 지속시킬 부와 성공의 자세가 되어 있는가. 우리가 21세기 재테크를 논하면서 새마을과 연관된 개인과 사회, 국가, 인류 발전에 이바지할 문화 콘텐츠를 만들어 내고 보급하고 있는가. 성공의 메시지를 지구촌 가난한 나라들에게 보급할 자세는 되어 있는. 지금 대한호에 필요한 것은 과거 우리와 같은 저개발 국가의 맏형으로 그들에게 꿈과 희망을 주며 함께 부자가 되는 정신을 전파하는 역할이다.

이제 새마을운동이라는 국가재테크를 주제로 스토리텔링을 만들고, 이것을 5대양 6대주 개발도상국에 수출하고 그들을 이끌어야 할 시점이다. 이것은 극빈했던 나라, 미국 등 선진국에서 100조 원 가까이 원조를 받아 성공한 대한민국이 해야 할 책무 중 하나이다. 이제는 동북아의 분단국이라는 애옥살이에서 벗어나야 한다. 과정에서 얼마나 근검절약을 했는지, 어떻게 나라를 건설했는지를 개발도상국들에게 가르쳐 줄 의무와 책임이 대한민국에 있다.

가난한 나라의 국민들이여! 한국에서 배울 교훈은 아무리 힘들고 괴로워도 긍정의 역사를 쓰는 습관이다. 또 끊임없는 노력으로 자기와 주변을 계발하는 성실한 자세이다. 그래서 부정의 역사가 아닌 긍정의 시대정신으로 가난을 벗어났다. 빨리빨리와 주경야독으로 대변되는 성장 모델이 코리안의 자화상이다.

맨땅에 헤딩하는 'MH 방식'

한국형 재테크는 무에서 유를 창조하는 방식이다. 현재 시점에서 본다면 맨땅에 헤딩하는 소위 'MH 방식'을 우리 현대사에 반영한 마당극이다. 세상 어디에 붙어 있는지도 모르는 최빈국最貧國 가난한 마을을 '조국근대화'라는 현대사에 마당을 열고 주민 스스로 활약하게 만들었다.[17]

선진국 시각으로 본다면 말도 안 되는 시스템을 정부와 국민들이 전개했다. 당시에는 몰랐지만, 1970년부터 대한민국의 역사는 변화와 혁신이라는 큰 배를 타고 항해한다는 사실을 언제부턴가 알았다.

1970년대는 현대그룹 정주영 회장의 "해 봤어?"라는 용어가 유행처럼 나오고 수출을 위해 무한 질주를 했다. 한 번도 시도하지 않은 최초의 작업들이 전국 방방곡곡에서 겁도 없이 일어났다. 지금은 많이 침체했지만, 마산자유무역지역의 역할이 매우 컸다.

일부 지식인과 정치인을 제외하고는 대부분의 국민들이 정부를 신뢰

---

17 유상오(2012), 『귀촌창업부자들』, 중앙일보 조인스랜드.

세월이 흐를수록 초라해지는 새마을정신

1970년대 초반 새마을운동은 농민들의 자발성에 의해 전개되었다. 사실 새마을의 백미는 이때이다. 70년대 중반 이후 국가적 관심과 개입 속에 새마을운동이 행정 중심의 국가재테크로 전개되었다. 1980년부터는 새마을운동중앙회가 「새마을운동조직육성법」에 근거해 전국적인 조직망을 갖고 봉사 활동을 했다. 1970년대 새마을운동과 1980년대 이후 그것은 명확히 구분된다. 70년대가 지역 개발, 환경 개선 정신 개혁에 집중했다면, 80년대는 질서, 거리 미화, 건전 생활 운동으로 정착한다. 더 이상의 지역의 비전을 승화시키며 열정을 바쳐 국가 발전을 추구할 원동력은 없어졌다.

성장 에너지가 없는 새마을운동은 서서히 죽어 가기 시작해 1989년부터는 농가 평균 소득이 도시 가구 평균 소득보다 뚝뚝 떨어지기 시작한다. 1974년 이래 15년 만에 처음 있는 일이다. 이후 농촌 소득은 2013년 현재 시점까지 단 한 번도 도시 소득보다 높아 본 적이 없다. 지금 도시와 비교해 농촌 경제상황은 1962년 이래 최악의 상태다. 1980년대부터 지속된 저발전 몰이념의 새마을운동은 개도국 리더들만 열광하는 우리에게는 빈껍데기 운동으로 전락했다. 이제는 관료화 냄새가 풍기는 새마을중앙회와 지회만이 존재한다. 열정과 신바람이 나는 새마을운동은 더 이상 대한민국에는 없는 것일까. 주민과 함께 지역 발전을 위해 애쓰고, 밤을 지새우며 마을 현안을 토론했던 기억은 망각의 강물에 던져 버렸다. 새마을운동은 이제 모든 지방정부에서 사라졌다. 겨우 경상북도와 강원도에서 명맥을 찾아볼 수 있을 정도로 축소되었다. 아직도 경상북도의 새마을운동은 지역의 민간사회 안전망을 유지하는 중요한 수단이 되고 있다. 시간이 지나면서 새마을운동은 퇴색해 새마을과가 하나둘 전국에서 사라졌지만, 경상북도는 새마을과가 아직 살아 있고 새마을운동을 적극적으로 전개하고 있다. 하지만 해외에서는 새마을운동이 거대한 해일처럼 덮치고 있다. 한국이라는 꼴찌 국가가 어떻게 선진국으로 진입하는가를 가장 생생하게 보여 준 모델이기 때문이다.

하지만 이들이 한국에 오면 관료화된 구시대의 유물만이 존재한다. 생생하고 실감 나는 새마을운동이 한국엔 없다는 말이다. 우리는 한국형 개발 원조의 모형이 새마을운동이라고 말하고 보여 주지만 진짜 한국형 새마을운동은 존재하지 않는다. 진짜를 보여 주고 그 방식대로 해야 되지만 현재는 변종만이 존재한다 하면 너무 폄하하는 것일까. 많은 외국인들은 "한국식 모델을 도입하고 있지만 한국처럼 성과가 못하다"고 말한다. 왜일까. 매년 10월 25일은 새마을연우회와 보우회, 새마을 역사연구회가 추모제를 진행하는 박정희 대통령 기일이다. 전국에서 수십 명의 전직 새마을지도자, 국회의원, 농협 관계자, 새마을 동지들이 모여 함께 제사를 지낸다. 매년 한 사람, 두 사람이 세상을 떠나간다. 굳건하던 영웅이 사라지면 시대가 변하고 세상도 바뀐다. 우리는 지난 40여 년 근대화 과정 속 변화하는 세상에 과연 무엇을 남기고 무엇을 얻은 것인가. 우리의 소중한 기억과 더불어 과정상의 오류는 정녕 없었는가.

하고 스스로 역량을 계발하고 지역을 가꾸는 운동을 전개했다. 국가재테크는 절약하는 근면정신을 바탕에 두었고, 근검절약은 한국형 재테크의 근본이 되는 덕목이다. 가난한 사람들이 부자가 되기 위해서는 아무리 가난해도 절제해야 한다. 한국인은 그만큼 독했다. 그 결과 우리는 한번 한다면 하는 무서운 민족으로 세계인들은 바라보고 있다. 이제 세계인에게 답한다. 한국인은 네가지 방식으로 성공했다. 첫째 맨땅에 헤딩하는 MH방식, 둘째 죽기살리고 노력하는 JS방식, 셋째 까라면 가는 KK방식, 넷째 빨리빨리 완수하는 PP방식으로 경제개발을 이룩했다.

성공, 그 이후의 갈림길

산업화는 18세기 영국에서 시작해 200년 동안 전 세계를 요동치게 했지만 대한민국은 예외였다. 그 결과 일본의 식민지가 됐고 해방 후 분단과 한국전쟁을 거치면서 모든 것이 파괴된 나라로 남겨졌다. 지구상에서 가장 저주받았다고 해도 과언이 아닌 이 땅에서 새로운 근대화의 모델이 만들어지기 시작했다.

아무도 예상하지 못한 결과였다. 대한민국에서 시작된 한국형 국가재테크 모델은 40여 년이 지나 지구상의 저개발 국가에 새로운 빛과 종교와 같은 복음으로 퍼져 나가고 있다. 우리도 국가재테크를 통해 근대화 · 산업화 · 도시화 · 정보화를 모두 해결하는 1피 4타를 쳤다. 88올림픽 전까지만 해도 "할 수 있다"는 신념과 자신감이 중요했다.

하지만 언제부터인가 "해냈다!"라는 자신감과 저력으로 세계 10대 무역강국, G-20 국가로 도약하는 나라가 되었다. IMF 경제 위기의 피눈물 나는 시절을 회상해 보면 맨땅에 헤딩하는 새마을정신으로 극복해 냈던 것 같다.

1970년대 일부 지식인들은 새마을운동은 빨리빨리와 수출 드라이브 정책을 실현하기 위해 다른 소중한 가치인 민주주의와 인권과 자유 등 사회 정의를 유보했다는 비판적 시각으로 계속 전진을 방해했다. 우리는 내부의 우려를 '선 경제, 후 민주화'라는 국민적 통합으로 극복했다. 이제는 궁핍한 나라, 자국민의 밥도 해결하지 못하는 무능한 나라가 아니다. 세계를 선도하는 일류 국가로 발전했다. 모두가 조국 근대화와 국운 개척의 사명감을 갖고 줄기차게 전진하는 1970년대 기성 세대가 있었기에 오늘의 우리가 있다 해도 과언이 아니다.

한국형 국가재테크는 국민의 눈으로 본다면 주민 주도로 이루어진 '아래에서 위로'의 운동이다. 반면 행정이나 관료의 시각에서 보면 '위에서 아래로의' 펼친 산업혁명이자 지역 디자인 운동이다. 지금까지 나온 수많은 설문 자료를 종합해 보면 새마을운동 덕분에 전 세계에서 당당히 설 수 있는 대한민국이 존재할 수 있었다고 분석된다.

일부에서 주장하는 '독재와 정권 정당화용'이라는 말도 전혀 틀린 말은 아니다. 하지만 40여 년이 흐른 지금 장님이 코끼리 만지는 식으로 침소봉대針小棒大하는 실수는 하지 말자. 실체를 명확히 보면 저개발 국가의 근대화과정에서 도농문제를 슬기롭게 풀어 나간 세계 최초의 사례가 새마을운동이다. 현 시점에서 본다면 도농 간의 경제적 격차는 확실

긍정적인 재테크 습관이 기적을 부른다 – 정주영

한참 잘 먹고 자랄 나이에 밥보다는 죽을 더 많이 먹고 점심은 다반사로 굶어 가면서 미래가 보이지 않는 농사일을 할 때도 신통하게도 나는 내 처지가 불행하다는 생각은 해 본 적이 없다. 강원도 산골의 가난한 부모 밑에서 태어나 이 고생을 하고 살아야 할까? 하고 비판한 적도 없다. 매사를 나쁜 쪽으로 생각하기보다는 좋은 쪽으로 생각하며 느끼고 그 좋은 면을 행복으로 누릴 수 있는 소질을 타고난 사람인 것 같다.(중략)

그러는 한편 언제나 보다 나은 일자리를 찾느라 바빴다. 한 번도 좌절감이나 실망을 느껴 본 적은 없었다. 부모님으로 부터 물려받은 타고난 건강에 부모님으로부터 배운 근면함만 있으면 내일은 분명 오늘보다는 발전할 것이고 모레는 분명 내일보다 한 걸음 더 발전할 것이라는 확신이 있었기 때문에 나는 언제나 행복했고 활기찼다. 잘산다는 것은 무엇인가? 일단 재산 많은 부자면 행복한 사람인가? 나는 그렇게 생각하지 않는다. 어떤 환경에서 태어나 어떤 위치에서 무슨 일을 하고 있든지 최선을 다해 자기한테 맡겨진 일을 전심전력으로 이루어 내며 현재를 충실히 살 줄 아는 사람은 우선 행복한 사람이다. 훌륭한 발전은 긍정적인 사고를 가진 사람들에 의해 주도되어 왔다는 것을 잊어서는 안 된다. 하루하루 발전하지 않는 삶은 의미가 없다. 우리는 발전하기 위해서 사는 것이다. 태어나는 환경, 조건이 똑같을 수는 없다.

그러나 한 가지 똑같은 것이 있다. 그 누구의 미래이든 발전을 위해 준비할 수 있다는 점이다. 발전을 위해 준비되어 있는 미래를 무의미한 것으로 만드는 건 순전히 자신의 책임이다. 나에게 서산 농장의 의미는 그 옛날 손톱이 닳아 없어질 정도로 돌밭을 일궈 고생하셨던 내 아버님 인생에 꼭 바치고 싶었던 아들의 때늦은 선물이다. 모두가 알다시피 국졸國卒이 내 학력의 전부이고, 나는 문장가도 아니며, 다른 사람의 귀감이 될 만한 훌륭한 인격을 갖춘 사람도 아니다. 그럼에도 이 책을 내는 것은 이 나라를 책임질 젊은이들과 소년 소녀들에게 확고한 신념 위에 최선을 다한 노력만 보탠다면 성공의 기회는 누구나 공평하게 타고난다는 것을 다시 한번 일깨워 주고 싶어서이다. 시간은 누구에게나 평등하게 주어지는 "자본금" 이라는 말을 한 사람이 있다. 참으로 옳은 말이다. 한 분야에서 내가 성공한 사람 가운데 하나라고 한다면 나는 신념의 바탕 위에 최선을 다한 노력을 쏟아 부으며 이 평등하게 주어진 '자본금' 을 열심히 잘 활용했던 사람 중의 한 사람일 뿐이다.

정주영, 『이 땅에 태어나서』, 솔, 1998.

히 1970~1980년대보다 40~50% 정도 퇴보하고 있다. 당시에는 공장이나 도시 새마을운동을 통해 건전한 시민의식과 근검절약 정신, 시민사회의 민간사회 안전망을 구축했다고 볼 수 있다.

새마을 죽이기가 시작된 1989년부터 부터 농촌의 경제 침체와 농민의 소득 감소는 심화되기 시작했다. 도시보다 농촌이 잘 살아야 농민이 농촌을 떠나지 않고 지역 균형 개발이 될 수 있다. 그래야 지역 문화가 살아 움직이고 농산어촌이 선순환될 수 있다. 농가 부채는 농가 연소득의 80% 이상이고, 농가 소득은 도시 소득의 60%에도 못 미치는 현실이다.[18] 농민은 빚에 쩌들어 정든 고향을 등지고 남아 있는 사람들도 농약으로 목숨을 끊는 일이 부지기수이다. 1988년 올림픽 당시까지만 해도, 그래도 농촌이 살만 했고 괜찮았는데 어디부터 잘못되었는지를 곱씹어 볼 일이다

---

18 2010 농가경제조사 결과 살펴보니… 농사만으론 한계, 농민신문 2011. 4. 18. / 2012년에는 도시 소득의57%로 사상 최악으로 치달았다.

세계로
도약하는
한국형
국가재테크

01

한국형 국가재테크,
드디어 시작되다

함께 잘사는 농공병진책農工竝進策

　　한국은 자원은 없고 인구밀도는 높아 선진국이 되기에는 불가능에 가까운 나라라고 잘사는 나라들은 말했다. 하지만 국가와 국민이 혼연일체가 되어 고등교육을 시켰고 전 세계의 예상을 뒤엎고 한국형 경제개발 모델을 완성시켰다. 산업화 과정에서 일반적인 유형은 농촌의 인구를 도시로 유입시켜 경제개발을 하는 방식이다. 이 과정의 문제점은 필연적으로 농촌경제가 붕괴한다는 점이다. 하지만 한국 정부는 새마을운동이라는 한국형 국가재테크 모델로써 농촌 소득을 도시 평균소득보다 높게 만들었다. 세계 역사상 한국 말고는 달리 설명이 불가능하다. 이것은 인류 역사에서 유례없는 현상으로 도농병진책으로 지칭되는 한국형 개발 모델의 특징이기도 하다.[19] 그렇다면 왜 경제개발 과정에서 도시가 아닌 농촌에 정책 초점을 두었는가. 농공병진책을 사용해 본 선진국은 거의 없다. 어렵고 힘든 정책이고, 효율성도 떨어지는 방법에 매진할 이유가 별로 없었다. 하지만 박정희 대통령은 1960년대 중반부터 어떠한 일이 발생하더라도 농민과 도시 발전이 공존할 수 있는 방안을 찾아야 한다고 강조했다. 또 쌀을 제외한 값싼 농산물을 지속적으로 공급해 산업 근로자의 인건비 상승과 국가 인플레이션이 일어나지 않도록 최대한 억제력을 갖게 만들었다. 근대화는 어려운 과정을 참고 인내하는 능력을 국민에게 요구한다. 결국 국가와 국민의 단결과 신뢰로 전 세계에서 유일하게 농촌과 도시가 함께 발전하는 한국형 국가재테크 모델을 완성하게 된다.

News Scrap

[현대사 증언] 박정희 대통령의 농어촌개발공사 설립

고병우 전 건설부 장관은 1967년 3월 농림부 조사통계과장으로 임명됐다. 당시 김영준 농림부 장관이 고 과장을 불렀다. "박정희 대통령이 농어촌개발공사를 설립하려는데 설립 타당성과 설립 방안을 기안해 브리핑 차트로 만들어 보라"는 지시였다. 1967년 박정희 대통령은 제1차 경제개발 5개년계획이 당초 목표인 7.1% 성장을 넘어서는 8.5% 성장을 달성하자 자신감을 갖고 '농공병진農工並進' 정책을 선포했다. 농어촌개발공사 설립은 그러한 의지의 표현이었다. 농공병진책은 농민에게 자신감을 심어 주어 농촌 근대화의 핵심이 되었다

『월간조선』 내용 중 일부 발췌, 2009. 11.

1960년대 농공병진책은 1970년대 농촌 새마을운동을 거쳐 1990년대 도농 교류, 2000년대 1사1촌, 2010년대 도농융합과 6차산업 창조경제의 시대를 열어 줄 것이다.

더불어 살아가는 자본주의 공동체 건설

한국형 재테크의 목적은 '더불어 살아가는 자본주의 공동체 건설'이다. "개인만 잘살면 된다"는 서구식 재테크와는 차이가 크다. 21세기 젊은 한국인은 사회 안전망이나 국가 번영 따위는 신경 쓰지 않는다. 오로지 개인과 내 가족만이 최고다.

하지만 1970년대 국가재테크는 개인과 공동체가 함께 잘사는 이념을 가진다. 초기 한국형 국가재테크가 성공한 이유는 공동체성에 있다. 한 번도 가보지 못한 길을 국가와 국민이 협력해서 성공시킨 모델이 한국형 재테크다. 국민과 국가가 함께 만들고 가꾸어 나갔다는 점에 의미가 있다. 농촌에서 시작해 도시·공장·학교 등 사회 전체가 땀과 노력으로 함께 살아가는 자본주의 공동체를 만들어 갔다.

현재 시각에서 본다면 이해되지 않는 점도 많을 것이다. 철저히 커뮤니티 단위에서 이루어졌으며, 자신의 땅을 마을 회관이나 길을 만드는 데 대가 없이 헌납하기도 했다. 모두가 자발성에 근거한다. 요즘 젊은이

---

19 주봉규(1978), 「산업의 적정분산 배치와 거점도시 개발」, 『도시문제』 143, pp. 64–77.

의 눈으로 본다면 '왜 잘살기운동을 한다면서 자신의 재산을 마을을 위해 기탁하는지' 도무지 알 수 없을 것이다. 한마디로 미친 짓이고 재테크가 아닌 멍청한 짓이었다. 자신의 재산에 큰 손해를 보는 일을 왜 하는 것일까.

당시 사람들은 마을에 시설이 들어오고 길이 열려야 보다 많은 혜택과 잘 살 수 있다는 확신을 갖고 있었다. 더불어 살아 왔고 국가와 함께 살기 위해아낌없이 주었다. 가진 자의 희생과 봉사는 결국 사람들의 마음을 열었고, 커뮤니티 전체가 한 마음으로 국가재테크에 동참했다. 땅이 없는 사람은 자신의 노력 봉사로 대신했다.

지금 시각에서 본다면 재능 기부와 같다. 그렇게 만든 자기 희생과 헌신은 지역을 번영시켰다. 죽 한 그릇 못 먹고 어렵던 나라가 지금 1조 달러, 세계 7대 무역 대국이 되었다. 오늘날 사람들이 작은 재테크에 안달한다면, 1970년대 사람들은 공동체적 혹은 자조적 재테크를 실천했다. 통 큰 재테크를 만들어야 소시민들이 수십 년 작은 재테크로 뽑아 먹는다는 진리를 보여준 사례가 아닐까.

나 혼자만이 아니라 우리 이웃과 마을, 국민 모두가 함께 잘살자는 것이다. 함께 잘살자는 국가재테크 이념이 궁극적으로 물질적 풍요와 정신적인 만족을 동시에 누릴 수 있는 지역사회를 만들었다. 경제와 복지를 모두 잡자는 자조적 복지, 즉 '1타 2피'의 운동으로 오늘날 정치권에서 논의 중인 복지 포퓰리즘과는 차원이 다르다.

언제부터인가 21세기 재테크는 경제만을 잡고 복지를 돈으로 해결하려는 형국이 되었다. 자기 마을의 복지는 스스로 힘으로 지켜 나가야 국가가 발전한다. 주민 스스로 민간사회 안전망을 살려야 한다. 그래야 국가가 공권력에 많은 힘을 쓰는 것이 아니라 내수 경제 발전과 일자리 창출, 수출과 연구 개발에 집중할 수 있다. 결국 민간사회 안전망이 무력화된다면 국민 세금으로 그 역할을 대신해야 한다. 자신이 하는 것보다 남을 사서 한다면 비용이 많이 들어가기 마련이고, 대한민국은 그만큼 성공 모델에서 낙오되게 된다. 뿌리 깊은 봉건주의와 배타적인 지역감정 속에서 한국형 재테크는 공동체적 목적과 생명력을 가지고 국가재테크로 타올랐다. 우리 역사상 이런 변혁은 없었다. 지금도 해방 후 한국 사회에서 가장 영향력이 있었던 사건의 순위를 정하면, 새마을운동은 40여 년 동안 항상 1위를 차지하고 있다.

초기 한국형 재테크의 성공 원칙은 마을 단위 운동이라는 점이다. 만약 마을 단위가 아니라 현재 농림축산식품부가 추진하는 농촌마을종합개발사업과 같이 '복합 이료 단위 운동'으로 전개했다면 1960년대의 운동처럼 철저히 실패했을 것이다. 즉, 지역사회와 구성원의 이해관계를 철저히 파악하고 그들이 원하는 사업을 스스로 결정하게 했기 때문에 운동이 성공했던 것이다.

오늘날의 재테크도 마찬가지다. 스스로 원하는 분야에서 최선을 다해 자립하는 것이 재테크의 원칙이다. 가능하다면 자신만이 아닌 지역사회와 상부상조해 나가는 자조 정신이 기본기가 되었으면 한다. 지역사회의 공익과 개인의 사익이 공유하는 부분을 개발하고 발전시키는 것이 국가재테크다.

한국을 바꾼 8대 이념

　　한국형 국가재테크는 그 발전 과정을 살펴볼 때 대체로 다음 여덟 가지의 성공 요인을 가진다. 성공이라면 자신이나 공동체가 목표 달성을 위해 노력하고 그 과정과 절차가 결실을 맺어야 그 열매를 수확할 수 있다. 결과적으로 구성원이나 사회가 생각하는 성공의 기준에 따라 성공은 변할 수 있다. 성공을 하기 위해서는 사회 통념이나 목표를 정해야 하는데, 이를 이념이라고 말한다.

　이념은 다른 말로 설명하자면, 사회적 상황에 대한 인식이나 평가를 담아 놓은 신념 체계라고 할 수 있다. 즉, 한국형 국가재테크에 대해 사람들이 국내외적으로 지니는 심벌이나 표상表象·갈망渴望·확신·전망·기대 등의 여러 관념의 복합체라 할 수 있다. 재테크 관점에서 본다면 부자로 성장하는 과정도 한국형 국가재테크와 유사할 것이다. 한국형 국가재테크는 잘살기 위한 여덟 가지 공통점을 가지고 있다. 국가재테크의 성공 요인 속으로 빠져 보자.

1. 목표주의 clear goal

단기간에 달성될 쉬운 목표를 설정하라. 쉬운 말로 맨땅에 헤딩하는 MH 방식을 그대로 적용한 것이다. 만약 아무것도 가진 것이 없다면 '무에서 유를 창조'하는 맨땅에 헤딩하는 방식을 가져야 한다.

　지금의 재테크 사전에는 'MH 방식'이란 없다. 왜냐하면 너무 배가 부르기 때문이다. 재테크에서 성공하려면 늘 새로운 방법을 공부하고, 목

● 현대 역사상 가장 영향력 있는 사건들

연도	조사 기관	조사 결과
1988	서울대 새마을연구소	새마을운동 계승 발전 여부 ① 계속되어야 한다(73.8%) ② 필요가 없다(19%)
1994	경향신문 대륙연구소	해방 이후 가장 잘된 정책 ① 새마을운동 추진(78.7%) ② 수출 주도 정책(66.8%) ③ 식량 자급자족(66.1%)
1996	공보처 코리아 리서치	해방 이후 가장 자랑스러운 일 ① 올림픽 유치(35.8%) ② 경제성장(14.8%) ③ 새마을운동(9.7%)
1998	조선일보	우리 국민이 성취한 가장 큰 업적 ① 새마을(45.6%) ② 올림픽(37.3%) ③ 경부고속도로(31.9%)
1998	동아일보 리서치&리서치	역대 정부가 가장 잘 대처한 사건 ① 새마을운동(50.5%) ② 경제개발5개년계획(44.6%)
2002	한국갤럽	해방 후 가장 자랑스러운 역사적 사건 ① 월드컵 개최 및 4강 진출(59.9%) ② 올림픽 개최(6.8%) ③ 경제 발전(5.5%) ④ 새마을운동(5.1%)
2006	조선일보 한국갤럽	한국 역사 중 가장 자랑스러운 것 ① 서울올림픽(18.4%) ② 한일 월드컵(15%) ③ 새마을운동(9.1%)
2007	서울경제신문 한국리서치	정부 수립 후 가장 영향을 준 사건 ① 새마을운동(46.3%) ② 올림픽(18.6%) ③ 5·18 광주민주화운동(10.2%)
2008	조선일보 한국갤럽	건국 60년, 우리 민족의 가장 큰 업적 ① 새마을운동(40.2%) ② 1988 서울올림픽(30.1%) ③ 경제개발5개년계획 (29.9%)
2009	서울경제 한국리서치	지난 50년 경제 발전의 중요한 계기 ① 경제개발5개년계획(34.0%) ② 새마을운동(26.6%) ③ 우리 사회의 민주화(8.5%) ④ 올림픽과 월드컵 개최(8.0%)
2010	조선일보 한국정당학회 한국갤럽	한국 산업화에 기여한 사건이나 계기 ① 새마을운동(35.5% ② 경제개발5개년계획(24.5%) ③ 경부고속도로·포항제철 건설(20.8%)
2010	조선일보. 리서치앤리서치	정부 수립 이후 큰 영향을 미친 정책 ① 새마을운동(59.1%) ② 경제개발5개년계획(46.8%) ③ 전자산업 육성(27.1%)
2013	영남대. 코리아리서치	국가 발전에 큰 영향을 미친 정책 ① 새마을운동(60.4%) ② 경제개발5개년계획(51.2%) ③ 전자산업 육성(26.6%) ④ 과학기술 육성(19.8%)

표를 설정하고, 꾸준히 노력하며 적응하고, 결과를 평가하고 대안을 만들어야 한다. 처음 시작하려면 맨땅에 헤딩하는 용기와 헝그리 정신을 가져야 성공할 수 있다는 것은 불변의 진리이다. 우리가 IMF 외환 위기를 극복해 낸 것도 이런 MH 방식을 잊지 않았기 때문이다.

한국형 국가재테크에서 목표주의는 씨 뿌리고 씨앗을 발아시키는 과정이다. 자기 마을에 적합한 운동을 시도하려면 성공의 씨를 뿌리고 이를 달성하기 위해 노력하는 것이 목표주의이다. 가급적 달성하기 쉬운 목표short-term goal를 설정한다. 자신의 능력에 벅차지 않은 목표다. 한정된 시간 범주 속에 자신이 할 수 있는 범위 안의 일을 규정하여 모두가 집중적으로 할 수 있도록 돕는다. 이러한 목표주의가 국가재테크 속에 녹아 있다.

2. 마을주의

구성원 모두가 좋아할 마을(공통) 일을 하라. 계契나 향약鄕約과 같은 전통이 현대사회에 가장 접목한 형태로 발전한 것이다. 공동체성을 바탕으로 가족이나 주민들의 자발성을 최대한 끌어내기 위한 형태이다. 마을주의는 두레와 향약, 그리고 각종 집단주의 체제가 향촌 공동체에서 출발한다는 원칙을 적극 활용한 것이다. 이러한 운동의 조건은 1950, 60년대 각종 공동체 운동의 실패에서 얻은 값비싼 교훈이라 할 수 있다. 현재 마을주의는 대도시에서는 보기 힘들지만, 일부 시·군 지역에는 남아 있는 곳도 많다.

재테크 관점에서 본다면 돈을 모으는 계契의 형태도 고전적인 마을주의다. 또 비싼 물건을 인터넷으로 공동 구매하거나 유망 펀드에 가입하는 것도 일종의 마을주의이다. 결국 공동의 이익을 위해 다양한 협력을 추구하는 방식이 한국형 국가재테크라고 할 수 있다.

공동의 이익과 지역사회를 발전시키는 재테크 형태를 도시에 적용하는 것이 중요하다. 예를 들어, 조금 수익률이 낮더라도 농촌을 돕는 농협카드, 친환경이나 자연을 보호하는 그린카드BC가 마을주의와 일치하는 형태이다. 자신이나 가족의 은퇴 후 귀농귀촌을 위한 펀드 조성, 녹색 환경 보호를 위한 탄소 마일리지가 적용된 상품의 구매 등도 마을주의라고 할 수 있다. 이것은 자신과 타인이 서로 살아남기 위한 중요한 방법으로 단순히 개인적인 측면이 아니라 지역사회 · 국가 · 세계가 공생하기 위해 절실히 필요한 것이다.

3. 자립주의

스스로 잘살 수 있는 자립 방안을 모색하라. 자립self-reliance이란 남에게 예속되거나 의지 안 하고 스스로 서는 독립을 의미한다. 재테크에서 자립은 목표이자 완성을 말한다. 경제적 자립이란 돈에 매이지도 않고 자기 힘으로 독립을 하여 은퇴하는 것을 말한다. 자립의 의미는 타인으로부터 조력은 물론 지배를 받지 않고 자신의 의지에 의해 모든 것을 결정하고 행동하는 것을 포함한다.

사회복지학자 고딘R. E. Godin은 자립에 대해 말하면서 "국가는 과도한 사회복지의 역할을 감소시키는 것이 국익에 도움이 된다"고 언급했다. 또 "개인에게 직접 관련된 문제들을 가능한 한 자신이 해결하도록 유도

해야 한다"고 주장한다. 그의 주장은 새마을정신과도 일맥상통한다. 새마을정신은 스스로의 힘에 의해, 스스로 일을 하면서, 스스로 잘살 수 있는 방안을 모색하는 것이다.

재테크라는 것도 이와 같다. 열심히 노력하고 자신의 능력을 배양하고 서로 협력해 같이 잘살자는 정신이다. 정부도 가난한 사람들을 빈곤에서 자립시키려면 정부 중심의 과도한 사회복지 서비스를 완화시키는 동시에 저소득층이 당면한 문제를 스스로 해결할 수 있도록 도와주는 방법을 모색해야 한다. 그 전제는 교육으로 차별받지 않도록 일정 수준의 교육을 어린이와 학생, 성인들에게도 학습할 기회를 주어야 하겠다.

성인 중에는 귀농귀촌자와 청년실업자에 대한 관심이 필요하다. 한국형 국가재테크에서는 자립할 수 있는 자율형 지도자의 발굴과 육성을 할 수 있도록 지원했다. 주민 전체가 자립하려면 지도자의 선택이 중요하다. 마을이 의사 결정을 하고 스스로 운영과 경제적 자립을 통해 정치적 간섭을 받지 않는 단계를 만들어 나가는 것이 자립주의이다.

재테크에 성공하려면 좋은 멘토가 필요하고, 이들의 도움을 받아야 가능하다. 자신의 이익만을 생각하는 냉혈한이 아닌 서민과 인류사회를 생각할 수 있는 국가재테크 지도자가 이 시대 절실하다는 생각은 저자만의 생각일까.

4. 관용주의

고무줄과 같은 관용을 가져라. 한국형 국가재테크는 근대화와 마을에서 중시하는 전통적 가치를 양립시켰다. 즉, 기술의 현대화와 정신의 개량화를 통해 과거와 현재가 공존하면서 미래 지향적인 사회로 이행하도록 하는 유연함을 만들었다. 이것이 고무줄 같은 관용주의이다. 폐쇄적인 사회에서도 새로운 일이나 사업은 관용을 가져온다. 새마을운동이 대표적이다. 새마을이라는 단어에서 '새'는 변화를 지향한다는 뜻이고, '마을'은 전통시대의 공동체 미덕을 상징한다. 그래서 온고지신과 공동체의 지속을 강조하자는 뜻도 담겨 있다. 선명하지 않다고 이단이라고 보는 것은 잘 모르는 것이다. 덕德을 가지고 인仁으로써 보살펴 주는 정신이 관용과 배려다.

재테크에서도 관용은 기본이다. 합리적이고 과학적인 분석과 해석이 필요하다. 하지만 다른 한편 따뜻한 감성을 지닌 가슴도 요구된다. 이성과 감성, 혁신과 전통을 공존시킬 수 있는 것. 사람들이 만들어 나가는 세상이다. 재테크 역시 사람을 위한 설계고, 새마을정신에서는 그것을 볼 수 있다.

5. 복지주의
함께 가는 복지의 길을 선택하라. 한국형 국가재테크는 "골고루 잘살자"는 운동이다. 해방 후 1960년대 말까지의 시기는 봉건적인 지주에 의한 빈부 격차가 심각했던 시대였다. 개발도상국의 성장주의는 필연적으로 사회 격차, 지역 격차, 산업 격차, 소득 격차 등 4대 격차를 심화시켜 결과적으로 사회 갈등을 발생시킨다. 선진국의 경제성장 과정은 농촌이나 낙후 지역을 도시와 산업과 자본에 예속시키는 결과를 가져왔다.

하지만 한국은 달랐다. 100여 개의 저개발 국가들이 지금 한국에 열광하는 이유가 여기에 있다. 가난한 사람들과 더불어 공감하는 국가 비전. 비록 가진 것은 아무것도 없지만 지도자와 모두의 꿈을 함께하는 국가재테크를 실천했기 때문이다. 한국형 재테크는 사람들이 공동의 이익을 실천하는 운동이다. 또 복지와 소득을 동시에 달성하는 목표를 적극 공략하는 실용주의 운동이다. 예를 들어 1970년대 마을 길 넓히기나 마을 다리 놓기 등이 대표적이다. 재테크 관점에서 주의 깊게 볼 점은 복지주의가 자신의 편익을 좀 먹는다고 생각하는 이기심에서 벗어나야 한다는 점이다. 한국 사회는 도시와 농촌, 노인과 청년, 부자와 빈자가 섞여 있는 커다란 가마솥과 같다. 우리는 대부분 주식 투자에서 위험을 줄이고 투자 수익을 극대화하기 위한 일환으로 여러 종목에 분산 투자하는 포트폴리오를 선호한다. 우리 사회 역시 어느 한 부분이 망가져 솥에 구멍이 난다면 모두에게 손해이다. 때문에 복지주의가 중요하다.

결국 어느 하나가 망가진다면 이것은 자신의 손해로 귀결된다. 때문에 한국형 국가재테크는 복지주의를 표방하고, 선 성장, 후 복지의 길을 선택한 것이다.

6. 총평주의whole evaluation

합리적으로 평가하라. 새마을의 개발 방식은 단지 산업 생산성 제고에만 역점을 두고 출발한 것이 아니다. 농촌의 구조 개선, 주민의 의식개혁 등이 포함된 총괄, 혹은 유기적인 3농체제[20]의 건설이 목표였다. 즉, 직접 생산성을 높이면서 주민 교육 등 사회적 하부 구조를 정비하고 이를 총체적으로 평가하는 것이 총평주의이다. 경제 · 정신 · 기술 · 문화,

그리고 생활 관련 현안을 조화롭게 마을 특성에 반영하면서 개발하는 방식이 성공할 수 있도록 총평하는 것이다.

총평주의란 국가재테크의 과정에서 매우 중요하다. 운동에 참여한 주체를 정확하게 평가해, 잘하는 마을과 못하는 마을을 객관적으로 구분한다. 마을 간 선의의 경쟁이 일어나고 기준과 원칙에 의해 객관적으로 평가하고 우수한 마을에 인센티브를 부여하는 방식이다. 이런 총평주의가 지역 안에 녹아 있는 사회가 합리적이며 투명한 사회이다. 총평주의는 인간이나 개인의 창조성도 중요하지만, 지역 전체가 어떻게 평가받고 있으며, 결국에 가서는 합리적인 방법에 의한 우수성이 인정받는 방법이라고 보고 있다.

우리가 재테크를 한다면 전체 구도 속에서 어떤 식으로 부를 축적해야 하는지를 이해해야 한다. 또 합리적으로 평가하고 올바른 방법을 학습하고 같이 가야 한다. 새마을 평가에서는 의식 혁신, 정신 개혁, 기술 혁명, 근검 생활, 환경 개선 등 5대 혁신 과제를 새롭게 창조하는 자세로 마을 간 평가를 받았다.[21] 준비된 자세 없이 재테크에 성공하기란 무척 어렵다.

7. 성과주의

발전 위해 성과를 만들어라. 한국형 국가재테크는 수천 년 동안 익숙한 가난을 탈피해서 "잘살아 보자"는 최초의 운동이었다. 성과를 내고 남들

---

20 3농 체제란 농업 · 농민 · 농촌이 함께 간다는 의미로, 서로 유기적인 관계를 형성해 발전시키는 것을 말한다.
21 내무부(1980), 『새마을운동 10년사 자료편』, pp. 93–112.

과 비교하기 시작한 운동이었다. 무에서 유를 창조하자는 국민과의 약속이고 대통령부터 생쑈하는 눈물겨운 운동이었다. 한국형 재테크는 서구의 발전 이론을 그대로 적용한 것이 아니라, 버터를 된장 같은 버터로, 치즈를 고추장 맛이 나는 치즈로 변화시킨 우리 고유의 것이다. 성과는 일희일비할 대상이 아니다. 한번 성과의 불이 붙으면 끝까지 가야 한다. 중간에 포기한다면 그것으로 끝이다.

실제 우리나라에서 '성장 대對 분배' 구도가 성립한 것은 IMF 이후이다. 정부 수립 이후 50년 동안 모두의 목표가 경제개발이고 개발 주체가 정부였다. 즉, 대한민국주식회사의 성과 방법론을 두고 '선 성장파'와 '선 분배파'로 나눌 수 있을지라도 언제나 결론은 하나다. "우리는 국가 발전을 위해 경제성장과 국력 신장을 위해 최선의 성과를 낸다"라고 끝마친다.

또 남덕우 전 총리가 1999년의 어느 포럼에서 고백한 것처럼 "서강대학파와 같은 경제학자는 정치지도자가 성과주의정책 방향을 제시하면 거시적 이론 테두리에 두들겨 맞추는 테라노크라트(기술 관료) 역할을 한 것에 불과하다"고 회고한 것은 여러 가지 면에서 시사하는 바가 크다.[22]

그래도 우리는 성장하고 성과를 내야 한다. 왜냐하면 자원 없고 인구 밀도가 지구상에서 가장 높은 세 나라 중 하나가 한국이기 때문이다. 만일 성장동력을 멈추고 2%대의 경제 성장이나 성과가 저조하다면 우리 사회는 실업과 고용 불안, 주가 폭락, 환율 불안 등 4대 위기가 다시 조장될 것이다. 이로 인해 경제가 침체할 것이고, 우리 경쟁국인 영국·프랑스·이탈리아·중국·일본 등 여러 나라가 좋아서 춤을 출 것이다.

원칙과 소신을 지킨 학자 - 남덕우

남덕우 전 국무총리는 한국 경제학의 대부라고 표현해도 아무도 부정하지 못할 정도로 위엄을 갖췄다. 그는 언제나 "젊은이예! 시장경제 소중함 잊지 말라"고 강조한다. '한강의 기적'을 이끈 남덕우 전 총리도 2013년 5월 박정희 전 대통령 옆으로 갔다. 서강대 경제학과 교수 시절이던 1969년 박정희 전 대통령에게 발탁돼 제24대 재무부 장관이 된 이후 부총리 겸 경제기획원 장관, 제14대 국무총리 등 14년간 공직 생활을 하면서 한국의 산업화를 주도했다.

공직에서 물러난 후 1983년부터 제18대~20대 한국무역협회장을 지냈다. 이 기간 동안 서울 삼성동 종합무역센터와 코엑스 전시장 등 한국경제의 질적 성장과 무역 인프라를 만들었다. 별세 전까지 한국선진화포럼 이사장과 전국경제인연합회 원로자문단 좌장, 무협과 산학협동재단 고문 등으로 활발히 활동했다. '운명이다. 할 수 없다.' 1969년 10월 남덕우 서강대 경제학과 교수는 납덩이같이 가라앉은 마음으로 자신을 타이르며 청와대로 향했다. 관료가 된다는 것 자체가 실감나지 않았던 그에게는 축하 인사도 어색하게만 느껴졌다. 장관 임명장을 준 박정희 대통령의 일화는 유명하다. 대통령이 다가와 "남 교수, 그동안 정부가 하는 일에 비판을 많이 하던데, 이제 맛 좀 봐!" 주위에서는 웃음이 터져 나왔다. 남 교수는 얼굴이 홍당무가 되었다. 박 대통령은 "정치는 내가 맡을 테니 남 장관은 경제 살리기에 전념해 달라"며 전폭적인 신뢰를 보냈다. 그는 1974년 재무부 장관에서 부총리 겸 경제기획원 장관으로 영전했다. 또 1979년에는 대통령 경제 담당 특별보좌관을 맡았다. 이 기간 동안 사채 동결, 증권시장 개혁, 중화학공업 육성 등 굵직굵직한 경제정책을 진두 지휘했다. 최장수 재무 장관(4년 11개월), 최장수 부총리(4년 3개월)라는 기록도 세웠다. 이후 1980년부터 1982년까지 국무총리를 맡은 뒤 공직을 떠났다. 남덕우 전 총리는 1970년대 고도성장 정책의 이론적 기반을 제공한 서강학파의 좌장이다. 서강학파는 미국의 케인즈학파처럼 한국 경제학계에서 최초로 학파로 인정받았다. 1960년대 미국에서 신고전주의 경제학을 배운 뒤 귀국해 서강대 교수로 활동한 사람들이 주축이다. 성장을 최우선시해 서구식 경제 근대화 모델을 토대로 대기업과 중화학공업 중심의 경제 정책을 적극적으로 펼쳤다. 남 총리가 1969년 재무부 장관에 임명된 것은 서강학파의 경제이론이 정책으로 실현되는 계기가 됐다. 영원한 학자 남 총리는 수출 지상주의, '선 성장 후 분배' 등을 통한 압축 성장을 추진했다. '서강학파 트로이카'로 불리는 이승윤, 김만제 전 부총리도 남 총리와 마찬가지로 철저한 성장론자였다. 박정희 전 대통령은 1971년 이 전 부총리를 금융통화 운영위원, 김 전 부총리를 한국개발연구원(KDI) 초대 원장으로 기용했다. 서강대 교수 출신들을 차례로 중용한 것이다.

재테크는 성과를 내면서 성장을 해야 한다. 그 다음에 이웃과 더불어 살아갈 방안을 찾아야 한다. 그런 면에서 복지주의는 성과주의와 조화로워야 하지만 하나를 선택하라면 아직도 성과주의를 택해야 한다.

8. 학습주의

부자가 되려면 배우고 익혀라. 한국형 국가재테크는 불균형 성장주의를 택했다. 마을 내에서도 선택과 집중을 해서 개발 가능한 자원을 활용하는 운동을 전개했다. 또 잘하는 마을에 지원해 주면서 잘못하는 마을을 자극하고 독려해 마을들이 스스로 깨닫고 대안을 모색하도록 도왔다. 결국 주민 스스로 배우고 익히면서 무엇이 성과를 내는지를 살펴보도록 했다. 또 국가의 차별적 지원은 주민 스스로 원하는 것을 실천할 수 있는 마을에게 성공 모델을 주었으며 성공 사례를 세상에 전파했다.

박정희 대통령은 '교육은 가난을 벗어나게 하는 유일한 수단'이라고 생전에 강조했다. 우리는 이런 학습 원리를 언제나 중요하게 생각했다. 제2차세계대전 이후 식민지에서 벗어난 신생 독립국들은 복지와 분배를 중시했지만, 우리는 교육과 반공을 국시로 나라를 성장시켰다.

이승만 대통령도 교육만이 국가의 미래를 살리는 방안이라고 기회가 있을 때마다 밝혔다. 어렵게 외국에 구걸하면서도 국민의 문맹률을 낮추기 위해 노력했다. 이런 노력이 경제개발5개년계획으로 연계되어 가난의 굴레를 벗어나게 했다.

가난을 벗어나려면 공부를 해야 하고, 부자가 되려면 부자가 될 수 있는 일을 익히고 노력해야 한다. 재테크도 마찬가지다. 재테크에 관련해 가장 중요한 것은 새로운 배움의 기회를 찾는 것이다.

이 기회를 우리 민족은 만들었고 현명한 국민들은 잘 참아내고, 잡았던 것이다. 이렇게 해서 깨우친 공부와 학습, 사례 연구는 경제개발과 한국형 재테크로 전세계에 수출되고 있다. 세상 사람들은 대한민국을 '강한 교육과 배움이 있는 나라' 즉, 세계 제1의 강교학국強敎學國으로 인식한다. 이제는 DAC회원국[23]으로 원조를 받던 나라에서 원조를 주는 나라로 바뀌었다.

● **한국형 국가재테크의 8대 이념**

이 념	개 요
목표주의	목표를 향해 실현 가능한 씨를 뿌리고 달성하는 운동
마을주의	마을 주민 모두가 참여하여 공동의 꿈을 키우는 운동
자립주의	자립형 지도자를 발굴, 육성하며 이들과 마을 변화를 도모하는 운동
관용주의	현대적 기술과 전통적 정신이 공존하고 실패를 포용하는 고무줄 운동
복지주의	마을 주민 모두에게 이익이 돌아가는 교집합 운동
총평주의	정신 · 생활 · 기술 · 문화 · 교육 등이 함께하고 총체적으로 평가하는 포괄 운동
성과주의	잘살아 보자는 염원을 마을 단위로 성과를 내고 발전시키는 운동
학습주의	마을 스스로 공부하고 교육을 통해 마을에 적합한 모형을 만드는 운동

---

23 2009년 한국은 경제협력개발기구(OECD) 산하 개발원조위원회(DAC) 특별회의에서 '원조 선진국 클럽'으로 불리는 DAC의 회원국으로 가입했다. 한국은 선진 공여국으로 공식 인정받는 동시에 국가 브랜드 이미지를 격상시키는 효과를 얻은 것이다. 한국은 1961년 OECD 설립 이후 원조를 '받는 나라'에서 '주는 나라'로 전환하는 전 세계 첫 번째 사례다.

전 세계 유일의 나라다. 70개의 가난한 나라에서 코이카와 새마을중앙회, 경상북도나 강원도로, 새마을역사연구원과 같은 기관으로 새마을운동을 배우려는 붐이 몰려오고 있다.

여덟 개의 국가재테크의 이념은 자기 계발을 하는 데도 좋은 덕목이다. 쉽게 외울 수 있도록 "목마자라는 사람이 관복을 입고 총성학을 배운다"라고 외우면 기억하기 좋다. 목표주의·마을주의·자립주의·관용주의·복지주의·총평주의·성과주의·학습주의 여덟 가지가 한국형 국가재테크의 이념이라 할 수 있다. 국가재테크의 8대 이념은 한 단어로 축약한다면 부국강병이다. 결국 우리가 만든 나라는 수출경제와 자주국방의 나라다.

02

한국형 국가재테크의 3대 정신

근면정신, 근면은 부자의 어머니

1. 근면은 부자의 어머니, 노력은 부자의 아버지

미국의 시인 헨리 워즈워스 롱펠로Henry Wadsworth Longfellow(1807~1882)는 "부지런히 일하는, 근면 정신을 가진 사람은 모든 것을 황금으로 변화시킬 수 있다"고 말했다. 부지런히 일하는 사람의 손은 짧은 시간에도 많은 일을 해낼 수 있다는 뜻이다. 일본 속담에도 "괭이를 등에 지는 거지는 없다"라는 말이 있다. 괭이를 지고 다닐 정도로 부지런한 사람은 일을 하지 구걸하지 않는다는 의미이다. 당나라 송약소宋若昭의 『여논어女論語』에 "대부유명大富由命이요 소부유근小富由勤"이라는 문구가 있다.

미국인도 놀란 추신수의 근면

미국에 수많은 야구 선수들이 진출했다. 그 중에서 가장 진면목을 보여 주는 야구 선수는 추신수다. 몇 년 전 CNN 계열의 스포츠 잡지인 『스포츠 일러스트레이티드』(SI)의 추신수 특집에서 '성공의 열쇠는 근면 성실'이라고 보도했기 때문이다. SI는 추신수의 성실함은 마치 '기계 같다(Shin-Soo Choo is a Machine)'는 찬사를 보냈다. 미국 정서상 성실함이나 근면함이 기계와 같다는 표현은 특별한 경우가 아니면 쓰지 않는다. 그만큼 추신수는 다른 메이저리거와 달랐기 때문이다. 잡지는 2011시즌 초 추선수가 극심한 슬럼프에 빠져 시즌을 출발하고 있지만 성실함의 내막을 아는 사람들은 절대 그를 비난할 수 없다고 했다. 「이게 추신수라는 사람이다(Shin-soo Choo That's Who)」는 제하의 특집 기사에서 추선수가 미국에서 성공한 가장 큰 원동력은 '근면함(work ethic)'에서 비롯된다고 밝혔다.

추신수는 권투와 육상을 했던 아버지에게서 혹독한 훈련을 받고 자라 왔다. 추신수의 아버지는 항상 아들에게 "스포츠(승부의) 세계에서 2등에게는 누구도 관심을 주지 않는다"는 말로 승부욕과 생존 본능을 길러 주었다. 오로지 1등만이 살아남는다는 한국인 특유의 '1등주의'를 강조한 대목이기도 하다. 아버지의 영향을 받은 어린 시절과 매일 새벽 다섯 시면 일어나 하루 일과를 시작했던 학창 시절을 거치며 추신수는 성실함이 저절로 몸에 배었다.

추신수에게 훈련이란 밥을 먹는 것과 같이 기계적인 행동이다. 추신수는 매일 하루도 거르지 않고 새벽에 나와 손가락 팔굽혀펴기로 악력과 손목의 힘을 강화한다. 엄청난 양의 배팅은 물론 집에 돌아가서도 매일 밤 150번의 스윙은 하고 자야 직성이 풀리는 노력파다. 미국 선수들의 눈에 비치는 추신수는 독종 중의 독종이다. 과거 팀 동료이자 룸메이트였다는 리치 도먼은 '나는 집에 가면 야구 생각은 일절 접고 산다. 그러나 추신수는 집에 가서도 온통 야구 생각뿐이었다'고 혀를 내둘렀다. 도먼의 말을 빌리면 추신수는 현실에 만족하지 않고 더 높은 목표를 향해 끊임없이 노력한다. 지금도 그는 MH 방식으로 무장했기 때문에 데드볼을 두려워하지 않는다. 동양인이라는 핸디캡을 극복한 추신수의 악바리 정신과 근면함이야말로 오늘날 슈퍼 스타로 주변 사람들을 감동시키는 성공의 열쇠라는 의미를 담고 있다.

『스포츠 일러스트레이티드』, 2011. 4.

"큰 부자는 운명을 타고 나야 하고 작은 부자는 근면하면 된다"라고 해석된다.

재테크 측면에서 근면정신은 '목마자 관복 총성학'을 이루기 위한 방법이다. 개인의 행복이나 여가를 조금 줄이더라도 시간을 아끼고 잘사는 방법을 만들어 나가는 원천이 근면이다.

해외에 나가 보면 우리나라의 이미지는 근면하고 성실하며 이를 기반으로 경제 발전에 빨리 성공했다고 평가받는다. 우리나라는 평균 IQ가 세 자리를 넘는 머리 좋은 국가 중 하나이다. 일하는 시간도 세계 2위, 세계에서 세 번째로 잠 없는 나라, 문맹률이 1% 아래인 유일한 나라다. 또 메모리 반도체 생산량 세계 1위, 초고속 인터넷 사용률 1위, 인터넷 이용 시간 세계 1위, 조선 생산량 1위, 노약자 보호석이 있는 5개 나라 중 하나다.

애국심도 뛰어나다. 국민 90%가 국기를 갖고 있는 나라, 하루 세 번 양치질하라고 가르치는 유일한 나라, 지구상에서 처음으로 아나바다 운동을 시작한 나라, IMF 경제 위기를 영국보다도 빨리, 지구상에서 최단 기간에 극복한 나라.

미국도 무시하지 못하는 일본을 무시하는 전 세계에서 유일한 나라, 중국을 떼놈이라고 깔보는 나라, 세계 무역 규모 7번째인 나라, 세계 수출 규모 5위인데도 불구하고 아직도 개발도상국, 중진국이라며 선진국을 본받자는 겸손한(?) 나라, 자동차 생산량 세계 5위, IT 산업은 일본을 제치고 세계 1위, 핸드폰 보급률 세계 1위인 나라가 한국이다. 최근에는 G-20 서미트를 개최하고 선진국 안에서도 국격을 높이는 대한민국이다.

● 대한민국 국부 현황 (2012년 기준)

항 목	내 용
국토 면적	세계 제110위 규모로 작은 나라
인구 규모	세계 제25위-인구밀도(명/㎢) 세계 제10위 (도시 및 도서국가 포함)
평균 수명	세계 제28위 수준
수출 규모	세계 제5위(2011년)
무역 규모	세계 제7위(2011년)
원자력 기술	세계 제5위-약 20개의 핵발전소를 보유
조선 기술	세계 제1위-선박 대국(2008년)
R&D 투자 규모	세계 제4위
GDP 규모	세계 제10위
국방비 규모	세계 제8위-2005년 기준 224억 달러
군사력	세계 제6위-영국부의 왕립합동군사연구소(RUSI)
자동차 기술	세계 제6위- 연간 350만 대의 자동차를 생산
인터넷 기술	세계 제1위
인터넷 사용자 수	세계 제3위 (100명당 61명)
휴대폰 기술	세계 제1위- 삼성전자, 전 세계시장의 40% 점유
반도체 기술	세계 제1위-특히 메모리 분야는 전 세계 시장 독식
LCD 모니터	세계 제1위-기술과 생산 보급 등 단연 독보적
특허 출원	세계 제6위-발명 특허 출원국
철강 생산 기술	세계 제5위-철강 생산 능력국 (포항제철. 광양제철)
가전 기술	세계 제2위-가전 수출국, 제조력, 기술력, 시장 점유율
고속전철 기술	세계 제4위 고속철도국 ①일본, ②프랑스, ③독일, ④한국, ⑤중국
원전 기술력	세계 2위 수준
로봇 개발 기술	세계 제4위-휴먼 로봇 개발 기술의 선두국
우주 항공 로봇	세계 제9위의 기술 개발-산업 로봇이나 군사형 로봇 열세
외환 보유고	세계 제4위-외환 보유국
교육 열의	세계 제1위-높은 자녀 교육 열의를 지닌 국가
종합 국력	세계 제9위-중국 국무원 산하 사회과학원

사실 우리나라 땅 넓이(99,720㎢)는 세계 230개국 중 제110위 규모로 작은 면적이다. 예를 들어 미국이나 중국의 한 개 주나 성에 비교되는 규모로 작은 나라다. 북한의 국토 면적(122,720㎢)을 합쳐 보아야 세계 84위 수준이다.

자원도 변변치 못한 나라가 MH정신과 노력만으로 반도체 세계 1위를 창조했다. 전쟁과 보릿고개를 겪은 부모 탓에 교육열이 높고 경쟁과 1등이 중요한 나라였다. 이런 나라이기 때문에 항상 역동적이며 첨단 기술을 동경하고 '보다 많이 보다 빨리' 성과를 달성하는 것이 미덕이었다.

외국인들이 보기에 한국은 무서운 집념의 나라다.[24] 세계에서 유례를 찾기 힘든 단일민족이다. 유대인보다도 국민 결속과 통합을 이루어 낸 자랑스러운 나라다. 사실 '우리는 하나'라는 의식의 국가 동력은 막강한 에너지와 무기가 되고 있다. 지금 한국은 다문화가정과 귀농귀촌이 지역을 통합하는 과정에 있다. 아시아 문화의 다원성을 이해하고 그들과 더불어 살아가려는 노력이 진지하게 이루어지고 있다. 19대 국회에서 이 자스민Jasmine Lee 의원이 다문화가정을 대표할 국회의원으로 배출되었다. 귀농귀촌은 이제 시작이다.

재테크도 무에서 유를 창조해야만 직성이 풀리는 나라다. 어느 정도라는 표현은 만족이 아닌 불쾌감이나 나를 깔본다는 느낌을 준다. 포만감을 얻으려면 적어도 '재테크로 10억원 벌기'라는 타이틀을 걸어야 만족한다. 우리 안에는 과시 내지는 체면의 문화가 상존한다. 10억 원이면

---

24 홍수환의 4전5기나 평창의 12년 연속 3회 도전 속의 동계올림픽 유치 성공이 잘 나타내 준다.

100만 달러다. 소위 백만장자란 말이다. 2010년 기준으로 금융 자산 10억 원 이상을 보유한 자산가는 13만 명으로 전 인구의 0.26% 정도다.[25] 보통 사람으로는 달성하기 힘든 거부다. 하지만 우리 의식에는 이 정도 돈을 벌지 못하면 명함도 못 내밀고 누구나 10억 원 정도는 벌어야 재테크 명함을 내민다는 자신감에 차 있다.

2. 한국 발전의 4대 원동력

지금까지는 한국이 열심히 잘하는 점만 열거했다. 하지만 너무나 많은 항목이 국가 경쟁력을 잃고 아직도 걸음마 단계를 벗어나지 못한 미개발 기술이산재하고 있다. 한마디로 잘하는 것과 못하는 것의 편차가 큰 나라다. 예를 들면, 우주항공산업과 인공위성 개발 기술, 최첨단 군사 정밀 기술 등은 아직도 원천 기술면에서 상위 국가에는 많이 부족하다. 무궁화 3호 위성 발사 성공을 위해 수년 간 발사와 실패를 반복한 것은 모두 아는 사실이다.

아직도 중진국 수준에 머물러 있는 것은 교양, 준법정신, 질서의식, 청렴도, 공무원의식 등이며, 폐쇄적인 지역문화도 앞으로 좋아져야 한다. 이러한 국민의식 수준이 따라가지 못한다면 우리나라가 세계 정상으로 도약하긴 무척 어렵다. 특히 국가 지도층과 공무원의 도덕적 해이는 무슨 일이 있더라도 바로잡아야 한다. 지도층과 공무원이 편법을 쓰고, 남을 속이고, 자신에게 특혜를 준다면 그 국가의 미래는 암담할 것이다.

서정쇄신을 해야 할 부패한 지도자는 국민 화합에 악영향을 준다. 거짓말하지 않고 남보다 봉사하고 스스로를 낮출 수 있는 사회지도층이

나와야 우리나라가 세계 5대 강국으로 진입할 수 있다. 국민의식 수준의 선진화는 지도층의 솔선수범으로부터 나와야 한다.

우리는 다양한 분야에서 세계 1등을 달린다. 국가의 기술력과 발전을 가능하게 한 것을 국민의 지원이라고 한다면 국민적 원동력은 무엇에서 나왔나. 그것은 두려움 없이 할 수 있다는 자신감, 무에서 유를 창조하는 마음에서 나왔다. 먼저 무에서 유를 창조하기 위해서는 정주영 회장의 글에서도 볼 수 있듯이, 근면하고 노력해야 한다. 또 스스로 능력을 개발하고 스스로 역할과 책임에 최선을 다해야 한다. 우리는 이러한 정신을 1950년대 중반부터 철저하게 개발해 왔다.

외국인들이 한국인들에게서 배우려는 정신은 과거보다 향상된 자신과 나라를 만들려 노력하는 희망정신이다. 그것은 전쟁과 기아가 만연한 참담한 나라를 불과 30여 년이라는 짧은 기간 동안 세계적인 공업국으로 성장시킨 저력이다. 외국의 석학들은 한국 발전의 원동력을 다음의 네 가지로 표현한다.

첫째, 죽기 살기로 공부하고 온 가족이 자녀들의 교육을 돕는다. 원하는 입시 목표를 달성하기 위해서는 물불을 안 가린다. 1964년 12월, 경기중학교 입학시험에서 처음으로 복수 정답을 허용하는 '무즙 파동'은 교육 현장을 반영한 예이다. 엿을 만들 때 엿기름 대신 쓸 수 있는 것을 묻는 문제에 디아스타제를 정답으로, 무즙은 틀린 것으로 처리하자, 문제 하나로 떨어진 학생 학부모들이 무즙에도 디아스타제가 들어 있다

---

25 국내 금융 자산 10억 원 이상 부자 13만 명, 조선일보, 2011. 7. 11.

며 소송한 사건이다. 문제 하나로 당락이 결정되면 학생의 인생도 변하는 것이 당시 대한민국이다. 죽기 살기로 공부해야 했고, 이때부터 지금까지 대한민국은 어린 아들의 합격을 위해 동분서주했다. 성난 어머니들은 "정답을 바로 가려라"며 교장실에서 농성을 했고, 끝내는 소송까지 벌어져 결국 39명의 불합격생이 경기중학교에 입학했다.

둘째, 근면을 기반으로 자신의 일에 부지런히 노력한다. 개미처럼 열심히 탐구하는 과정에서 변화가 보인다. 한국민은 국가재테크를 통해 성공을 이룩 해냈다. 한마디로 근면을 바탕으로 각자 소질과 적성을 계발해 재테크에 성공했다고 보고 있다.

셋째, 자신보다 잘난 사람이나 배울 것이 있다면 그가 누구든 일단 존경하고 배운다는 점이다. 때문에 창의력이나 상상력 혹은 최초의 발명은 못 하더라도 후발 주자로서 독특한 디자인이나 가격 경쟁력으로 선두를 따라잡고 결국은 꽃을 피우는 나라가 대한민국이다. 모방과 개량이 우수한 나라이다. 배운 다음에 뭔가 문제점이 있으면 완전히 망가트려 버리는 나쁜 습성도 가지고 있다. 또 가치 기준이 시류를 타고 빨리 변하는 습성을 가져서 경박하다는 지적도 있다.

넷째, 자신과 사회의 성공을 일치시킨다. 그 결과 짧은 기간 동안 경제성장과 인권과 민주화에 성공했다는 점이 가장 높게 평가받고 있다. 이러한 기록은 대한민국이 세계에 자랑할 일이다. 가끔 이 네 가지 중에 어느 것이 가장 먼저일까 생각해 보곤 한다. 매번 결론은 같다. 먼저 교육받았고, 근면하게 일하는 자세를 중요하게 생각했다. 남들이 인정하지 않아도 가정과 회사 경제를 성장시켰으며, 마지막으로 민주주의를 발전시켰다. 그것이 한국 변화의 특징이다. 이것은 더욱 분명하게 표현한다면 '선 교육, 후 근면 노동', '선 경제, 후 민주'로 요약할 수 있다.

근면은 부지런한 실천정신이다. 또 하면 된다는 성실정신이다. 그리고 아무리 어려워도 참고 견디면 이룰 수 있다는 인내정신이기도 하다. 근면 성실하면 거짓과 꾸밈이 없이도 진실에 도달하게 된다. 성실과 진실은 각기 다른 시작이지만 유사한 결과를 가져온다. 뫼비우스Möbius strip 띠처럼 계속 같이 가야 성공할 수 있다. 진실과 성실의 어머니인 근면은 허영과 사치와 낭비를 모른다. 땀 흘려 성실히 일하는 사람이 존중받는 사회는 정의사회이다. 부정과 부패, 불의를 용서하지 않으면 명랑하고 밝은 사회가 온다.

자조정신, 간절함이 바탕이 된 자조

1. "아프리카에 원조를 막자"는 모요 박사의 주장

2009년 "아프리카로 보내는 원조를 막자"라고 주장하여 논란을 일으킨 사람이 있다. 아프리카 잠비아 출신의 담비사 모요Dambisa Moyo다. 그녀는 아메리칸 대학과 하버드 석사, 옥스포드 경제학박사를 받고 세계은행에서 일했으며 골드만삭스 런던 지사에서 근무했다.

한마디로 화려한 경력을 지닌 실무형 학자이다. 세계은행과 골드만삭스에서 글로벌 경제 분석 담당을 하면서 아프리카 현실에 눈을 뜬 모요 박사는 2009년 『죽은 원조 -왜 아프리카에 대한 원조는 효과가 없는가? 그러면 더 나은 대안은 무엇인가 Dead Aid-Why Aid is not working and how there is better way for Africa』라는 책을 저술했다.[26] 이 책에서 '아프리카 원조援助가 아프리카의 항구적 빈곤의 가장 큰 원인'이라는 도발적인 주장을 폈다. 이 책의 핵심 논지는 서구의 아프리카 원조 전략이 아프리카 부패 원인을 제공하고 나아가 아프리카를 망치고 있다는 것이다.

그녀의 주장은 30년 이상 아프리카 원조와 관련해 권위를 가진 제프리 삭스 Jeffrey Sachs나 윌리엄 이스터리 William Easterly의 주장에 정면으로 대치되는 개념이다. 모요는 『파이낸셜 타임스』와의 인터뷰에서 "아프리카는 서구 국가들에게 비굴하게 엎드려 구걸할 필요가 없다"라고 주장하였다. 모요의 논리는, 아프리카는 수십 년 동안 많은 돈을 선진국으로부터 원조를 받았다. 하지만 결과적으로 "원조받은 국가들은 과거보다 더 가난하게 살고 있다"라는 단순한 의문에서 출발했다. 그녀는 "지난 60년 동안 아프리카에 대한 총 원조 자금은 3조 달러에 이른다. 그런데 1970년 대 아프리카 인구의 10% 미만이 극심한 빈곤상태였으나 오늘날은 사하라 사막 남쪽 인구의 70%가 하루 2달러 이하로 살고 있다"고 주장했다.

모요 박사는 "지난 반세기 동안 서방의 선진국들이 아프리카에 대해 계속해 경제개발 원조를 했다"고 주장했다.[27] 이어서 그녀는 "원조는 아프리카의 많은 지도자들의 의타심依他心과 부패만 길렀고, 모금한 수백만 달러는 관료와 지도층의 호주머니로 들어가 문제를 더욱 어렵게 만들었다"고 강조했다. 단기간 한정적인 지원이 아니라, 언제 끝날지 모르는 한없는 원조로 아프리카 정부가 자립할 재정을 확보할 필요를 느끼지 못한다는 것이다. 그녀의 이야기를 한국식 재테크 모델로 본다면 "절박함이 인간의 노력을 불러일으키는데, 그 절박함을 서구가 막고 있다"는 말이다.

그녀는 "모든 교육, 의료제도, 기간산업이 서구인의 세금으로 지탱되는 아프리카에서 과연 어떤 미래를 기대할 수 있겠느냐"며 회의를 나타냈다. 그녀는 원조를 서서히 줄여, 5년 내에 끊어야 한다고 주장한다. 아프리카의 장기적 발전을 위해서는 무역과 외국인 직접 투자, 소액 대출이 적절히 혼합된 형태가 대안이 될 수 있을 것으로 본다.

하지만 모요 박사의 주장은 인도주의적 원조의 필요성을 부정하는 것은 아니다. 그녀의 주장에 몇 가지 덧붙인다면 가난은 스스로의 노력, 즉 자조정신自助精神이 우선해야 벗어날 수 있다. 우리는 한국형 국가재테크를 통해 자조정신이 없는 원조는 임시방편일 뿐이지 근본적인 상황을 개선하지는 못한다는 것을 이미 40년 전에 알고 있었다.

그러면서도 우리는 모요 박사가 지적한 아프리카 원조의 실상에 대해 곱씹어 보아야 한다. 그녀의 주장은 "주민 스스로 하고자 하는 의지가 없는 상황은 죽은 원조를 가져오고 원조 자금은 국가를 더욱 부패하게 만든다"는 자조정신을 아프리카 사례로 설명했다. 결국 온 나라가 부정부패에 만연하게 하고 실제 개발 원조의 효과를 무의미하게 한다는 말이다. 모요가 말하는 결론은 세 가지이다. 첫째, 외세에 의존하지 말자. 둘째, 국민교육을 최우선 과제로 삼자. 셋째, 전 국민의 자기 계발을

26 담비사 모요(2012), 김진경 역, 『아프리카 경제학자가 들려주는 죽은 원조』, 알마.
27 담비사 모요, 과연 아프리카의 착취자인가, 동아일보, 2012. 6. 29.

하자. 이 세 가지를 충실히 이행하지 않는 정부는 가난을 양산하고 이를 세속시킨다는 것이 모요의 10여 년 연구의 결론이다. 이 결론을 들으면서 우리 국민들은 왜 흐뭇해야 하는가!

2. 간절히 원하면 자조가 나온다.

한국형 국가재테크의 중요한 정신 중 하나는 자조정신이다. 자조정신이란 스스로를 돕는 노력하는 정신을 말한다. 자조는 개인과 단체나 마을이나 기업이 힘을 합쳐 공동의 목표를 달성하도록 자발적으로 돕는 구조이다. 즉, 자조란, 자기나 회사, 마을의 발전을 위하여 스스로 목표를 달성하는 과정이다. 자조는 각기 가지고 있는 한계 상황을 노력하고 극복해 내는 성공 창조 코스이다.

국가도 마찬가지다. 국가가 자기 힘으로 권리를 확보하지 못하면 남에게 예속될 수밖에 없다. 국가재테크의 실체도 유사하다. 스스로 자신을 돕고 잘 살려는 자기 계발 의지가 없다면 돈은 향락과 퇴폐의 구렁텅이로 빠져들게 하는 윤활유가 된다. 그러므로 재테크에서 동기부여가 중요하다. 흔히 부자가 되는 데는 아주 간단한 공식이 적용된다. '돈 벌면서, 일정 규모 이상 저축'하면 된다.

그런데 말처럼 쉽지가 않다. 많은 사람들이 돈을 버는 과정에서 인내와 절제에 실패한다. 한마디로 독하지 못해서 생긴 일이다. 가난한 사람들은 "저축과 투자도 하지만, 문제는 이상하게도 돈은 잘 안 모인다"고 말한다.

대부분의 사람들은 새해 아침마다 스스로 다짐을 한다. "올해는 근검절약해서 쌈짓돈을 만들고 투자해서 부자가 되겠다" 라고 다짐한다. 하지만 돈을 조금만 모아 놓았다 싶으면 자꾸 돈 쓸 일이 생긴다. "지름신이 강림하사" 정말 시도 때도 없이 빠져나간다. 통장 잔고는 마이너스요, 고리 이자가 빠져나가고, 카드 결제일은 "없는 집 제사 돌아오듯" 한다. 그럴 때마다 인생 역전을 생각한다. "6개만 맞추자. 로또만 되면 고생 끝 행복 시작"이라고 착각한다. 국가적 차원에서 부자되기를 권장하는 분위기를 통해 한국 사람들은 1970년대 오일쇼크 이후 본격적으로 돈을 모으기 시작했다. 누구나 부자의 마음가짐을 가지지 못하면 가난하게 살아간다. 부자가 되기 위해서는 자조정신 말고 무엇이 필요한가.

새마을운동에서 부자되는 방법을 배운다면 무엇을 말할 수 있나.

첫째, 부자가 되겠다는 자신감이다. 부자정신이 없으면 아무도 부자가 될 수 없다. 마음가짐은 사회 분위기이자, 교육의 힘이다. 학교교육이나 언론을 통한 사회학습으로 얻어야 한다.

둘째, 자신의 꿈과 목표를 그려 본 후 이를 달성할 계획을 만든다. 계획은 반드시 수치數値로 표현되어야 한다. 수치로 표현되지 않은 계획은 구체성 면에서 실현 가능성이 낮다.

셋째, 자신의 재정상황을 정리하고 평가해야 한다. 부채 청산은 부를 극대화하는 최선의 방안이다. 부채를 줄이는 연습을 하는 것이 부자되는 지름길이다. 없으면 없는 대로 살아야 하고 꼭 흑자 예산을 구성하는 방안을 모색해야 한다.

넷째, 독하게 실천하기다. 심하게 말하면 "없으면 굶어라." 쓰기 전에 먼저 저축하고, 합하고, 목돈을 투자하라. 단, 지출을 통제하고, 투자할 때는 복리로, 장기간 투자하라. 여기까지 간다면 대부분의 사람들은 부자의 길로 들어갈 것이다.

하지만 이런 재테크도 교육과 훈련을 받지 않으면 잘되지 않는다. 부자는 반드시 자녀들에게 부자되는 방법을 훈련시킨다. 부자 마인드를 가지고 자조정신으로 무장한다면 반드시 재테크에 성공할 수 있다. 재테크 행동에 앞서 '동기 부여'를 잘해야 한다. 그것이 자조정신이다.

우리는 한국형 국가재테크에서 으뜸인 자조정신을 배웠다. 스스로 돕는 자조정신은 자신이 주인이고, 스스로 힘으로 성공할 수 있다는 자존감에서 출발한다. 스스로 일하고 도울 수 있는 자신감은 어디에서 나올까. 그것은 다름 아닌 근면정신에서 나온다.

재테크는 스스로 진실과 성실한 자세로 간절함을 가져야 한다. 사치와 방종을 멀리하면서 자기가 해야 할 일을 묵묵히 실천해 나가는 의식이 자조정신이다. 절대 남 탓을 하거나 자기의 책임을 남 때문이라는 타인 전가는 하지 말자. 스스로 자기 인생의 주인임을 알고 어떠한 어려움도 자신의 힘으로 이겨내는 것이 자조정신이다.

협동정신, 협동은 조화와 신뢰의 끈

1. 더불어 살아가다

협동정신은 개인과 개인, 개인과 기업, 우리와 마을을 이어 주는 신뢰의 끈이다. 근면과 자조는 필요조건이고 협동은 충분조건이다. 세 가지가 모여 한국형 국가재테크의 기본정신이 된다. 비로소 개인과 기업, 사회운동을 지탱하는 삼발이 다리가 완성된 것이다. 또 협동이 있어야 고난이도의 재테크도 완성된다.

협동은 자신과 타인과의 조화이고 공동의 자조정신의 결과다. 협동정신은 더불어 살아가는 삶이다. 협동은 서로 마음과 힘을 하나로 합함으로 개개인이 융복합되며 시너지 효과를 낼 수 있다. 융복합되는 '우리'는 대아大我다. 용광로와 같은 에너지를 만들 수 있다.

한국과 이스라엘과 같은 협동의 달인은 곤충의 세계에도 존재한다. 호주산 흰개미다. 호주산 흰개미는 놀라운 협동의 힘으로 건축가보다도 더 정교한 집을 사람 키보다 몇배 더 높이 만든다. 이것이 협동정신의 실체다. 흰개미는 '우리'라는 공동체 의식으로 상호 신뢰한다. 한마디로 모든 것을 믿는다. 그들은 자신의 키보다 수백 배 높은 기하학적인 고층건물을 지을 수 있다. 어떻게 6mm 길이의 호주산 흰개미가 개미 길이의 1200배가 넘는 7.3m짜리 바벨탑을 세울 수 있는가.

인간은 아직도 2,160m 높이의 건물을 만드는 것이 첨단기술로도 불가능하다. 인간보다 뛰어난 기술력의 이유는 협동의 기하학이다. 서로의 몸을 로프 삼아 나뭇잎을 말아 올려 집을 짓는다. 공동체 발전은 스스로 원해서 참가하는 협동정신에 있다. 협동의 역사는 계·두레·향도·향약 등에서 볼 수 있으며 철저하게 신뢰를 바탕에 둔다. 신뢰는 참여정신과 강한 믿음을 유발시켜 공동체 속에서 자신의 삶을 키워 갈 수 있게 된다.

협동이 근면과 자조와 함께 뭉치면 생산적 방안과 자주적 판단이 폭발적으로 늘어난다. 1970년 1인당 국민소득 200달러 수준의 가난한 나라 사람들이 잘살겠다는 일념 하나로 흰개미처럼 뭉쳤다. 지속적인 북한의 침략과 도발 위협에는 향토방위와 경제개발을 동시에 할 수 있다는 자신감으로 굳건하게 뭉쳤다. 마을과 직장 단위로 모여 능동적인 행동 원칙을 만들었다. 혹자는 한 국민은 모래알같이 흩어진다고 말하지만, 이는 일제가 만든 해방 이전의 역사 왜곡임을 분명히 하자.

1970년대부터 세계 어느 국민보다도 협동과 단결로 뭉친 국민이 되었다. 오직 잘살겠다는 일념으로 하나가 되었다. 지구촌을 놀라게 한 1988년 올림픽, 2002년의 월드컵의 열기를 보라. 서구인들은 일본보다 못한 리틀 재팬 정도로 우리를 폄하했었다.

하지만 일본보다 더 강인하고 더 역동적인 단결로 국민 통합을 이루었다. 2002년 월드컵 당시 세계가 경악한 칭기즈칸보다 무서운 붉은 악마 이미지를 각인시켰다. 이때부터 우리는 50년 동안 가지고 있었던 레드 콤플렉스를 극복하게 되었다. 더 이상은 빨갱이는 이 땅에서 자리잡지 못한다는 말이다.

이것은 분명 70년대 한국형 국가재테크로부터 나온 자신감이라고 확신한다. 한국형 국가재테크를 통한 자신감은 협동을 만들었다. 직장·학교·기업·마을이 협동으로 뭉치자 자연스럽게 시멘트 다리가 완성되고, 마을 길이 확장되고, 마을 환경 개선과 지붕 개량의 복지마을을 탄생시켰다.

이때부터 흩어지는 코리아가 아니라 '할 수 있다는 자신감에 불타는 코리아'가 되었다. 마을에서 다양한 건설이 가능한 것은 3년간의 군대생활에서 익혔다. 즉, 높은 기술 역량과 조직화 경험, 반공이라는 정신 무장을 갖춘 청년 리더들이 마을에 존재했기 때문에 가능했다. 정부의 표

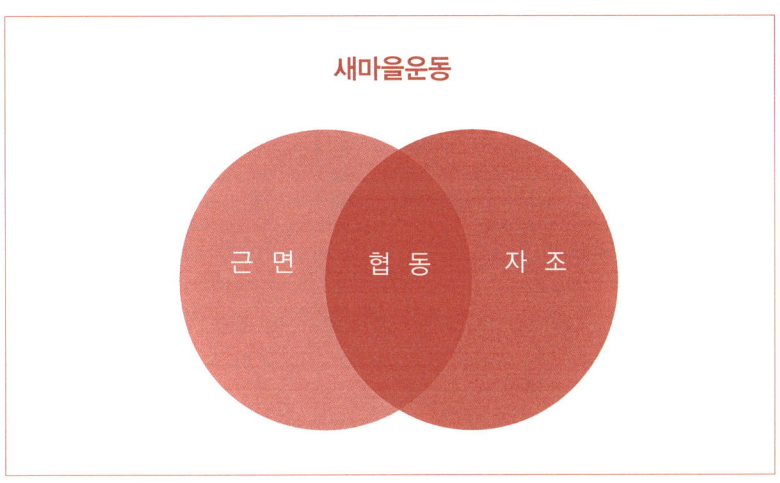

새마을운동

근면 협동 자조

준 건설 시방서의 보급으로 건설할 의지가 있는 마을은 스스로 할 수 있도록 도왔다.

한국형 국가재테크의 3대 정신으로 무장한 주민들은 스스로 책임과 역할, 원칙과 신뢰를 바탕으로 자주적인 마을과 기업으로 성장해 간다. 정부는 물질적인 도움을 주었지만 선 주민 운동의 원칙이 지켜지는 마을과 기업에만 부가 평가하고 지원해 주었다. 당시 정부 재정은 지금같이 여유가 없었다.

철저하게 평가하고 성과가 있는 마을에만 지원해 주었다. 하고자 하는 의욕이 있는 마을은 "간절히 원하면 이루어진다는 말처럼 실제 변해가기 시작했다. 정부 지원은 실제 마을과 기업 발전의 원동력이 되었다. 박근혜 정부도 6차 산업과 창조경제라는 이름으로 새로운 국가재테크를 지원한다.

정부가 역사에서 배워야 할 교훈은 자조와 협동이 하나가 되면서 목표주의·성장주의·복지주의가 된다는 점이다. 근면과 협동이 뭉쳐 마을주의·관용주의·총체주의 마을로 보답했다. 또 근면과 자조가 결합해 자립주의와 학습주의, 즉 스스로 부자가 되기 위한 조직을 만드는 방법을 터득한 것이다. 결국 근면·자조·협동의 정신을 통해 우리 스스로 발전 가능성을 확인했다.

2. 선진화의 기초 3공 정신

한국형 국가재테크에 참여하는 사람들은 스스로 원칙과 신뢰, 책임으로 뭉쳤다. 국가재테크 정신은 소득과 환경 개선, 정신 강화의 형태로 점점 발전한다. 마을과 기업 단위의 공영·공생·공익의 정신이 발휘되기 시작했다. 소위 '3공 정신'이 근면·자조·협동과 함께 융합하는 힘을 발휘하여 한국형 국가재테크가 완성하게 되었다.

3공 정신은 1980년대 국민 화합과 사회 통합, 경제성장을 이루는 사회정의를 만들었다. 그렇게 원했던 민주주의라는 이념과 '88올림픽'의 성공적인 개최는 3공 정신을 바탕으로 우리가 만든 것이다.

1990년대 한국 사회의 성실·진실·정직·명예·정의를 통해 선진국으로 가는 교두보를 확보했다. 건국 후 40년이 되는 1995년 경제성장과 민주주의, 자본주의라는 근대 이념을 완성했다. 저자는 이것을 '한국형 프로테스탄티즘'의 완성이라고 본다. 우리는 40여 년 만에 세계 최빈국에서 선진국 문턱까지 다가갈 수 있었다.[28] 1955년 1인당 국민소득 65달러의 세계 꼴찌의 나라에서 1995년 11,735달러의 고소득 나라로 전진했다

● 21세기 국가재테크와 새마을정신의 융복합화 과정

근 면	부지런히 노력하고 힘써 자신의 목표를 이루는 정신
자 조	개인과 단체, 기업, 마을이 힘을 합쳐 공동 목표를 달성하는 정신
협 동	개인과 개인, 개인과 기업·마을을 이어 주는 마음[氣] 에너지
근면+자조	자립주의 (스스로 지도력을 발굴하며 노력하는 정신)와 학습주의
근면+협동	마을주의, 관용주의, 총평주의
자조+협동	목표주의, 성과주의, 복지주의
근면+자조+협동	생산적 사고와 자주적 판단 도출 – 마을 단위의 자발적이고 능동적으로 행동 원칙 – 봉사, 질서, 준법을 바탕으로 한 공영·공생·공존정신 발휘
근면×자조×협동	새마을운동=>재테크 정신=>국가재테크=>부국강병=>부국강복[29]
새마을정신의 원리와 발전 단계	① 근면+자조+협동 : 경제적 원리
	② 원칙+신뢰+책임 : 정치적 원리
	③ 봉사+질서+준법 : 사회적 원리
	④ 공영+공생+공익 : 공동체 원리

40년 만에 소득성장 180배라는 놀라운 인류역사를 만들어 냈다. 아마 이 기록은 인류가 존재하는 한 깨지지 않는 기록이 될 것이다. 실제 2013년 유네스코는 새마을운동에 관한 일체 자료를 유네스코 기록 문화유산에 등재했다.

이러한 배경으로 우리는 지금 21세기 세계 5강을 만들고자 불철주야 땀 흘리고 있다. 협동정신이 좀 더 조직화되고 발전 방향을 합리적으로 갖추면 협동조합이 된다. 2012년 12월 정부는 협동조합을 대대적으로 손질해 누구나 참여와 연대하는 네트워크 사회를 만들 수 있는 틀을 완성했다.

지금까지 한국형 국가재테크의 최대 수혜자가 농협중앙회였다. 한국형 국가재테크의 마을 조직이 1980년대 대부분 단위농협 조직으로 흡수됐기 때문이다. 그래도 우리 농촌을 세계화·개방화·양극화의 심화 속에서 농협이 그나마 지역을 유지시켜 준 매개체로 인식해야 할 것이다. 농협 직원들이 좀 더 "농민과 더불어 사회이익을 극대화한다"라는 측면으로 개선된다면 국제적인 성공 사례로 소개될 수 있다.

---

28 김정렴(2006), 『최빈국에서 선진국 문턱까지』, 랜덤하우스, pp. 15-23.
29 20세기까지는 부국강병이 제일의 원칙이라면 21세기는 부자 나라이면서도 강한 복지를 지원하는 나라인 부국강복富國强福이 화두가 될 것이다.

03

세계 속의
새마을운동, 새마을정신

21세기 빈곤 퇴치를 주도한 한국

21세기 지구촌 화두는 빈곤 퇴치다. 2000년 9월 UN 정상회의에서 채택된 새천년개발목표[30] MDGs: Millennium Development Goals는 세계 빈곤 퇴치와 저개발 국가의 경제개발을 위한 국제적 실천을 약속했다. 이미 UN과 여러 산하 기관에서는 빈곤 퇴치 과정에서 마을 주민들이 조직한 협동조합이 기여할 수 있다는 사실에 대해 긍정적으로 평가하고 있었다.

---

30 외교통상부(2008), 『UN 새천년개발목표(MDGs: Millennium Development Goals)』.

때문에 UN은 2001년에는 사회 개발 분야에서 협동체들이 따라야 할 가이드라인 책자를 발행하기도 했다. 또한 UN은 개발도상 회원국에게 이와 같은 가이드라인 수용을 권고하며 지역공동체에 대한 인식과 협동조합의 지위를 향상시켰다.

UN 산하의 식량농업기구FAO는 농업 분야에서 협동조합과 오랜 기간 협력 관계를 유지해 왔다. FAO는 이들을 위해 매뉴얼을 발간하거나 정책을 개발해 실질적으로 도움을 주고 있다. UN 산하 기관 중 조합과 가장 밀접한 관련이 있는 곳은 바로 국제노동기구ILO이다. 국제노동기구는 단순히 정부 대표들이 모이는 토론의 장이 아니라, 정부 및 기업(고용주) 대표, 그리고 노동자 대표들이 모인다는 점에서 특수성을 띤다. 2004년 2월에는 ILO와 ICA(국제협동조합연합International Co-operative Alliance)간에 정식 양해각서MOU를 체결했다. 이 MOU로 두 기관의 협력을 통해 협동조합이 실질적으로 MDGs 달성에 기여할 수 있는 방법을 명시했다.

그러나 21세기 초반 한국형 개발 모델은 실질적인 국제기구에서 아무런 영향력을 주지 못했다. 아마 국력이 현재보다 약하기도 했겠지만 외교팀의 무지도 한 몫 했을 것이다. 한국형 개발 모형을 언급하지만 코이카KOICA 팀 중에는 한국형 국가재테크인 새마을운동에 대한 전문가는 극소수다. 코이카 출범 당시 몇몇 새마을중앙회의 직원과 연수원 교수들이 코이카에 입사했지만 대부분 은퇴했다. 현재 코이카는 한국농촌경제연구원, 한국농어촌공사 해외개발팀, 새마을중앙회 등의 사업 방향과 내용 등에 의존하고 있다.

하지만 지금은 다르다. 세계기구의 양대 산맥인 반기문 UN 사무총장과 김용 세계은행 총재가 포진하고 한국형 국가재테크 모델을 반기고 있다. 특히 이들은 한국의 가난 극복과 빈곤 퇴치 성공 경험을 보여 주길 간절히 바란다. 한국의 농업 부문에서 협동체의 역할과 기여도는 개발도상국에서뿐만 아니라 선진국에서도 인정하고 있다.

특히 최빈국을 탈출하는 초기 한국형 국가재테크의 경험은 개발도상국의 발전 과정에서 매우 중요하다. 특히 수많은 마을 단위 새마을 조직들이 박정희 대통령 서거 이후 1980년대 단위농협 영농회 조직으로 전환되었다. 이후 이들 조직은 다양한 경험과 프로그램, 조직 혁신을 통해 세계적인 지역 단위 조합으로 성장했다.

이러한 한국의 개발 과정과 성공 경험을 다른 개발도상국과 공유해야 하지만, 현재 한국은 외교부·국무총리실·안전행정부 등에서 형식적 접근만 할 뿐 내용적 접근에서는 큰 진전을 보지 못하고 있다. 실질적으로 정부 내 새마을 전문가가 부재하기 때문이다.

실제, 전 세계 산업 생산물 중 50% 이상이 협동조합을 통해 시장에 유통된다. 특히 유통 구조가 선진화되지 못한 개발도상국의 농업 부문에서는 식품 마케팅과 공급책의 역할을 협동조합이 해야 한다. 우리 농협도 단순히 농민들 위에 군림한다는 비난에서 벗어나려면 1970년대의 협동정신에 입각한 지식과 교훈, 농민이 필요로 하는 부분을 제공해야 한다. 이를 위해 농협이 6차 산업과 귀농귀촌 활성화에 나서야 한다.

6차 산업을 심화시키는 조직·가공·유통·금융·보험·교통 등의 부가 서비스도 제공한다면 우리나라뿐만 아니라 한국형 개발 원조에 농협 참여라는 긍정적인 면을 보여 줄 수도 있다.

향후 농협이 '규모화와 상업화에 성공한 협동조합이 어떻게 지속적으로 공정거래Fair Trade를 창출할 것인가'를 보여 줘야 한다. 개발도상국의 농산물 생산자와 지역의 유통 책임자, 소비자 사이의 파트너십으로 협동조합의 역할이 매우 중요하다. 농부들은 공정거래에 참여하기 위해 지정 단체에 가입해야 하는데, 이런 단체의 구축을 주도한 것이 2012년 12월부터 만들어진 소수가 참여해서 만드는 '착한 협동조합'이다.

지구촌 곳곳의 가난이 있는 지역에는 한국형 개발 모델인 새마을정신을 배우려는 움직임이 있다. 우리가 어려울 때 한국을 부흥시킨 정신을 지금은 다양한 형태로 개발도상국에 전파되고 있다.

새마을 사업 평가와 관련해서 아프리카를 방문하고 돌아온 정갑진 전 새마을중앙연수원 부원장은 "아프리카 사람들도 가진 것 없이도 얼마든지 가난을 물리칠 수 있다는 새마을정신의 메세지에 매우 흥미로워하고 있다"고 전한다. 한국형 국가재테크는 이제 운동이 아니라 K-pop과 같은 한국 문화로 지구촌에 뿌리내리고 있다.

한국형 국가재테크의 목표, 잘살아운동[31]

한국형 국가재테크는 모두가 잘살아 보자는 '통합형 부자되기 운동'이다. 당시 지도자들은 잘사는 프로세스로 가는 운동이 되어야 지속적으로 발전할 수 있다는 사실을 본능적으로 알았다. 어떻게 하면 지금보다 소득·생활·복지 수준이 나아질 수 있는가. 성실과 진실을 바탕에 깔고 근면과 자조, 협동정신으로 노력해야 된다고 보았다.

혼자서 하면 좀 이상하니까 마을 단위로 어려운 것이 있으면 막무가내 정신으로 맨땅에 헤딩도 해 본다. 물·불을 가리지 않고 쌩쑈할 정도로 각종 도전을 한다. 또 지도자가 까라면 까는 정신을 같이 가지고 간다. 소위 무에서 유를 창조하는 한국 혼이 마을 단위로 완성된다. 이렇게 하니까 사회도 관심을 갖는다. 어떻게 해서든 남들과 차별화, 특성화가 되어야 경쟁력이 있다.

한국형 국가재테크는 마을이나 기업 단위로 무쇠 밥솥에 비빔밥을 만드는 운동이다. 먼저 주민 모두가 참여해 무쇠솥에 한 솥 가득 밥을 한다.

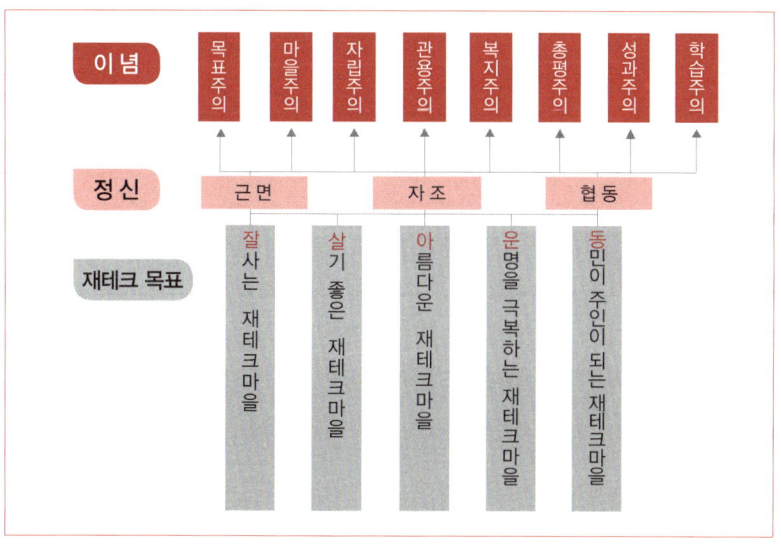

---

31 '잘살아운동'은 새마을의 잘살기운동의 이념에 '아름다운 마을 다듬기'를 넣은 저자의 교육 개념임.

그 밥에 나물을 넣어 고추장 골고루 묻어나는 비빔밥이 되어야 성공할 수 있다. 비빔밥에 맛이 없으면 참기름 한 방울 떨어트리면 맛이 놀랄 만큼 변화한다. 참기름 역할이 혁신이고 지도력이다. 사람들은 각자 삶의 질이 높은 삶을 살아가고 싶어 한다. 같이 일하며 더불어 번영하고 우리를 지켜줄 수 있는 공동체가 있어야 마을이라는 울타리 안에서 인간답게 살아갈 수 있다. 이것이 우리가 지난 60년간 만든 공동체적 자본주의다.

한국형 국가재테크가 우리라는 공동체 틀 속에서 달성하고자 하는 목표는 다섯 가지로 요약해 '잘살아운동'이라고 명명했다.

① 잘사는 마을 이루기, ② 살기 좋은 마을 가꾸기, ③ 아름다운 마을 다듬기, ④ 운명을 극복하는 마을 키우기, ⑤ 동민이 주인되는 마을 만들기 등이다.

첫째, 잘사는 마을 이루기

소득이 있는 마을, 특성을 가지고 창조하는 고장, 개개인이 스스로 먹고 사는 공동체, 상인들과 주민, 영농조합이 조화를 이루는 공동체, 도농 녹색 교류가 살아 있는 마을, 이런 마을이 잘사는 마을이다. 각 공동체의 고유한 특성이 발휘되고 소득으로 연결되어야 독자적인 소득을 창출할 수 있다.

둘째, 살기 좋은 마을 가꾸기

풍요로운 공동체, 질서 있는 고장, 발전하는 고장을 만들어, 마침내 복지와 긍지를 가질 수 있는 주민 참여형 마을을 가꾸는 것이 살기 좋은 공동체이다. 주민 스스로 제안하고 문제점을 파악하고 생산적 복지 혹은 자립형 복지를 주민 힘으로 이루어 나가는 것이 살기 좋은 공동체이다. 물론 이런 공동체에도 경쟁이나 갈등이 있지만, 협동과 조화 정신으로 극복해 내 나가는 공동체이다.

셋째, (아)름다운 마을로 다듬기

아름다운 공동체는 어메니티Amenity가 있는 볼거리[32] · 먹거리 · 쉴거리가 있는 공동체이다. 경관도 우수하며, 주민 스스로 정리 정돈하며 환경 미화에 힘쓰는 공동체이다. 마을 꽃과 나무가 있으며, 마을 경관을 보기 좋게 하며, 일년초가 아닌 다년초를 심어 계속 가꾸는 경관 형성 공동체이다. 친환경 농사와 하천 계곡 등을 정비하며 좋은 자연환경을 후손에게 물려주려는 정신이 있는 공동체이다.

넷째, (운)명을 극복하는 마을 키우기

성숙하고 민주적인 토론과 선거가 있는 공동체, 어려움이 닥치면 주민들이 힘을 합쳐 극복하는 공동체, 지산지소地産地消가 되는 공동체, 외부의 좋은 것보다는 내부의 부족한 것에 애정을 갖고 보살피는 공동체, 공동체를 위해서라면 모두가 땀 흘려 일하는 공동체, 서로 신뢰하고 협동하는 공동체,가정처럼 화목한 보람을 창조하는 공동체를 형성하는 것이다.

---

32 저자는 2002년에 8거리, 즉 볼거리 · 먹거리 · 쉴거리 · 할거리 · 알거리 · 놀거리 · 일거리 · 팔거리 등을 만들어 농촌의 특성을 강화시키는 것이 마을을 잘살게 하는 21세기 새마을운동이라고 주장했다.

다섯째, 동민이 주인되는 마을 만들기

동네 사람들이 스스로 자주 · 자위 · 자조 · 자립 · 자각하는 5자 공동체가 목표다. 이런 공동체는 명랑하고 포근한 공동체이고, 안정되고 능률적인 향촌 공동체일 것이다. 새마을정신처럼 스스로 계발하고 성장하는 지역사회를 만들어 나가야 한다. 잘살 수 있다는 염원을 모아 '따뜻하고 건강한 사회상을 구현'하는 것이 초기 한국형 국가재테크를 실천한 사람들의 마음이다. 40여 년이 지났지만 아직도 뜨거운 가슴을 가진 늙은 전사들이 한국 사회에는 남아 있다. 하나둘씩 사라지는 그들이 바랐던 것은 무엇일까. 선진 문화를 가진 농어민의 나라, 여유 있고 내실 있는 건강한 나라, 질서와 약자가 존중되는 문화의 나라, 못 배운 사람들을 인정해 주는 관용의 나라, 열심히 노력하는 사람들을 도와주는 창의의 나라, 정의와 진실이 살아 힘없는 사람들이 안심하는 나라가 아닐까.

국가
재테크의 갈망,
골격을 이루다
(1945~1970)

01

국가의 부를 갈망하다

혼란 속에서 침묵하는 국민의 재테크 의식

1945년 해방부터 1960년대 초반까지 대한민국 역사는 '길들이지 않은 신차로 음주 운전하는 듯 시행착오의 연속'이었다. 해방과 분단, 미군정과 정부 수립, 한국전쟁과 이승만 정권, 독재정치와 부정부패, 경제적 혼란과 4·19혁명, 5·16 군사정부와 경제개발 등으로 이어 온 20년간의 역사는 혼돈과 시련의 역사다.

이 시기에 일반 국민에게 재테크란 너무도 먼 이야기였다. 당장 '하루' 살아가기도 벅찬 상황이었다. 아프리카 최빈국 사람에게 "돈을 모아 저축하면 잘살 수 있다"고 하는 말과 비슷하다. 국가재테크가 이루어지기 위해서는 사회가 안정되고 예측 가능한 미래, 일관된 정책 기조가 있어야 한다. 여러 가지 불안한 정세에서 국민들이 재테크하고 잘 살 수 있을까.

1960년대 초반까지는 남북 분단과 한국전쟁의 고통은 큰 상처로 남아 있었다. 정치는 독재와 부패, 혼란의 꼭지점을 오가면서 미래 비전을 보여 주지 못했다. 한마디로 부정과 파국의 소용돌이에서 벗어나지 못하고 있었다.

불안한 정치로 국민의식은 상식과 보편성이라는 궤도를 이탈했고, 경제는 미국만 바라보는 무기력과 공허가 판을 쳤다. 국민을 이끌어야 하는 관료는 부정부패와 무사안일에 만연되어 있었다. 아베 노부유키 총독의 망언인 "조선인이 제정신을 차리고 찬란하고 위대했던 옛 조선의 영광을 되찾으려면 100년이라는 세월이 훨씬 더 걸릴 것이다. 우리 일본은 조선인에게 총과 대포보다 무서운 식민 교육을 심어 놓았다"라는 대목이 연상되는 대목이다.

정치가 안정되지 못하면 국민은 불안하고 사회 불안은 체제 안정에 악영향을 미쳐 결국 위기도 몰려 간다. 국가는 이러한 혼란을 총체적으로 제어해 나가야 한다. 광복 후 부정과 부패와 선거 과정에서의 비민주성, 국민적 합의를 무시한 몰정치성 등이 국민 통합을 어렵게 만들었다. 국민의식이 분열되고 경제적 도약에 신경 쓸 여유가 없다. 한마디로 해방 후 건국 초기 전쟁과 빈곤 속에서 국가 체제의 안정과 국가재테크를 기대하기란 무리가 있었다.

국가재테크에 대한 인식과 요구

　　1960년대 초반의 한국은 '5무 5저' 국가였다. 자본·기술·자원·에너지·자신감 등 현대 자본주의를 발전시켜 나가기 위한 5대 요건 중 우리는 단 하나도 갖추지 못했다. 또 저생산·저개발·저수출·저성장·저임금에 시달리던 나라였다. 이러한 조건을 경제가 활성화하고 잘사는 나라로 만든다는 것은 마술사나 연금술사가 아니면 불가능에 가까운 일이었다. 이 중에서도 자본력을 확보하는 것이 가장 중요했다.

　　5·16 군사정부는 먼저 국민 신뢰를 얻어야 한다고 판단했다. 즉, 6개 혁명 공약의 네 번째 항에 "절망과 기아선상에서 허덕이는 민생고를 시급히 해결하고 국가 자주경제 재건에 총력 경주할 것"이라고 선언했다. 군사정부는 공약 완수를 위해 1962년 경제개발5개년 계획을 실시했다. 우리나라는 경제개발계획을 통해 모든 면에서 그 전 시대와 다른 길로 걸어가기 시작했다. 정부는 새로운 정치 세력과 신흥 경제학자로 일신됐으며, 수출 중심의 경제체제와 산업 생산 중심으로 달라졌다.

　　먼저 자본력을 마련하기 위한 처절한 무한 경쟁에 뛰어들었다. 모든 선진국은 세상에서 가장 가난한 대한민국에 단돈 1달러도 빌려 주지 않았다. 1963년 정부는 독일로 광부와 간호사를 보내 이들을 볼모로 차관을 빌려 경공업 육성을 시도했다.

　　2013년은 이들이 조국을 위해 청춘을 바친 지 50년이 되는 해다. 살아 있는 정부라면 이들을 위해 무언가를 해야 한다. 서독에 노동력을 제공하고 지하 수백 미터에서 고생하는 광부와 시체를 손질하는 간호사의 노고를 보며 모두가 울어버린 지 50년이 되었다. 그동안 우리는 전 세계 누구도 예상하지 못한 한강의 기적을 만들었다. 한국전쟁의 16개국 용사를 기억하듯 광부와 간호사를 잊어서는 곤란하다.

또 본원적 자본을 만들기 위해 1965년 굴욕적인 일본과의 국교를 정상화하였다. 베트남에 군대를 파병하여 젊은 피를 담보로 기업과 국민이 외화벌이를 강화했다. 명분보다는 실익을 택하는 쪽으로 국가정책이 변화하기 시작했다. 대의명분을 중시하는 이 나라 학생과 지식인들은 반발했으며, 사회적인 아픔도 많았다.

이렇게 해서 모은 자본으로 원자재를 수입했다. 모든 자원을 지구촌 다른 나라에서 수입해 그것을 가공해서 완제품을 만들어 수출하는 나라로 변모시키기 시작했다. 합판·고무·신발·나일론·비료 등 1960년대 주력 산업은 서서히 성장하고 있었다.

그래도 우리가 가진 가장 큰 자산은 교육열이다. 이승만 대통령은 국민이 못살고 굶주려도 학교에 보내고 자유 민주주의를 실현해야 한다는 철학을 가졌다. 실제 이 대통령 재임 기간 동안 학교 시설을 일제강점기 때보다 약 4배 가깝게 늘렸다. 이러한 제도권 교육을 받은 인력들이 1960년대 초기 산업화의 일꾼이 되어 이 나라를 부강하게 만든 인재들이다.

교육을 기반으로 자본 축적과 수출을 위해 국가지도자는 온 힘을 다했다. 1960년대 산업을 부흥시킬 본원적 자본을 모으기 위해 새로운 질서와 윤리를 확립해야 하는 필요성이 제기되었다. 또 제도의 혁신과 보릿고개를 벗어나자는 미래 비전 강화로 국민 인식도 차차 긍정적으로 바뀌었다.

● 5무 5저 2고의 대한민국 변혁

		'50년대	'60년대	'70년대	'80년대	'90년대	'00년대	'10년대
5무	자 본	무	초기 축적	축 적	유	유	유	유
	기 술	무	초기 축적	축 적	유	유	유	유
	자 원	무	초기 축적	축 적	유	유	유	유
	에너지	무	초기 축적	축 적	유	유	유	유
	자신감	무	초기 축적	축 적	유	유	유	유(강)
5저	생 산	저	저	저 / 중	중	중	양극화	양극화
	개 발	저	저	저	중	중	양극화	양극화
	수 출	저	중	고	고	고	고	고
	성 장	저	고	고	중	중	저	저
	임 금	저	저	저	중	중	양극화	양극화
2고	교육열	고	고	고	고	고	고	고
	인구밀도	고	고	고	고	고	도고촌저	귀농귀촌[33]

이후 1960년대는 지역사회 안정과 중화학공업 육성을 위한 시금석을 쌓기 시작했다. 한강의 기적을 만들기 위한 거대한 움직임이 나오고, 온 국민의 다양한 노력이 불붙기 시작했다. 눈물겨운 이야기이지만, 1960년대 달러를 벌어들이기 위해 쥐를 잡아 가죽으로 의류를 만들어 영국으로 수출하기도 했다. 뭐든 국가 발전을 위해 할 수 있는 것이라면 하는 그런

---

33 귀농귀촌으로 이촌향도와 도고촌저都高村低의 인구 고착이 변화를 보이고 있으며 이도향촌이 새롭게 부각함.

시대를 우리가 살았다. 그런 피눈물의 시대, 선배들의 노력이 있기에 오늘의 영광이 존재한다.

1970년대 초에 완성된 한국형 국가재테크는 시대적 산물인 동시에 한 통치자의 지도력과 통치 철학에 의한 것이라고 할 수 있다. 한국형 국가재테크가 출현하게 된 동기는 시대적 배경과 상관성을 가지고 있었다. 한국형 국가재테크는 전통사회에서 산업사회로의 이행 과정상에서 국민들의 잘살기 위한 몸부림이었다. 정치·경제·사회·문화 등이 별개의 독립성을 가지고 시작한 것이 아니라, 상호 깊은 연관성을 가지고 서로 시너지 작용을 하였다.

1960년대 CD 운동[34], 4H 구락부 운동 등 다양한 운동의 경험과 실천, 성공과 실패, 교훈 등이 아우러진 것이 1970년에 새롭게 시작된 한국형 국가재테크이다. 과거의 농촌운동과 한국형 국가재테크의 가장 큰 차이점은 국가 단위의 혁신운동, 목표운동, 마을단위운동, 그리고 행정의 차별 지원 운동이라는 특징이 있다. 국민 전체를 대상으로 하여 전국의 지역에서 특정사업과 활동을 전개하게 되었다는 말이다.

한국형 국가재테크의 발생 동기를 요약하면 "하면 된다"라는 자신감을 지역과 기업에 심어 준 것이다. 재테크 차원에서 본다면 마을 혹은 기업 단위로 구성원 모두의 이익을 창출할 수 있는 공동의 목표를 스스로 찾게 했다. 또 열심히 일하고 성과가 있는 마을이나 기업에 차별적인 인센티브를 더 준다는 특징이 한국형 국가재테크에 있다. 구성원 스스로 부자 마인드를 갖게 하고 경쟁을 통해 재테크 동기를 부여함으로써 국민의 부富 의식을 유도한다는 것이 한국형 재테크의 근간이다.

근대화 과정의 이촌향도

해방으로부터 1960년대 초반까지 한국 경제와 사회는 한마디로 '극빈과 혼란의 시대'였다. 국민 1인당 총생산GNP이 1945년 당시 50달러였고, 1955년에는 65달러, 1960년에는 79달러에 불과했다. 국민 대다수가 절대 빈곤에서 스스로 절망하고 있었다. 많은 국민이 미국의 PL 480[35] 등 원조계획에 의한 밀가루로 연명하였다.

1960년대 중반 도시가 농촌보다 잘살게 되자 인구는 급격하게 도시로 집중한다. 도농 간의 격차가 커지면서 도시의 과밀화와 농어촌지역의 과소화로 인한 공동화가 초래된다. 도농 간의 경제적 격차는 국민 상호간의 이질화를 가져오고, 이는 국민 간의 위화감을 조성함으로써 국민 화합을 저해하고 나아가 국가 안보체제의 구축에도 악영향을 주게 된다.

토다로M.P.Todaro는 지역을 떠나 도시로 인구가 이동하는 요인으로 "기대 소득이 낮은 곳에서 기대 소득이 높은 곳으로 이동한다"고 지적했다. 농어촌 지역은 경제적으로 낙후된 소득뿐만 아니라 생활환경의 열악함, 취락 구조, 거주 시설, 도로, 상·하수도 등 인간의 주거 생활에 필요

---

34 CD 운동이란 community development 운동으로 1950년대 후반 미국에서 들어온 지역사회 개발운동이다.

35 1946년 5월 미국 잉여농산물의 피점령지역 구호 원조라는 명목으로 시작된 잉여농산물 도입은 한국전쟁 중은 물론이고 전쟁 후에도 여러 형태로 계속되었다. 그 중 가장 대표적인 것이 'PL 480'호에 근거한 미국 잉여농산물 도입이다. 한국은 미국과 'PL 480'호에 의거하여 1955년부터 매년 초 '잉여농산물 도입 협정'을 체결하고 잉여농산물을 들여왔다. 'PL 480호'에 의한 원조는 1960년까지 무상 원조 형식으로 총 2억 4,300만 달러에 달하였다. 미국의 잉여 농산물 원조는 심각한 식량 사정을 완화시키는 데 일정한 역할을 하였다. 그러나 저렴한 잉여 농산물이 대량으로 도입되어 곡물 가격이 크게 하락하였고 그로 인해 농가 경제가 큰 타격을 입었다.

한 기본적 사항 모두가 도시보다 열악했다. 한마디로 전근대적인 구조를 가지고 있었다.

1960년대 정부가 고민해야 할 부분은 많았다. 먼저 지역 인구의 유출을 촉진시킬 수 있는 계기를 만들면서 산업화를 지속적으로 추진해야 했다. 또 현재 시골에 살고 있는 주민들의 삶의 질과 복지 수준을 향상시켜야 했다.

상호 모순적인 도농병진정책을 활용해 부문을 해결하려고 노력했다. 지역 성장주의와 복지주의로 상징되는 한국형 국가재테크를 운동 형태로 적극 추진할 계획을 서서히 마련해 나가고 있었다. 산업화에 필요한 주민들은 도시로 보내면서도 남아 있는 사람들이 잘살 수 있도록 돕는 두 마리 토끼를 잡는 방안이 모색되었다.

우리나라의 이촌향도의 역사는 어떠한가. 1960년 이전에는 전 인구의 80% 정도가 농어촌지역에 살았다. 농촌에 거주한 주민의 대부분이 벼농사 중심의 소규모 영농으로 소득이 매우 낮았다. 경제개발5개년계획의 추진으로 산업화와 도시화가 진전됨에 따라 도농 간 불균형이 급격히 깨지기 시작했다.

경제개발계획의 시작으로 도시의 인구가 급속히 증가하기 시작했다. 경제 개발 초기 사람들이 농촌에서 도시로 이동한 것은 잘살기 위한 방책이었다. 교육받고 용기 있는 사람들이 도시에서 일자리를 찾기 시작하고, 도시의 교육이 2세들을 좀 더 부자로 만들기 시작했다.

1960년대 경제개발계획이 진전됨에 따라 인구 이동이 주로 서울·부산·대구 등 대도시 중심으로 이루어졌다. 중화학공업이 시작된 1970년대에는 울산·포항·구미·마산 등 공업도시로 인구가 급격히 집중되기 시작한다. 중화학공업 위주의 수출 드라이브 정책으로 인해 도시와 지역 간, 그리고 공업과 산업 간의 소득 및 생산 격차가 급격히 벌어지기 시작했다. 이에 따라 이촌향도離村向都의 인구 이동이 심화되었다.

1960년대부터 농촌 인구의 감소에 비례하여 도시 인구는 급격히 증가하였고, '서울은 만원'이라는 이호철의 소설도 등장했다. 특히 서울을 중심으로 한 수도권의 인구 팽창이 현저히 두드러졌던 것이다. 반면, 농촌은 과소화가 진행되고 농촌 인구가 급격히 빠져 도시로 집중하게 됐다.

본격적으로 도시 생산성이 향상되면서 농촌 인구와 소득은 상대적으로 줄어들게 된다. 1962년 경제개발5개년계획 이후 사람들은 소득이 낮은 농촌에서 도시로, 1970년대는 중화학산업이 있는 지역으로 이주했다. 당시 거점 개발과 공업화로 교육받은 기능공들이 필요했지만, 도시의 인구는 절대수가 부족했다. 이후 1960년대 중반부터 1970년대까지 많은 사람들이 서울과 부산 등 대도시로 몰려갔다. 중화학공업이 안정되게 성장하는 1980년대에는 서울을 포함한 수도권과 부산을 포함한 울산·포항·거제 등 동남권의 산업도시에 많은 사람들이 이주해 왔다. 도시가 포화하고 도시의 과밀 문제와 주거, 교통 문제가 심각해지자 대도시 주변에 분당·일산·양산과 같은 위성도시가 만들어지기 시작했다. 이 과정에서 각 시대를 상징하는 기술을 갖춘 직군이 완성된다. 즉, 여공('60)-기능공('70)-사무직('80)-전문직('90)-연구직('00)으로 이어지는 직업 클러스터가 시대의 중추 세력으로 성장하게 된다.

국가재테크의 갈망, 가난으로부터 벗어나자

　　한편 정부는 1950년대까지의 혼란상을 어떻게 극복하고 국가를 재건시킬 것인가 고민하였다. 최악의 상황에서 군사정부가 내세운 경제 건설과 질서 확립의 공약은 국민들로부터 상당한 호응을 얻게 되었다. 1962년부터 시작된 경제개발5개년계획은 1차산업이 아닌 공업 중심과 수출 지향의 경제 발전에 역점을 둔 정책이었다. 한마디로 표현한다면, 먼저 투자하고 나중에 돌려받자는 '선 성장, 후 복지' 정책이다. 이 정책은 50년이 지난 지금도 유효하다.

　　초기에 일부 지식인과 야당은 정치 방식에 대한 불만도 많았다. 하지만 국민들은 1963년 대통령 선거에서 박정희 장군을 택했다. 제2차경제개발계획 기간인 1967년도부터 서서히 성장 효과가 나타나기 시작했다. 1970년 국민 1인당 GNP는 257 달러로 증가하였다. 80 달러에도 미치지 못하는 극빈 국가가 가난이라는 항구에서 벗어나기 시작했다. 대한민국은 식민지 경험을 한 모든 나라를 대표해 성공 신화의 항해를 출발했다. 사회질서는 비록 규제와 타율적인 측면이 강하고, 일부에게는 폭압으로 받아들여질 수도 있었지만, 안정 궤도로 진입하고 있었다.

　　반세기가 지난 시점에서 당시 국가 전략을 평가하면 먼저 국가 주도의 총괄 계획에서 제시했던 수량과 통계적 목표와 실적을 철저하게 집행했다는 점이 특징적이다. 즉, 정부가 경제성장을 위해 수치로 표현할 수 있는 모든 데이터를 수치화하고 과거 수치와 비교했다. 경제성장률과 국내 투자율, 상품 수출입 증가율 등 총량적 지표를 계량화했다.

　10·26 이후 국가 위기 상황이었던 제4차계획기간(1977~1981)을 예외로 하면 모든 목표를 모두 초과 달성했다. 산업별 투자 배분과 산업 구조 변화 실적은 당초의 계획 수치와는 꼭 일치하지 않으나, 요소적 산업구조에서 혁신적 산업구조로의 고도화라는 목표와 일관성은 유지해 왔다. 또 국제수지와 국내 저축률, 인플레이션 등 3대 지표에 관한 계획 목표도 계획 기간에 달성되었다. 이를 위해 매월 '월간 경제 동향 보고'를 대통령이 직접 챙겼다.

　개인의 재테크도 국가와 마찬가지다. 먼저 저축을 통해 가계를 성장시키고 다음에 번 돈으로 자동차도 사고 사치품도 사야 한다. 처음부터 투자 없는 소비재를 산다면 결코 부자가 될 수 없다는 것을 한국 경제에서 배워야 할 교훈이다.

　한국형 국가재테크가 일어나게 된 직접적이고도 핵심적인 동기는 경제 부흥에 있었다. 특히 농촌의 주민들이 산업화·도시화 속에서도 스스로 자립할 수 있는 방안 모색이 중요했다. 1970년대 '빈곤 퇴치'에 대한 집념은 도농을 포괄해 국민 다수가 생각하는 "가난으로부터 벗어나자"는 염원이 이심전심으로 퍼졌다.

결국 소득과 복지의 두 마리 토끼를 잡는 형태로 한국형 국가재테크가 진행되었다. 당시 대통령은 새로운 변화와 혁신을 위해 투철한 정신자세를 어떻게 확립할 것인가를 고민했을 것이다. 그리고 마을과 직장단위에서 어떻게 사업을 출발시키고 성공시킬 것인가에 대해 연구했을 것이다. 결국 "선 마을, 후 직장을 택하고 마을 단위 주민 교육이 한국형국가재테크의 시작점으로 만들었다.[36]

국가재테크를 위한 교육을 통해 개인과 마을 단위 비전과 목표를 확립했다. '할 수 있다'와 '하면 된다'는 성공정신과 자신감을 가지고 노력함으로써 체념과 좌절에서 탈출하고 스스로 희망을 만드는 계기가 되었다. 누구나 극복하고 싶은 빈농의 허기진 배를 채우며 무서운 고리채와보릿고개를 퇴치하려는 '잘살기운동'이 시작된 것이다. 잘살기운동은 제대로 된 자기 계발의 교육이 없이는 성공하기가 불가능했다는 판단이다.

1962년부터 경제개발5개년계획의 추진에 따라 국가 전체의 경제 규모는 커지고 국민 1인당 소득도 매년 7% 이상씩 상승하고 있었다. 하지만 산업화 · 도시화에 따른 도농 간의 경제적 격차가 점점 더 커지는현실을 어떻게 극복할 것인가. 예를 들어 다음의 표에서 보는 것과 같이 1963년에는 도시 가구 연소득이 71,880원인 데 반해, 농촌지역은93,179원으로 도시 평균 소득보다 129%나 많았다. 제 2차경제개발5개

●한국형 국가재테크 이전 단계(1953~1969)의 지역 소득 비교

연　도	1인당 GNP	만원 단위	도시 가구 연소득(A)	농가 연소득(B)	B/A
1953	67	0.2			
1954	70	0.3			
1955	65	0.5			
1956	66	0.7			
1957	74	0.9			
1958	80	0.9			
1959	81	0.9			
1960	79	1.0			
1961	82	1.1			
1962	87	1.3			
1963	100	1.8	71,880	93,179	129
1964	103	2.6	87,840	125,692	143
1965	105	2.8	101,400	112,201	110
1966	125	3.5	141,000	130,176	92.3
1967	142	4.3	218,160	149,470	68.5
1968	169	5.4	255,240	178,959	70.1
1969	210	6.8	295,800	217,874	73.6

---

36 문화공보부(1973), 『새마을운동』, pp. 97-110.

년계획이 시작되는 1967년에는 도시 가구 연소득 218,160원의 68.5%인 149,470원으로 농촌지역 소득이 급격히 감소했다. 불과 5년 만에 소득의 60% 이상이 감소하는 상대적인 빈곤감에 농촌 인심은 흉흉했을 것이다.

설상가상, 정부정책도 수출 경쟁력을 높이기 위해 산업 생산의 걸림돌이 되는 농산물 가격을 하향 조정했다. 즉, 저미가 저곡가를 통한 수출드라이브 정책으로 변화시켰다. 품질 경쟁력이 없는 한국산을 가격 경쟁을 통해 싸게 수출하기 위해서는 수출 단가를 낮춰야 했다. 전근대적인 농촌은 중공업위주의 도시나 공업지역에 비해 상대적으로 낙후될 수밖에 없었다.

당시 정부는 초기 경제성장의 시점에서 도농 간의 경제 격차를 잡지 못한다면 다시 되돌릴 수 없다는 선례를 구미 열강에서 보았다. 유럽 선진국의 예를 보면, 대도시와 공업지역의 성장이 주변 지역 발전을 촉진시키는 거점 성장이론이 농촌마을에 적용되기까지는 30년 이상의 세월이 흘러야 된다는 점을 주목했다. 때문에 이들 국가에서 지역과 농가에 여러 가지 보조금과 도농 교류 정책으로 활성화 노력을 하지만 큰 효과를 보지 못하고 있다. 정부는 새마을운동으로 농촌을 개혁하기 시작했다. 이 운동은 1974년부터 1988년까지 성공적으로 추진되었다. 농촌 평균 소득이 도시 평균 소득보다 높고 삶의 질에 대한 만족도 역시 높았다.

하지만 외국산 농산물의 무차별 수입과 농산물 개방으로 농촌은 죽어 가기 시작했다. 2010년대 시점에서 보면 1988년 이후 과소화는 더욱 진전되어 농산어촌 지역은 '저출산 고령화'의 심화로 새로운 대안을 찾고 있는 실정이다. 농산어촌 지역이 다시 70년대처럼 다시 잘살 수 있는 시기가 올 것인가.

맹아萌芽를 이루다(1950년대)

먼저 한글을 가르쳐라!

1950년대 사람들은 전쟁 이후 혼란기를 거치면서 많은 생각을 했다. 부정과 부패가 만연하고 아무 희망이 없던 시절이었다. 잘난 사람들은 정치권과 결탁해 불하 물품을 따냈고, 아주 뛰어난 사람들은 전광용 소설 「꺼삐딴 리」처럼 미국으로 이민 가는 것이 인생 역전의 유일한 방법이었다.

때문에 농촌 주민들은 한국전쟁 후 가난을 숙명으로 알면서 매일 술과 놀음으로 하루하루를 보냈다. 나태와 무기력이 생활에 만연되었다. 농어촌의 정체와 낙후, 소득 침체를 남의 탓으로 돌리는 세태가 심했다.

정부가 부패하고 고관대작이 다 해 먹으니 우리가 가난할 수밖에 없다는 논리다. 그래도 한국민이 위대한 것은 뭔가 변화와 혁신을 찾으려 노력한다는 점이다.

국가재테크는 단순히 경제적인 것뿐만 아니다. 크게 보면 국가가 잘 되기 위한 교육 전략을 신점했다. 국가재테크의 최종 목표는 국민이 잘 살고 삶의 질을 누릴 수 있는 복지를 충실하게 공급하는 것이다. 이를 위해 국가는 국민들에게 자신감을 심어 주고 제일 먼저 교육을 해야 한다. 그리고 자주국방과 경제적 자립, 이후에는 문화와 예술을 창달해야 한다.

우리가 지금 북한에 적화통일이 되지 않고 대한민국에서 살아가고 있다는 것을 생각한다면 반공反共 국시의 이승만 대통령의 역사 인식과 정책에 대한 재평가가 있어야 할 것이다. 이 대통령의 ① 친미반공정책, ② 토지개혁, ③ 문맹 개선과 교육 시설 증설을 3대 선정善政으로 재평가해야 한다. 세 가지 정책이 존재하지 않았다면, 지금의 부국강복의 시대를 살아가기가 무척 힘들고 어려웠을 거라 판단된다.

물론 이 대통령도 인간이고 여러 문제점이 있을 수 있다. 그래도 아무 것도 없었던 신생 공화국을 공산화에서 지켜 내고 학교와 사회교육의 체계를 확립하고 경제개발의 밑바탕이 되는 문맹률 개선과 교육 인프라를 마련한 것은 높이 평가해야 할 것이다.

이 대통령의 북진통일론은 대미 외교에서 주도권을 잡고 1953년 한미상호방위조약 조인을 이끌어 냈다. 이를 계기로 국방이 안정되고, 1960년대 이후 경제개발에 전념할 수 있었다. 한마디로 한미상호방위조약의 군건함이 있었기에 국가가 빠르게 재건될 수 있었다. 한국전이 끝난 다음 이승만 대통령의 명을 받은 백선엽 장군이 미군과 협상을 통해 미 공병대가 가지고 있던 대규모 장비를 인수해 경제 재건에 활용했다. 포클레인과 불도저를 비롯한 중장비, 시멘트와 철근·목재·유리 등 미군의 창고에 쌓여 있던 수많은 물자를 한국군이 넘겨받았다. 전쟁으로 무너진 학교 900개를 다시 세웠다. 미군이 남겨 준 장비와 자재를 동원해 도로와 교량 등을 복구했다.[37] 이때 만든 학교에서 초중등교육이 실시됐고 졸업생들이 1960~70년대 한국 경제를 부흥시킨 경제 용사가 되었다. 당시 이승만 대통령은 "하나라도 더 가르치고 배우는 것이 민주주의와 반공, 국가 경제를 발전시킬 수 있는 초석이 될 것"이라고 판단했다.

한국전쟁 이후 국가가 새로운 국민 통합을 조직하기 위해 역점을 기울였던 사업은 '문맹 퇴치'였다. 1930년도 조선총독부의 통계에는 조선 인구 2천43만 명 중 한글을 아는 국민이 315만 명으로 전체의 85%가 문맹이었다. 이후에는 문맹률이 조사되지 못했다. 1945년 8·15 직후 문맹자 수는 12세 이상 인구 1,020만여 명 중 약 78%에 달하는 798만여 명이었다. 허은 고려대 교수는 "800만 명에 달하는 엄청난 문맹률은 일제 식민정책과 식민지 근대화의 실상을 단적으로 보여 주는 결과물"이라고 밝혔다.[38] 문맹 퇴치 노력은 미 군정하에서부터 시작됐지만 본격적인 사업은 한국전쟁이 끝난 직후인 1954년부터 펼쳐졌다. 문교부 주관 아래 1954년부터 58년까지 5개년계획으로 문맹 퇴치 교육이 실시됐는데 당시 문맹 퇴치는 공민학교 성인반이 전담했다. 그 결과 통계자료에 따르면 1945년 78%였던 12세 이상 문맹률은 1955년 22%, 1958년 4%대로 현저히 낮아졌다.

그렇다면 왜 문맹률이 80%에 육박한 것인가. 이유는 1930년대까지 거슬러올라간다. 일제가 이른바 대동아공영권을 만들기 위해 교육 예산을 전쟁 예산으로 변경했다. 내선일체를 추진하기 위해 조선인을 우민화하면서 교육 기회를 줄이는 정책도 생겨났다. 수탈의 대상으로 만들기 위해서는 교육을 시키지 않는 것이 역사에서 우리가 배우는 교훈이다.

일본의 마지막 총독인 아베 노부유키阿部信行가 이야기한 식민교육의 병폐를 느끼게 하는 대목이 인상적이다. 하지만 민중들은 일제에 저항한다. 「상록수」에 나오듯이 농촌 계몽운동이 계속되었다. 일제강점기의 대표적인 문맹 퇴치 운동은 "아는 것이 힘, 배워야 산다" 등의 구호로 『동아일보』와 『조선일보』가 각각 추진했던 브나로드 운동과 문자 보급운동이다.[39]

『조선일보』는 1929년 여름 "아는 것이 힘, 배워야 산다!"라는 대대적인 문자 보급운동을 시작했다. 여름방학을 맞아 고향을 찾는 학생들을 통해 문맹 퇴치사업을 벌인 이 운동은, 일제의 문화 말살정책에 정면으로 맞선 '한국판 브나로드 운동'이었다. 1935년 일제의 강압에 의해 중단되기까지 계속된 이 운동으로 자기 이름을 쓸 수 있게 된 사람만 4만 명이 넘었다.[40]

해방 후 1960년대 중반까지 정부에 의해 '전 국민 문맹 완전 퇴치 운동'이 지속적으로 벌어졌다. 매 시대상황은 달라도 헌신적인 청년과 교

37 백선엽, 6·25 전쟁, 1128일의 기억, 중앙일보, 2011. 3. 3.

38 허은, 문맹 퇴치와 계몽, 문화일보, 2010. 6. 1.

39 www.emuseum.go.kr

40 조선일보, 2003. 3. 6.

육자들이 자원 봉사로 야학, 혹은 봉사대란 이름으로 주민들의 문맹을 깨우쳐 주었다. 특히, 『국문초보』는 그 당시 문맹 퇴치운동이 어떻게 전개되었는가를 보여 주는 한 예이다.

『국문초보』란 문교부 성인교육국이 지은 교재다. 『국문초보』는 "국문 개학 운동", "배우자 우리 국문, 가르치자 우리 한글"이라는 표어와 함께 한글의 자음 모음 등을 쉽고 자세하게 설명하고 있다. 해방 후부터 국문 보급반을 편성하여 30세 이상 성인에게 국문을 가르쳤다. 이들이 지역사회를 이끌어 가는 중추 세력이지만, 한글을 몰라 소통에 어려움이 있었기 때문이다.

실질적인 한글 교육은 한국전쟁이 끝난 1954년부터 1958년까지 문맹 퇴치 5개년계획을 세워 국문 개학운동을 펼쳤다. 이로 인하여 전국에는 4,000여 개의 독서구락부가 만들어져 건강 · 상식 · 농사 · 부업 등을 위한 책들이 보급되었다. 잘살자는 문제의식을 불러일으키기 위한 기초 학습이었다. 교육의 기회를 얻지 못한 사람들에게 사회교육을 실시해 국가의 단결과 마을의 공통점과 공동체성을 확보하기 위한 전략이었다.

한국도 19세기 독일 비스마르크 정부가 구사했던 교육정책과 유사한 기초를 확립하게 된 것이다. 비스마르크는 산업화에 뒤쳐진 독일을 구하기 위해서는 교육만이 유일한 해결책으로 보았다. 전 세계 최초로 의무교육을 실시했다. 교육은 공짜지만 학교에 빠지는 사람은 벌금을 내야 했다. '교육 제일주의' 정책으로 국가는 빠르게 성장했고, 이들은 불과 20여 년 만에 철학과 교육, 과학을 세계 최고 수준까지 발전시켰다.

비스마르크의 뒤를 이은 빌 헬름2세도 역시 교육을 국시로 삼았다. 이런 교육정책이 세계 최강의 독일을 만든 근본이 되었다.[41]

일제가 자행했던 우리말 우리글에 대한 탄압으로 해방 직후 문맹률은 78% 수준까지 올라갔다. 하지만 정부와 민간단체의 문맹 퇴치운동으로 1958년 4.1%로 격감하게 되었다.[42] 실제 정부는 휴전협정 이후 본격적으로 초등 수준의 교육체제를 정비하기 위하여 '의무교육 완성 6개년계획'(1954~1959)과 함께 '문맹 퇴치 5개년계획'(1954~1958)을 수립하게 되었다.

이를 통해 학령기의 아동들이 초등 수준의 의무교육을 받을 수 있도록 교육제도를 정비했다. 동시에 이러한 혜택을 받지 못한 국민들을 위한 보완적 정책을 마련하고자 했던 것이다.[43] 한국은 여기서도 속도전과 놀라운 집중력을 보여 주었다. 다른 나라에서는 감히 상상도 할 수 없는 이 현상을 무엇으로 설명하겠는가.

문맹의 어둠에 갇혀 있던 1930년대, 브나로드 한글 보급운동을 필두로 1950년대 '국문독해'를 거쳐 1970년대 한국형 국가재테크까지 사회교육의 역사는 끈질기게 이어왔다. 2008년 국립국어원의 '국민 기초 문해력 조사'에 따르면, 한국민의 문맹률은 1.67% 전 세계에서 가장 문맹

---

41 『대국굴기』, 강대국의 흥망, 중국 CCTV

42 http://contents.archives.go.kr/next/content/listSubjectDescription.do?id=003276 / 이 수치에 대해 의구심을 가질 수 있겠지만 초보적인 기초인문 이해 정도로 파악하면 좋겠다.

43 제41주차 기본교재 기본정훈교육, 국방일보, 2004. 10. 8.

률이 낮은 나라로 변화했다. 또한 인터넷 보급률은 가장 높은 수준을 보인다. 그것이 한국의 저력이다. 이런 나라를 우리 선배 세대인 아버지, 할아버지들이 만든 것이다. 물론 어머니, 할머니들의 내조와 협력 없이는 불가능했지만 말이다.

1989년 6월 유엔 산하 기구인 유네스코에서는 문맹 퇴치에 공헌한 국가나 단체에 주는 상을 만들었는데, 그 이름이 'King Se-Jong Prize' 즉 세종대왕상이다. 상의 이름도 이색적이지만 그 상의 첫 번째 수상국이 바로 한국이었다. 그 이유는 누구나 쉽게 배울 수 있는 한글을 세종대왕께서 처음으로 만들었기 때문이다. 한국전쟁 이후 선배들의 노력에 의해 세계에서 가장 문맹률이 낮은 나라가 되었다.[44]

이처럼 한글의 우수성은 세계 언어학계에 익히 알려져 있다. 또한 언제가 어떤 의도로 그 문자를 만들었는지가 분명하고 또 유일한, 그리고 아주 과학적인 글이다. 「대지」의 작가인 펄벅Pearl S. Buck 여사같은 이는 "한글을 발명한 세종대왕은 한국의 레오나르도 다빈치다"라고 찬탄했다. 최근 동티모르에서 한글을 공식 표기 문자로 선택한 것도 다 이유가 있다.

청결한 생활 개선이 잘사는 길이다

이승만 대통령은 일찍이 1904년 감옥에서 그의 정치사상을 가장 잘 표현한 『풀어쓴 독립정신獨立精神』[45]이라는 책을 저술하게 되었는데, 그 내용은 여섯 가지로 정리할 수 있다. 이 중 첫 번째와 두 번째가 이승만 대통령의 사상을 잘 대변해 준다. 첫째, "세계와 마땅히 통하여야 한다"고 하여 국제간의 외교, 다른 나라와의 통상, 외국인과의 친선 등을 강조하고 있다. 둘째로 "새 법으로 각각 몸과 집안, 나라를 보전하는 근본을 삼을 것"이라고 주장하여 근대화된 질서 추구, 생활 개선, 낡은 사고방식에서의 탈피 등을 주장한다. 이 대통령은 『독립정신』에서 맹세한 내용을 평생 동안 실천했다. 1950년대 사람들도 국문을 깨우치자 지금보다 나은 생활을 원했다. 분명 사람은 아는 만큼 생각하는 존재다. 우리 민족은 알고 있다면 이를 실천하기 위해 무척 노력한다. 한마디로 문제점을 파악하고 가난을 벗어나서 잘살기를 열망했다. 한국전쟁이 끝나고 혼란이 수습된 1954년부터 어떻게 살아갈 것이냐에 온 국민의 관심이 모였다. 먼저 생계 대책과 질병 대책을 세웠다. 일단은 어디가 바닥인가를 확인하기 시작했다. 어느 정도 질병과 빈곤의 수준을 알게 되자 사람들은 '바닥부터 생활 개선'이라는 캠페인을 전개하기 시작했다. 1950년대를 살아간 우리 할아버지 세대들의 가치는 몇 가지로 압축된다.

첫째, 대한 국민은 가난을 싫어한다. 둘째, 구차한 생활은 더 미웠다. 셋째, 절대 빈곤에서 탈출하려면 배워야 산다. 이런 공감대가 1950년대 문맹치운동을 도시나 농촌 할 것 없이 시작할 수 있는 계기가 되었다. 전쟁이 끝나고 어렵고 배가 고팠지만 5천 년 민족의 저력은 발휘되기 시작한다. 5천 년 묵은 때를 밀어내는 '바닥부터 생활 개선'을 하는 작업이기도

---

44 당신은 한글을 아시나요?, 오마이뉴스, 2002. 11. 11.
45 이승만(2008). 『풀어쓴 독립정신』. 청미디어.

했다. 생활환경 개선을 위해서는 막대한 물량과 인력 및 재원이 요구되었다. 당시 정부의 예산만으로는 그 충족이 불가능했다. 또한 주거생활의 환경 시설은 공공적인 사회복지와 사적인 개인 복지의 요소를 함께 지니고 있기 때문에 이의 개선을 위해서는 정부와 주민의 공동 부담이 타당하다. 결과적으로 주민의 노력과 부담을 전제로 한 사회운동이 필요했다.

한국판 베이비부머들이 탄생한 1955년부터 마을마다 금주 · 금연 · 농사개량 등의 3대 생활 개선운동을 전개했다. 특히 농한기만 되면 매일매일 음주와 도박이 계속되는 것을 막으려 애쓰는 운동이 펼쳐졌다. 재테크에서는 돈 쓰는 유혹에서 벗어나게 하는 방책이 중요하다.

결국 빈곤이나 질병을 타파하려는 의지가 문맹 퇴치로 나타났다. 문맹 퇴치는 '잘살아 보자'는 재테크 정신을 자극하기 시작했다. 1955년 1인당 국민소득 65달러로 우리 경제는 바닥까지 추락했다. 바닥을 다지고 다시 위로 상승하려는 한국 사회의 움직임이 바닥부터 생활 개선 의지로 표출되었다. 문맹 퇴치와 사회교육은 "잘살아 보자"는 의지를 솟아나게 만드는 샘물과 같은 존재다. 자활 의지가 있는 곳은 지역사회 개발 사업이 전개되고, 그곳에는 젊은 청년 학도의 애국애족정신이 깔려 있었다.

조선일보사는 1958년엔 '대학생 지역 계몽운동'을 펼쳐 농촌지역마다 대학생들이 봉사활동과 문맹 퇴치, 신기술을 보급시킬 방안을 캠페인으로 촉구했다. 또 1964년의 '보릿고개 이웃 돕기 운동'은 반년 만에 현금만 192만 원을 모았다. 언론과 국민의 관심은 경제적 관점에서의 주민 자활운동을 키웠다. 스스로 살아가야 한다는 자활과 자조 정신은 활화산처럼 번지기 시작했다.

하지만 건국 초기에는 낙후 사회를 개발함에 자본 부족, 기술 부족, 자원 부족, 에너지 부족, 자신감 부족의 '5대 낙후 사회 문제점'을 해결할 방법을 찾지 못했다.

재테크 관점에서 5대 문제점은 매우 중요한 이슈이다. 우리는 다른 개발도상국과 달리 지도자를 중심으로 문제점을 빠르게 파악했고, 일사불란하게 단결했기에 대안을 만들 수 있었다. 1961~1979년에 우리는 저개발국가가 가진 본원적인 문제를 해결했다. 때문에 최빈국에서 오늘날 선진국에 대열에 당당히 오를 수 있었다. 오바마 미국 대통령이 가장 부러워하는 한국의 장점은 한국민의 교육열이다. 비록 자신의 처지가 어렵더라도 그것을 약진의 발판으로 삼는다. 또 얼마가 되든지 교육을 받는 비용에 주저하지 않으며 온 가족이 열망을 가지고 자녀 교육에 매진한다. 이것이 한국이 가진 최강의 힘이다.

한편, 1961년 일본 정부는 「한국 경제에 대해서」(1961년 7월 27일)라는 자료에서 이렇게 서술했다. 한국 경제는 ① 인구의 과잉, ② 자원의 부족, ③ 공업의 미발달, ④ 군비 압력, ⑤ 정치의 졸렬, ⑥ 민족자본의 약체, ⑦ 행정능력의 결여 등의 문제점을 안고 있어 경제성장과 자립을 이룩한다는 것은 절망적이라고 말했다. 당시 일본은 우리를 한마디로 가망이 없는 나라라고 폄하했다.

그러나 우리는 불굴의 의지로 그들의 편견을 깨기 시작했다. 그것은 국민이 할 수 있다는 자신감을 갖도록 한 정부의 역할과 할 수 있다는 국민의 신뢰가 만들어 낸 작품이다.

1955년은 어느 정도 전쟁에서 벗어나 국가가 재건 모색을 한 해이다.

신생아 출생률도 이해부터 높아지기 시작한다. 당시 청장년들은 전쟁 후 살림살이 개선과 출생을 통해 새로운 국가 재건을 꿈꾸고 있었다. 이 당시 생활개선은 1951년 11월 공포한 「전시생활개선법」에 따른다. 이후 1969년 1월 「가정의례준칙에 관한 법률」이 마련되기까지 약 18년 동안 정부는 꾸준히 생활 개선을 실천해 나간다.

1950년대 실시된 생활 개선사업은 정부가 여성의 주된 역할은 가정주부라는 전제에서 여성들을 대상으로 근대적 의식을 고취하고 서구식의 합리적, 과학적인 의식주생활 방법을 보급하는 사업이다. 정부는 비합리적이고 비과학적인 전통적 가정생활 방식을 생활 개선 사업을 통해 근대적 생활방식으로 바꾸고자 다양한 사업을 추진하였다.

1955년부터 문맹 타파와 함께 생활 개선운동은 사회 통합을 이루려는 전략의 일환으로 강조되었다. 신생활운동으로 추진된 전후의 생활 개선운동에서는 오래된 관습의 폐단을 없애고, 의례를 간소화하며, 미신 타파, 위생과 실용성, 과학적이고 합리적인 의식주생활이 강조되었다.

1950년대 시작한 생활 개선사업은 5·16 이후 재건운동을 거쳐 1960년대 말부터 한국형 국가재테크로 상징되는 새마을운동에 포함되어 주로 농촌을 중심으로 추진되었다. 1999년에 부녀지도협의회가 공식적으로 폐지됨에 따라 부녀 지도사업은 종식되었다.

1961년 5·16 이후 출범한 제3공화국은 경제개발계획을 추진하면서 건전한 사회의 기초로서 가정을 강조하였다. 이 시기에 정부는 국가재건국민운동, 신생활운동을 적극 추진하면서 여성의 정신적 개혁을 강조하였다. 정부는 각종 강습회, 부녀교실사업을 펼쳤으며, 재건부녀회·

가족계획어머니회·생활개선구락부 등의 여성 조직을 통해 근대적 생활 양식을 보급하였다. 여기서 강조된 것이 '근면하고 검소한 가정생활, 허례허식의 폐지, 가정의례준칙의 준수, 가족계획(1964), 위생과 영양 고려' 등이었다. 이러한 생활 개선사업은 국가 재건 국민운동과 생활 개선운동의 형태를 띠면서 강력한 추진력을 갖고 전개되었다. 즉, 혼분식 장려, 근로복 착용, 가계부 작성, 가정의례준칙 제정과 준수에서, 부엌 개량이나 마을 도로 건설 등 국가 근대 화 사업으로 확대, 발전하였던 것이다.

1970년 한국형 국가재테크의 본격적 추진과 더불어 여성 대상의 각종 사업을 일원화하여 추진하기 위해 새마을부녀회가 마을 단위로 설치되었다. 또 사업의 원활한 추진을 위해 부녀지도협의회를 구성하였다. 부녀지도협의회에서는 가족계획사업, 교양사업, 생활 개선사업, 저축사업 등 마을 단위사업을 추진함에 관계 기관 상호 간의 협조를 위한 것이었다. 이러한 부녀지도사업 형태의 생활 개선사업은 1999년까지 지속되었다.[46]

결론적으로 국가가 실시한 문맹 타파와 생활 개선 노력은 서로 시너지 효과를 보면서 계속 성장해 1960년대 국가의 트렌드가 되고, 1970년대 한국형 국가재테크의 큰 기둥이 된다.

---

46 법제 http://www.moleg.go.kr

● 우리나라 평생학습 지원정책 변천기

	제1단계	제2단계	제3단계	제4단계	제5단계	제6단계
연 도	1940~1950년대	1960년대	1970년대	1980년대	1990년대	2000년~현재
사회적 상황	한국전쟁으로 인한 사회 전체의 혼란기	경제 부흥과 근대화 촉진시기	급속한 경제 성장과 정치적으로 장기 집권과 유신 체제가 강화된 시기	물질적 생활 수준의 향상과 경제성장의 기반 조성 시기	국제사회의 통합과 글로벌화가 가속화 되는 시기	지식 기반 사회의 시기
주요 정책	문맹 퇴치 위주의 사회교육	근대화 인력 양성을 위한 사회교육	지역사회 개발 및 정신 계몽형 사회교육	다원적 평생교육	평생교육법 제정과 체제 구축	평생학습 진흥 종합 계획
주요 특징	• 국민 기초 교육 강화를 위한 문맹 퇴치형 사회교육이 주류 • 정신 계몽 및 사회 계몽형 사회교육의 태동	• 농촌 지도 사업을 통한 지역사회 개발형 사회교육 • 기술학교와 사설 학원을 통한 인력 양성 사회교육 • 정규 사회교육의 기회를 놓친 근로청소년 및 교육 결손 집단 위한 학교교육 보완형 사회교육	• 지역사회개발 사회교육이 범국민적으로 확산 • 직업 훈련원, 기술 계학원, 기술학교 등을 통한 인력 양성형 사회교육 • 방송통신고 등학교의 보완성 사회교육 확충	• 다원적 교육 문화 욕구 충족을 위한 평생교육 • 여가 선용 및 교양 증진을 위한 평생교육 • 기업체 연수를 통한 인력 양성 및 인력 개발형 평생교육	• 평생교육법을 통한 우리나라 평생교육 지원 시스템 성립 • 학점은행제 실시 • 문화 확산형 평생교육 증가 • 사내 대학 양성 • 원격대학 인정	• 평생학습의 지역화와 생활화 • 사회 통합을 위한 평생학습 지원 강화 • 직업교육의 확대를 위한 직장의 학습 조직화

자료: 공은배 외(2001), 『평생교육 종합발전계 수립 연구』, 한국교육개발원의 자료를 박태준 외(2005), 『평생학습의 새 패러다임』, 한국직업능력개발원에서 인용.

글을 안다면 자기 계발을 시작해라

1953년이 전쟁의 상흔을 처리한 해라면, 1954년부터 한국은 새로운 도약을 하게 된다. 아직까지 제대로 규명되지 않았지만, 전 국민에게 한글이라는 하나의 상징을 이해시키고 문자로서의 약속을 전달하기 시작했다. 모두가 약속의 땅으로 가기 위한 첫걸음이 시작되었다.

1954년 문교부가 만든 '문맹 국민 완전 퇴치계획'과 1955년 정부가 발표한 '제2차 문맹 퇴치 담화문', 1957년 문교부가 발간한 공민학교 성인용 읽기 책인 『국문독본』 등이 그것이다. 글자를 모르고 '한강의 기적'을 이루기는 낙타가 바늘구멍을 통과하기만큼 어려울 것이다. 1958년 어느 정도 탈문맹정책이 마무리되었다.

고려대 허은 교수에 따르면, 근대화 과정은 사회문화적인 측면에서 생활양식이 크게 바뀌는 과정이자 이 속에서 새로운 인간형이 만들어지는 과정이라고 강조한다. 특히 우리나라처럼 국가 주도의 근대화가 추진된 곳에서는 생활양식과 개개인의 생활규범을 새롭게 제시하고 규율하고자 하는 관제 운동이 대대적이고도 지속적으로 전개됐다.[47]

국가가 새로운 국민을 형성하기 위해 역점을 기울였던 사업이 '문맹 퇴치'였다. 문맹에서 벗어나야 계몽 교육을 받아 새로운 국민으로 거듭날 수 있기 때문이다. 국가의 입장에서 볼 때 민주주의든 경제 발전이든

---

47 6·25전쟁 직후 문맹 퇴치사업 본격화, 문화일보, 2010. 6. 1.

그 어느 것을 성취하기 위해서라도 문맹을 퇴치해야만 했다. 하지만 문맹문제는 근본적으로 해결되지 않았던 것으로 보인다. 5 · 16 군사정권도 재건국민운동본부 주관하에 문맹 퇴치사업을 대대적으로 전개했기 때문이다.

교육과 문맹 퇴치는 경제성장과 국가 발전을 위해 매우 중요했다. 선거를 통한 민주주의 발전에서도 스스로 생각하고 판단하는 기본이 읽고, 말하기, 쓰기이다. 이러한 논술 훈련을 거치지 못한다면 현명한 국민이 되기에는 부족함이 있다. 1950년대의 문맹 퇴치는 일제강점기부터 우민화 정책과 전쟁 동원, 그리고 해방과 혼란기, 한국전쟁 등의 혼란기를 마무리하고 새로운 정체성을 다지는 시기라고 보인다.

1958년부터 자기 계발이 본격화되기 시작했다. 전후 한국 사회는 새롭게 잘살겠다는 의지가 나오고 국가적인 문맹 퇴치사업으로 국민들의 의식 수준은 많이 올라갔다. 전쟁 중 미국을 비롯한 16개국의 다양한 문화와 더불어 미국의 선진문화가 유입되기 시작하면서 우리가 몰랐던 선진국에 대한 지적 호기심도 발동했다. 이러한 계기가 생활 개선과 여성 지위 향상으로 이어지는 원초적인 발판을 만들었다. 여성의 사회적 지위 향상은 이후 많은 노력을 통해 오늘날의 여성 상위시대로 이어진다.

여기서 중요한 것은 국가재테크의 기본이 되는 ① 교육, ② 생활 개선, 그리고 ③ 자기 계발이라는 3대 사회 발전 요소가 1950년대에 어느 정도 완성된다는 것이다. 이것이 이승만 대통령의 공로다. 신규 인력은 학교교육을 통해 만들고, 청장년층 교육은 야학과 여성의 생활 개선, 사회인의 자기 계발이 지속되어 간다. 특히 자기 계발은 국가가 적극적으로 개입하지 못한 부분이지만, 특유의 은근과 끈기로 자신의 소질과 적성을 개발해 나갔다. 그리고 이 역량은 1960년대 경제개발로 승화된다.

이러한 배경을 연구한 저서가 있다. 버클리 대학의 아델만과 모리스 교수가 1967년 출간한 『사회, 정치, 경제 발전: 수리적 접근』이란 책에서 한국의 1960년 1인당 국민소득을 불과 79달러로 규정했다. 이는 아프리카의 세네갈이나 모잠비크보다 낮은 수준이었다. 하지만 교육 수준, 문맹률, 소득 분배율 등과 같은 사회지표를 다른 나라들과 비교해 보면 한국민의 1인당 소득은 적어도 그 다섯 배는 돼야 한다고 모리스 교수는 분석했다.[48]

실제로 이들 지표를 대입해 예측된 한국의 향후 성장률은 1960~1985년 동안에 평균 7% 이상의 성장을 보여 주고 있다. 교육 수준은 기술 향상 능력을 높여 성장을 촉진시킨다. 정부의 수출 주도형 경제개발은 국민에게 비전과 목표를 제시했다. 1950년대는 교육과 국가 방위, 문자 해독 능력을 전 국민에게 보급하는 시기라고 보아야 옳다. 1960년대 개인의 꿈과 국가의 이상을 일치시키는 시대를 만드는 것이 과정과 절차에 입각한 우리식의 경제개발 전개 과정이었다.

---

[48] 박정희 시대와 박근혜 시대, 중앙일보, 2013. 3. 16.

03

줄기와 골격을 이루다(1960년대)

절대 빈곤, 보릿고개 타파

1960년대 빈곤의 악순환은 매년 한 해도 빠지지 않고 가뭄과 장마, 태풍이 몰려오듯 했다. 매년 봄이면 농촌은 춘궁기春窮期가 되어 식량이 바닥난다. 농가는 어쩔 수 없이 초근목피草根木皮로 생활을 이어간다. 매년 5월이면 보리 수확을 기다리지만 "보릿고개 넘기 어렵다"고 체념한다. 찾아오는 보릿고개를 넘지 못해 눈물로 자식을 땅에 묻어야 하는 이 땅의 민초들이 어디 한두 명이랴.

보릿고개는 5천 년 역사를 짓누르는 멍에이자 가난의 대명사였다. 일제 강점기부터 1950 · 1960년대 중반까지만 하더라도 연례행사처럼 찾아왔다. 농어촌의 기아와 빈곤을 나타내는 상징이었다.

요즘 젊은이들을 위해 보릿고개에 더 들어가 보자. 보릿고개는 사회 경제적인 모순이 내재하고 있었다. 즉, 식량이 떨어진 가난한 촌민이 보릿고개를 넘어가는 방법은 크게 두 가지이다. 하나는 부자 지주로부터 고리채高利債를 받아 생활을 연명해 나가는 것이다. 또 하나는 부농으로부터 연리 5할도 넘는 높은 이자의 곡식을 빌려 살아가는 방식이다.

결국 대부분의 주민들은 봄·가을의 수확기에 고리의 빚이나 곡물을 상환해야 했으므로 평년작인 해에도 다음 해 춘궁기는 여전히 돌아오는 빈곤의 악순환을 피하기는 어렵다. 용기 있는 자나 교육받은 자만이 농촌을 빠져나와 도시로 올 수 있었다.

그렇다면 농한기인 겨울에 뭐든 일을 하면 좋겠지만 대부분의 경우 일거리가 없었다. 재테크 마인드가 없는 대부분의 마을은 빈둥거리는 것이 일상이었다. 11월부터 4월까지 1년의 절반인 6개월의 겨울은 어느 마을이나 매일 술과 도박으로 소일하였다. 많은 농민들은 빚투성이로 얼룩지고 집안에서 이웃 간의 싸움은 당시 생활사였다. 건전한 생각을 가진 사람들이라면 생활할 엄두가 나지 않을 그런 환경이었다. 1960년 전후에도 사정은 안 좋았다. 쌀값이나 보리값은 비싸고 농가의 80%가 고리의 빚을 걸머진 상태로 한국의 농촌은 모두 다 패배주의에 빠져들고 있었다.

이러한 모습은 영락없이 세계에서 가장 못사는 최빈국의 모습이다. 매년 빈곤의 악순환과 영아 사망률이 가장 높은 측에 속하는 나라였다. 영아 사망률은 50/1000명 수준으로, 일본은 1960년대 16/1000명이었으니 일본보다 3배 이상 높은 수준이었다. 영아 사망률이 중요한 것은 영아 사망률이 한 나라에서 어린이를 기르는 기술이나 정성을 측정하는 척도로 어린이는 곧 그 나라의 미래이기 때문이다.[49]

지금의 영아 사망률을 보면 우리나라의 영아 사망률이 2006년 기준 3/1000명인 것에 반해 북한은 42/1000명이다. 북한은 아직도 우리의 1960년대 초반의 모습을 보이고 있다.[50] 어떻게 그토록 짧은 기간 동안 한국은 변화와 성장을 이룩할 수 있었는가. 그저 놀라울 따름이라는 세계적인 석학들의 말에 납득이 가는 대목이다.

1960년대 초반, 정부정책 중 가장 중요한 것은 "전통적인 고리채의 멍에를 어떻게 끊어 놓을 것인가"였다. 이 문제가 해결되자 농촌은 근대성을 갖기 시작했다. 1961년 7월 12일 국가재건최고회의는 '농어촌 고리채정리법 시행령'을 공포했다. 고리채에 허덕이는 농민을 구제한다는 취지였다. 농민을 살리기 위한 강권이 동원되어 고리채의 족쇄가 풀리자 이제는 노력하면 잘살 수 있다는 공감이 농촌지역 농민들에게 심어졌다.[51]

일부에서는 부작용도 있었지만 고리채가 정리되면서 1960년대 다양한 주민운동과 지역운동이 확산되었다. 이러한 산고와 노력이 1970년 한국형 국가재테크로 이어졌다고 해석해야 한다. 왜냐하면 모든 생명체는 어느 날 갑자기 하늘에서 떨어져 이루어지는 것이 아니라 각기 순리와 환경을 판단해 적응과 진화를 계속한다. 즉, 원인과 과정이 있고, 그것이 번성하기 위해 어떻게 운동하는지를 파악하고 보완해 주는 과정이 있었기 때문에 가능하다.[52]

보릿고개와 고리채는 닭과 달걀과 같은 관계이다. 하지만 보릿고개라는 원인과 고리채 사용이라는 연결 고리를 파괴함으로써 비로소 본원적인 빈곤의 사슬을 끊을 수 있게 되었다. 만약 민주적이고 상식적인 방식으로 갔다면 아마 10년 이상의 시간이 더 걸렸을 가능성이 높다. 또 농촌의 근대화나 새마을운동이 성공하지 못했을 수도 있었다.

고리채 청산, 화폐개혁

1955년 한미합동경제위원회는 전후 피폐해진 지역경제 재건과 지역개발을 위해서 한국 정부가 지역사회개발사업을 채택할 것을 건의했다. 이 건의에 따라서 지역사회 개발사업이 1958년도에 국가사업으로 채택되었다.[53] 이 시기 중요한 변화는 지역사회가 주도해 외국의 선진방식을 받아들이는 지역사회 개발사업이 1958년부터 1962년까지 추진되었다는 것이다. 즉, UN과 ICA(국제협동조합)가 채택했던 방식에 의한 마을 개발운동이었다. 이러한 운동은 1962년 농촌진흥청의 설립과 함께 농산어촌 지도사업에 통합되어 추진되다가 1971년 새마을운동에 흡수되는 과정을 겪는다.

1962년 이후 지속적으로 추진된 경제개발5개년계획의 성공적인 결

---

49 신생아 사망률, 동아일보, 1974. 7. 1.

50 보건복지부(2007), 『세계인구현황』.

51 박정희 컬럼, 동아일보, 1963. 9. 6.

52 동아일보, p.27, 2006. 7.12.

53 우리는 CD운동이라고 간략하게 지칭한다. 이것은 1960년대 들어서 UN이 지역사회개발연대 (community development decade)로 설정했다.

과로 경제가 발전하여 매우 빠른 속도로 산업사회로 진입했다. 하지만 도농 간의 소득 격차는 더욱 심화되었다. 이러한 도농 간 소득 격차를 보완하기 위하여 1960년대에 부업단지, 1970년대 농어촌 특산단지 정책이 추진되었다.

1961년 6월 국가재건최고회의 산하의 재건국민운동본부[54]로 발족되었다가1964년 7월 사단법인 재건국민운동중앙회로 재발족되었다. 주요 활동으로는 근면 정신 고취, 생산 및 건설 의욕 증진, 건전한 국민정신 함양, 내핍생활을 통한 신생활운동의 실천 등을 위한 사업을 전개했다. 새마을운동의 모의 실험인 셈이다.

국가재건최고회의가 시행한 사업 중에 중요한 것은 첫째로 "가난한 사람이 스스로 살 수 있도록 구조적인 문제를 해결해 주는 것"이었다. 한국형 국가재테크가 성립하기 이전부터 국민의 경제적 삶을 개선하기 위한 노력이 시도되었던 것이다. 최고회의가 한 일 중에 가장 잘한 일은 농촌경제의 성장 발전에 암적 존재가 되어 왔던 농어촌 고리채를 정리해 빈곤의 사슬을 끊고 자립의 초석을 마련해 준 것이다. 고리채 청산은 박정희 정부가 아니고서는 아무도 시행하기 어려웠던 대담한 정책이었다.

강원용 목사도 1960년대 보릿고개가 있던 시절의 박정희 대통령의 인물평을 이렇게 표현했다. "정말 가난한 농촌에서 주민의 설움이 뭔지, 굶주림의 고통이 어떤 것인지를 알고 자란 사람이다. 그래서 '민생고를 해결하고 부정부패를 뿌리 뽑으면 자연히 국민의 지지를 얻을 것이고, 그러면 저절로 민주주의를 할 수 있다고 본다'고 말했다."

고리채 탕감책이 1961년 6월 나왔다. 국가가 가난한 국민의 생존을 도울 방안을 찾은 것이다. 당시 농어촌에는 빚을 갚기 위해 또 빚을 지는 악순환이 반복됐다. 높은 이자 부담으로 시름은 깊어만 갔다. 이들에게 '농어촌고리채정리법' 시행령은 귀가 번쩍 뜨일 만한 지원책이었다.

이 시행령은 우선 농어민의 고리채를 신고하게 한 뒤 채권자에게는 연리年利 20%의 농협 금융채권을 지급하고 농어민에게는 연리 12%의 고리채정리 자금을 융자해 주는 것이었다. 농어민들이 안고 있던 빚은 2년 거치 5년 분할 상환할 수 있도록 조치했다. 1961년 12월 말까지 모두 480억 환의 농어민 채무가 신고됐다. 이 가운데 61%에 해당하는 293억 환이 농어촌 고리채로 판명됐다. 정부는 전체 신고액의 52%에 해당하는 249억 환의 융자를 농어민들에게 해줬다.[55]

재건국민운동은 1963년 12월 16일 '국민운동'이라 개칭하여 국민의 생활윤리를 높이는 것을 출범 목표로 삼았다. 주요 활동사업의 지표로는 국민사상 함양, 동포애 발양, 국제 친선, 향토 개발, 생활 개선, 사회기풍 진작, 향토 교육, 청소년 및 부녀 지도 육성 등이었다.

그러나 국민운동의 실적은 크지 못했다. 가장 큰 이유는 생활 문화활동에 치중하여 주민들의 소득활동으로 이어지지 못하였다. 당장 가난과 기아에서 아사자가 속출하는데 국제 친선이나 고급 문화운동을 하는 것

---

54 1961년 6월 국가재건최고회의 산하 기관인 재건국민운동본부로 발족하였다가 모법母法인 국가 재건최고회 의법의 폐지로 1964년 7월 사단법인 재건국민운동중앙회로 재발족하여 교도사업 · 인보운동隣保運動 향토 개발 · 자조활동의 지도 및 지원, 청소년 및 부녀 지도사업을 실천 해왔다. 1980년 12월 새마을운동조직육성법의 제정 · 공포로 새마을운동 조직에 흡수되었다.
55 1961년 농어촌고리채정리법 공포, 동아일보, 2006. 7. 12.

영원한 비서실장 김정렴 실장

김정렴 비서실장은 행운아다. 가장 가난하던 한국의 시대에서 가장 행복한 시대까지 권력의 심장부에서 정책을 추진한 사람이기 때문이다. 그는 1944년 조선은행(한국은행 전신) 입행한 후 1980년 주일 대사를 사임할 때까지 34년간 공직생활을 했다. 2차대전 중에는 히로시마 원폭 최근접 지점에서 생존한 유일한 군인이기도 했다. 이런 토네이도 같은 삶의 멍에 속에서 성장해 재무부 장관, 상공부 장관을 역임했고 대통령비서실장으로 새마을운동, 산림녹화, 통화개혁 등에 직접 관여했다.

그가 2006년 출간한 『최빈국에서 선진국 문턱까지』는 '한국경제정책 30년사'의 살아 있는 기록이다. 이 책에 보면 이런 구절이 있다. 1969년 1월 20일 오후 3시 박정희 대통령이 김 장관에게 내일 비서실장 발령을 낼 테니 그리 알라고 했다. 김정렴 장관은 "각하 저는 경제나 좀 알지 정치는 모릅니다. 비서실장은 적임자가 아닙니다" 라고 말했다. 박대통령은 "경제야말로 국정의 기본이야. 경제가 잘돼서 백성들이 배불리 먹고, 등 따뜻하고, 포실한 생활을 해야 정치가 안정되고 국방도 튼튼하게 할 수 있지 않은가"라고 반문했다. 이로부터 대한민국의 전무후무한 9년 2개월 간의 한강의 기적을 만든 비서실장이 등장한다.

그는 박 대통령의 이모저모를 전했다. 박 대통령은 "통일의 길이 조국 근대화에 있고, 근대화의 길은 경제 자립에 있는 것이라면서, 자립이 곧 통일의 첫 단계"라는 3단계 비전을 강조한다. 김 실장은 저서에서 "박 대통령은 매우 검소한 분으로 넥타이, 만년필, 전기면도기 세 가지를 빼고는 모두 국산" 이라며 "국산 넥타이를 매면 마디가 잘 풀려 상공부에 특별지시까지 했으나 그때만 해도 풀리지 않게 하는 납처리 기술을 로열티를 지불하고 도입할 처지가 못돼 생전에 국산 넥타이를 마음껏 매보지 못했다"고 회고했다. 30년이 지나 우리 기술은 넥타이에서 광섬유를 만들고 세계 제일의 반도체를 수출하는 나라로 변했다.

그는 오늘의 성장을 만든 것은 박 대통령의 중화학공업정책에서 찾을 수 있다고 설명한다. ① 중화학공업의 경제성, 경쟁력 확보, ② 규모화, ③ 수출, ④ 교육과 혁신을 통한 전문가 육성, ⑤ 신전략계획, ⑥ 선택과 집중을 통한 집단 육성의 방식이 대한민국 한강의 기적을 만든 방식이라고 말하고, 이 모든 것을 박 대통령을 보필하는 많은 관료와 기업, 노동자, 농민이 만든 것이라고 강조한다.

'김정렴' 최빈국에서 선진국 문턱까지』(랜덤하우스, 2006)

에 대해 부정적이었다. 결국 돈을 만들어 내지 못하는 정책은 대한민국에서는 무의미하다는 것을 1960년대부터 보여 주기 시작한다.

마을 주민의 자조 개발 6개년계획이 전면적인 균형 개발이었다는 점에서 실패했다. 먼저 자극을 주고 그 자극이 전파되어야 하지만 이 단계에서는 추상적인 목표에 머무른 것이다. 역시 소득이나 "잘살 수 있다"라는 이익에 관련된 소재가 없이 운동이 성공하기란 어렵다. 1960년대 정부는 하고자 하는 의욕이 있는 지역이나 사람이 성과를 내도록 도와주고 차별화시켜 성공시키는 것이 저비용으로 고효율을 내는 방법이라는 사실을 깨달았다.

재건운동이나 자조 개발, ICA 등의 경험이 1970년대부터 시작되는 한국형국가재테크 성공의 교훈과 영양제가 되었다. 우리나라 사회운동의 맥락을 살펴볼 때 다양한 흐름과 시도가 한국형 국가재테크로 수렴된다는 교훈을 알 수 있다. 1960년대 후반기, 전국 농산어촌에 비닐하우스, 채소 재배, 양잠, 양송이, 과실, 담배, 연안 양식, 비육우 등의 주산지를 조성하는 데 농진청을 중심으로 정부가 참여하는 사업이 시도되었다.

1960년대 판 거점 개발인 것이다. 전국 여러 곳에 조성하게 된 주산단지마다 거점을 마련하고 일련번호가 매겨졌다. 실적이 보고되고 자력 증진 방안이나 소득 증대 방안이 스스로 모색하는 계기를 마련했다. 박정희 대통령은 직접 일련번호별로 주산지 조성사업을 하나하나 점검하였다.

1960년대부터 거점에 선택과 집중을 하자 단지 내 농가들이 상업적 영농으로 전환하는 데 큰 기여를 했다. 그 결과 1970년 11월 11일 제1회

농어민 소득 증대 특별사업 경진대회에서 하사용 씨[56]의 성공 사례와 박정희 대통령의 격려가 소개되었다. 하사용 씨의 성공 사례는 당시 큰 반향을 불러 일으켰으며 한국형 국가재테크를 전국적으로 불씨를 전파하는 데 큰 기여를 하게 되었다. 1960년대 초반 박정희 대통령은 "국민이 납득하고 스스로 참여해 주는 적극적이고도 헌신적인 자세, 즉 '개발의 의지'를 확립하고 있어야 한다"고 보았다. 범국민적인 개발 의욕을 고취시키고 경제 발전을 위한 개발에 국민적 의지를 통일 집약시키기 위해, 1962년을 제1차 연도로 하는 '경제개발5개년계획'을 수립하고 이것을 국민에게 제시하였다. 국가 소득과 재테크도 국민의 참여가 없으면 안 되고, 스스로 자각해야 성공할수 있다는 점을 보여 주었다. 경제개발계획은 대한민국 최초의 5개년 계획이다. 기본 목표는 한국 경제의 자립적 성장과 공업화를 위한 기반 조성에 있다. 계획 기간 중의 한국 경제의 구조적 특질을 감안하여 다음과 같이 원칙을 정하였다.

개발에 필요한 투자 자원을 조달하는 데 국내 자원을 최대한으로 동원하도록 함으로써 자조적인 노력을 바탕으로 하는 계획이 되도록 하였다. 1961년과 1962년 두 개의 큰 틀의 변화가 있었다.

첫째, 고리채 정리다. 농어촌경제의 안정된 성장 발전에 장애가 되어 왔던 농어촌 고리채를 정리한 것이다. 이는 대다수의 약자 계층인 소작농의 자립을 가져왔으며 스스로 노력해도 성공할 수 있다는 자신감을 준 것이다. 이것으로 1970년대 한국형 국가재테크의 성공하는 기틀을 만들었다고 판단된다. 과감한 농어촌의 고리채 정리는 박정희 정부만이 시도해 볼 수 있는 대담한 정책이었다.

① 전력, 석탄 등 에너지 공급원의 확보

② 산업 생산의 증대에 의한 농가 소득의 상승과 구조적 불균형의 시정

③ 기간산업의 확충과 사회 간접자본의 충족

④ 유휴 자본의 활용, 특히 고용의 증대와 국토의 보전 및 개발

⑤ 수출 증대를 주축으로 하는 국제수지의 개선

⑥ 기술의 진흥

이 정책의 성공이 결국은 지역 근대화와 조국 근대화를 가져왔다. 그러나 1990년대부터 다시 농가 부채가 증가해 2010년 현재는 연소득의 80% 정도가 부채인 가슴 아픈 상황으로 이어져 오고 있다.

둘째는 1962년 6월의 화폐개혁이다. 긴급통화조치에서 환圜 표시의 화폐를 원 표시로 변경(10환→1원)하고 환의 유통과 거래를 금지하였다. 화폐개혁을 통해 기존의 부정부패 세력이 가진 기득권을 분산 및 약화시키는 효과를 보았다는 평가다.

다른 한편, 화폐개혁을 통해 경제개발5개년계획을 효과적으로 달성하기 위한 통화 신용 및 외환정책 등에서 정부가 주도권을 갖게 된다. 그리고 경제개발 과정상 발생할 수도 있는 과잉 유동성을 흡수하여 잠재적 인플레를 미연에 방지하는 효과도 생겼다. 또 지하 자금을 양성화해 산업 자금으로 전용할 수 있다는 전제 아래 단행했지만, 실효는 그리 크

---

56 하사용 씨는 최근까지도 건강한 모습으로 새마을운동을 전파하고 있는 노지도자다.

지 못했다는 평가다. 즉, 재정 적자 확대로 누적된 과잉 유동성을 해소하고 부정 축재자가 은닉하고 있을 것으로 예상되는 자금을 끌어내기 위한 조치이기도 했다.[57]

결과적으로 화폐개혁을 통해 1950년대부터 만연한 지하경제를 개선하고 저축을 통해 국가의 원초적 자본을 모으는 효과를 보았다. 또 부정 부패 세력의 자금력을 줄이면서 국가 경제를 내수 중심과 구호물자 중심에서 수출 중심으로 근본적인 변화를 모색한 것이 화폐개혁이라고 보고 있다.

우리나라는 화폐개혁과 고리채 정리 과정에서 많은 귀중한 경험을 얻었다. 저항과 반대의 산을 넘지 못한다면 잘사는 나라, 수출하는 나라로서 가난을 끊을 수 있는 희망도 없다는 체험을 얻었다. 고난과 아픔 속에서 잉태한 지혜와 경험은 앞으로 1970년대와 1980년대 큰 경제 도약의

● **1960년대 농산업정책 연표**

1961년	6월 10일 농어촌고리채정리법 공표
1961년	4월 2일 농촌진흥청 발족
1967년	12월 1일 농어촌개발공사 발족
1968년	7월 29일 축산개발4개년계획 확정
1969년	2월 5일 산업진흥공사 발족
1969년	2월 22일 산업기계화8개년계획 확정
1970년	4월 22일 새마을가꾸기운동의 제창(한해대책 지방장관회의)

씨앗이 되었다. 1960년대의 한국 농촌이나 국가 경제가 이룩한 개발의 성과는 어떻게 보면 우연한 기적 혹은 운 좋은 정부라 볼지 모른다. 하지만 하나의 결과가 만들어지기까지 수많은 시련과 고통을 이겨내야 한다. 이 시기의 고통이 없었다면, 1970년대 한강의 기적은 없었다.

쌈짓돈이라도 저축

부자가 되는 재테크에 성공하기 위해 개인의 노력과 더불어 국가도 혁신해야 할 필요성이 있다. 1960년대 당시, 국민이 갖고 있었던 의식과 행동은 체념과 좌절, 나태와 무질서, 불합리와 비생산 등이 고질적으로 나타났다. 이런 정신으로는 국가재테크를 시도하고 성공하기 힘들다. 건강한 국민, 건전한 사회, 부강한 국가를 만들기 위해서는 무엇이 필요한가. 잘못된 의식과 행동을 스스로 변화하고 혁신하도록 돕는 것이 선행되어야 한다. 그래야 바람직한 사고방식과 행동 양식을 통한 선순환 구조를 만들 수 있다. 혁신과 변화는 소수 국민이나 일부 집단만의 의지와 노력만으로는 성취되기 어렵다. 전 국민의 참여를 통해서만이 가능하다. 범국민운동으로 전개되어야 성공 가능성이 높다는 말이다.

초창기 개인의 재테크는 어떤 식으로 발생했는지 잠시 살펴보자. 우리나라의 근대적 마을금고의 효시는 1963년 5월 향토 개발사업의 일환

---

57 한국은행(2010), 『1950년 한국은행 창립 이후 대한민국의 화폐』

으로 태동된 경남지역의 마을금고다. 마을금고의 원형은 우리 어머니들
의 쌀 한 줌 아끼는 상호부조와 절약정신에서 나온다. 즉, 1960년대 절미
저축과 같은 마음이 모여 마을금고가 형성되었다. 또 1965년 3월 일선 지
도자 양성을 위한 중앙교육이 개시됐다. 실제로 1973년 3월 마을금고연
합회가 창립되어 오늘에 이르게 된다.[58] 마을금고는 마을문고와 더불어
새마을운동의 중요한 효시가 된다. 자본의 저축과 지식의 저축이 한국재
[59]의 중요한 재료가 되었다.

　　이는 30여 년이 지난 현재 인도·방글라데시 등 개발도상국의 마이
크로 뱅크로 변화 발전해 저개발 국가의 쌈짓돈을 지원하는 운동 방식
으로 퍼지고 있다. 1960년대 말은 정치적으로도 경제적, 사회문화적으
로도 몹시 혼란스러운 시기였다. 경제적인 측면은 경제개발5개년계획이

● 지역 정비정책의 개관

연대	특징	내용
1950	토지개혁, 문맹 개선 및 전후 복구 -생활개선 사업	1950년도 토지개혁 실시 이후 전쟁 중에도 문맹 퇴치 운동, 전후 복구, 지역사회 개발(CD)운동, 마을 현황 파악과 한글 깨치기 등 추진
1960	주민 지도 및 계몽 -도농병진정책	사회 계몽: 4H, 가계부작성, 마을 계몽, 도박금지 생활 개선: 음주 절제, 아궁이 개량, 미신 타파 위생 개선: 공동 우물 개량, 변소 개량, 하수도 개량
1970	마을 단위 소규모 개발 지역 새마을운동 생활 기반 정비	마을 정비: 안길, 농로, 지붕, 담장, 진입로, 다리 등 의식 개혁: 주민 교육, 새마을 참여, 자조정신 계발 소득 증대: 가시적인 마을사업(단기성과사업)
1980	생활 기반 사업 농공 단지 추진 생활 기반 정비	군 단위 지역 종합 개발 사업, 농공 단지 조성, 보건 의료 현대화 사업 추진, 마을 단위 취락구조 개선 사업, 면 단위 개발로 개발방식의 연구와 균형 개발
1990	면 단위 종합 개발사업 문화 마을 사업 지역 관광 기반 조성사업	농어촌 도로 정비사업, 면 단위 정주권 개발, 오지 마을사업, 도서 개발사업, 산촌 개발사업, 문화 마을 (신농촌마을) 조성사업, 관광 농원 조성사업 등
2000	마을 단위 지역 관광사업 지역마을 종합 개발사업 지역 균형 개발사업	녹색 지역 체험 마을, 정보화 마을, 전통 테마 마을 사업, 지역 어메니티 증진 연구, 1사1촌 등에 의한 도농 교류, 농소정 사업 (농촌도시 소비자 정부가 농업 농촌을 살리기 위한 사업) 등 마을 단위 농외 소득 증진에 촛점
2010	도농 통합사업 귀농귀촌사업 지역 융복합 산업 육성 6차산업	스마일 농촌 운동, 귀농귀촌 종합대책, 향토 산업, 지역테마 증진사업 등 지역 경쟁력을 위한 다양한 주체가 참여하고 산업과 자원을 융복합하는 방향에 귀농귀촌인의 협력형 모델이 반영

---

58 새마을금고, http://www.kfcc.co.kr
59 한국재란 한국형 국가재테크를 줄여서 사용한 것임.

추진됨에 따라 도시 성장은 크게 변모하지만, 농어촌은 아직도 1960년 대 초반 그대로였다. 도시와 시골 간의 도농 격차는 주민의 불만을 가중시키고 있었다. 실제 1970년도 농촌지역의 주민 소득은 도시주민 소득의 75.6%로 소득이 낮아지고 농촌지역의 불만이 커지는 상황이었다.

또 경제적으로도 급격한 인구 증가와 경지정리의 부재, 쌀산업 기반의 부실, 산업 인구의 급격한 감소 등은 매년 20~30%의 농산물 수입을 해야 했다. 국민이 먹을 식량이 부족해 외국에서 수입한다는 것은 자립경제체제를 위협하는 요인이 되었다. 국가는 총체적인 혼·분식 장려와 함께 주식인 쌀의 자급자족을 위해 통일벼 개발과 보급 생산에 총력을 기울일 수밖에 없다. 이러한 로드 맵을 실천하기 위해서는 정부는 1962년 농촌진흥청을 개청하고 주민의 조직화와 농촌을 경쟁력 있는 지역 산업으로 이끌어 갈 방법을 찾기 위해 혈안이 되었다.

국민의식 및 행동을 계도하고 지역경제를 개혁해야 할 필요성은 바로 한국형 국가재테크를 탄생시킨 중요한 동기가 되었다. 한마디로 표현하면 1945년부터 1970년까지의 25년 동안의 국가 개혁 노력이 한국형 국가재테크로 수렴된 것이라 할 수 있다.

국가재테크,
새마을운동으로
꿈을 이루다
(1970~2013)

01

새마을운동, 시작되다

노동자, 농민이 일어서다

한국형 국가재테크는 새마을운동의 보이지 않는 손이다. 한국재가 새마을정신을 승화한 개념이라고 가정하면 1970년부터 본격적으로 시작한다고 보아야 한다. 한국형 재테크는 잘살아 보겠다는 신념과 더불어 국민들 가슴에 40년 이상 중단 없이 지속되었다. 오일쇼크와 인도차이나 공산화, 10·26과 5·18, 6월항쟁과 민주화, IMF, 미국발 금융 위기 등 어려움 속에서도 변화와 굴곡屈曲을 경험하였다. 그러면서도 "하면 된다"는 재테크정신은 지금도 계속된다.

한국형 국가재테크의 시작부터 오늘에 이르는 서사시를 볼 때, 초창

기 10년 동안 가장 국민의 호응과 효과가 지대했다. 특히 농촌 근대화와 공장 새마을운동을 통한 수출 진흥에서 혁혁한 성과를 만들어 냈다. 하지만 1980년대 이후 새마을운동이 국가 이벤트 지원으로 성격이 왜곡되어 가면서 국가재테크도 정체성이 약화되었다.

농촌과 공장은 약자들의 삶터이다. 1970년대 이곳에서의 승리는 한국 경제를 세계적인 경제로 도약하게 하는 발판을 만들었다. 또한 약하고 가난한 사람들을 강자로 만들고 이들이 지역사회 및 기업과 협력하여 국가재테크의 초석을 만들었다는 데 큰 의미가 있다. 못생긴 나무가 모두에게 그늘을 제공하듯이 노동자와 농민이 국가재테크를 통해 경제를 부흥시킨 주인공이 됐다.

한국형 국가재테크는 근대화·산업화의 출발이자 세계화·선진화로 이어진다. 국가재테크 전개 과정은 봉건적 마을 구조에서 출발해 근대화와 산업화를 걸쳐 21세기 지식 기반의 정보사회로 이행되는 것이다. 그 과정에서 개인의 재테크 인식 변화와 부의 축적도 엿볼 수 있다. 이 장에서는 한국형 국가재테크 자체의 변천과 발전 기준을 살펴보겠다.

이 경우 중요시되는 기준으로는 ① 이념과 철학, 목표 ② 주체와 기능, 역할 ③ 조직과 기구, 인력 ④ 활동과 사업, 재정 ⑤ 전략과 방법, 효과 ⑥개인의 재테크 등 여섯 가지를 들 수 있다.

이들 기준의 요소들은 그 내용에서 시대의 흐름에 따라 변화되어 왔으므로 그 변화의 정도와 내용에 따라 한국형 국가재테크의 전개 과정을 몇 개로 구분할 수 있다.

시대구분의 기준 요소는 경제적 비중과 공동체 변화 정도의 크기를 가지고 판단하여 시대 구분의 근거로 삼도록 함이 타당할 것이다.

한국형 국가재테크의 단계별 성장

저자는 한국형 국가재테크를 도시와 농촌의 소득 추이를 기준으로 크게 3기로 나누어 본다. 첫째는 1970년부터 1973년까지 운동이 아직 불붙지 않은 초기의 농촌 사람들이 도시 가구보다 못사는 단계다. 둘째는 농어촌 평균 소득이 도시 평균 소득보다 높은 1974년부터 1988년까지의 기간이다. 셋째는 1989년부터 현재까지 농촌 소득이 도시 소득보다 점점 떨어지는 기간으로 구분할 수 있다. 1970년 대 한민국은 새마을운동을 시작해 도시보다 못살았던 농촌이 점점 잘 살게 된다. 이는 노태우 정부(1987년 2월~1993년 2월) 이후의 문민정부 과정에서 (1993년 2월~현재) 농산어촌 주민들이 농산물 개방과 함께 몰락해 가는 과정으로 크게 양분한다. 필자는 도농이 융복합해서 함께 가야 국가재테크가 완성된다고 주장한다. 왜냐하면 농민은 민족의 뿌리이며, 농업은 산업의 근간이 되어야 당당히 G-5에 진입할 수 있을 것이다.

　OECD 어느 나라에 가서 보더라도 한국 농업처럼 자기 나라 사람들에게 가치를 평가절하 당하는 나라는 없다. 스위스나 독일은 자국의 농업을 최고로 숭상한다. 특히 독일의 경우는 대부분의 사람들이 독일을 농업국이라고 말할 정도이다. 국민 스스로 농업의 다원적 가치와 소중함을 알고 있다는 뜻이다. 이 과정을 찬찬히 들여다보면 정부가 농민과 농업, 농촌의 소중한 가치를 지속적으로 국민에게 홍보하고 지켜 나가려는 노력이 밑바탕에 깔려 있다. 국가의 노력으로 도시민들이 독일 농업을 사랑하게 된 계기를 마련했다.

● **한국형 국가 제테크의 시대구분**

단 계		특 색	기 간
농하도상	제 1 단계	자생(自生) 기반 조성	1970 ~ 1973
농상도하	제 2 단계	자조(自助) 사업 확산	1974 ~ 1976
	제 3 단계	자립(自立) 효과 심화	1977 ~ 1979
	제 4 단계	자주(自主) 체제 안정	1980 ~ 1988
농하도상	제 5 단계	자율(自律) 국제 전파	1989 ~ 현재

우리 농업 · 농촌 · 농민이 독일 국민처럼 농업을 사랑받는 산업으로 키우기 위해서는 절대적으로 신뢰와 믿음이 전제가 된다. 그리고 안전하고 안심할 수 있는 농산물을 공급하려는 자세가 요구된다. 유럽 부럽지 않게 농촌과 도시의 지속적인 교류와 협력을 하며 공존하는 시기가 우리에게도 있었다.

그것은 1974년에서 1988년까지 새마을운동이 최고조에 달했던 시기와 일치한다. 하지만 이후 농산물 개방 과정에서 농촌이 망가지기 시작해 오늘에 이른다. 1974년부터 1988년까지의 농촌은 살기 좋고, 소득도 높았다. 일부 농산물 판매 과정에 있어서 농협의 독점, 농민 요구 조건의 무시, 농공단지 조성 과정에서의 잡음, 돼지값 파동은 있었다. 하지만 대체적으로 볼 때 가장 살기 좋은 농촌을 만들어 가는 과정이었다. 개인들도 부가가치 높은 작목이나 특용작물을 재배해 소득을 높이는 시기라고 볼 수 있다. 모두가 새마을정신으로 무장했으며, 근면 절약하고 성실하게 일해 건전한 부의 축적이 진행되던 시기이었다.

1970년 이후 농촌과 도시의 소득 구분 관점에서 본다면 ① 농하도상, 농촌 소득이 도시보다 낮았던 단계, ② 농상도하, 농촌이 도시보다 잘살던 단계, ③ 농하도상, 다시 도시보다 어려운 현 단계로 구분하는 것이 타당하다.

1970년대 한국형 국가재테크의 전개 과정을 중심으로 좀 더 구체적으로 살펴보자. 즉, 국가재테크가 본격화되던 1974년부터 1988년까지의 단계를 네단계로 나눴다.

제1단계는 한국형 국가재테크가 시작되어 그 기반을 마련하던

1970~1973년간의 기반 조성 단계다. 제2단계는 조직과 사업을 점차 확대하던 1974~1976년간의 사업 확산 단계다. 제3단계는 한국형 국가재테크의 효과를 깊이 있게 뿌리내리던 1977~1979년간의 효과 심화 단계다. 제4단계는 체제와 활동 등을 민간 주도로 재정비하였던 1980~1988년간의 체제 정비 단계다. 제5단계는 자립과 자율 기반을 강화한 1989~현재까지의 자율 전파 단계다. 이 시기는 IMF 이후 사라진 민간사회 안전망 복원과 국제 전파의 단계다.

02

/

새마을운동의 보이지 않는 손

스스로 살아갈 자생 기반의 구축 (자생적 기반 조성기)

1. 새마을운동의 태동(1970~1973)

1970년 4월 새마을운동이 마을 가꾸기 사업으로 시작되었다. 정부는 초기의 씨 뿌리기 단계로 10대 추진사업에 공을 들였다. 운동의 씨를 뿌리려면 어떻게 해야 하나. 씨앗은 온도와 수분과 공기가 필요량만큼 주어지면 발아한다. 또 흙에는 잡균이 없어야 씨가 잘 자라날 수 있다. 온도가 너무 높으면 뿌리가 썩고 너무 낮으면 발아가 잘되지 않는다. 수분은 종자의 생명을 부활시킨다. 그러기 위해서는 발아의 준비가 갖추어질 때까지 주위의 윗부분이 언제나 적당한 습도를 유지해야 할 필요가 있다.

한국형 국가재테크도 씨앗과 마찬가지다. 먼저 지역에 잡균이 없어야 한다. 운동이 전개되지도 않았는데 반대하는 사람들이 많으면 뿌리를 내릴 수 없다. 수분은 마을 자원이다. 마을의 자원이 없으면 비용이 많이 들어가고 운동은 성공할 수 없다. 결국 마을에 있는 자원을 활용해 마을 만의 독특한 체계를 만들어 나가야 한다. 온도는 주민들의 열정이다. 하고자 하는 열의, 할 수 있다는 자신감이 운동의 성공에는 대단히 중요하다. 공기는 행정이나 지역사회의 지속적인 관심과 지원이다. 한 마을이 변화하기란 쉽지 않다. 마을을 변화시키고 잘살기 위해서 행정의 관심과 지역사회의 격려는 꼭 필요한 조건이다.

아무튼 1970년 12월부터 전국 33,267개의 마을을 대상으로 개별 마을마다 335 포대의 시멘트를 무상으로 지원하였다. 이 의도는 마을별로 필요한 사업을 추진하도록 함으로써 먼저 생활환경 개선을 통한 마을 가꾸기 사업을 전개하였다. 마을별로 필요한 부분이 무엇이고 스스로 처지와 자원에 관심을 갖고 변화시키기를 유도했다. 마을에는 남녀 지도자를 각 1명씩 선출하여 이들을 중심으로 주민들과 함께 사업을 계획하고 추진토록 하였다. 지도자 선정은 매우 중요한데, 주민 스스로 자율적으로 지도자를 선정하도록 했다. 민주적인 방법으로 지도자를 선출하고 그 지도력을 중심으로 주민들이 뭉치게 한 것이 성공의 큰 원인 중 하나다. 초기 3년 동안에 가장 큰 역점을 둔 부문은 환경 개선사업이다. 다음은 소득 증대사업이며 세 번째가 의식 개혁사업이었다. 환경 개선 사업은 마을 및 주택의 생활 시설을 보다 편리하게 만들기 위한 사업으로서, 마을 안길 확장, 공동 빨래터 설치, 지붕·담장·부엌·변소 개량 등에 역점을 두었다.

환경 개선사업을 초기 새마을운동에서 적극적으로 실시한 이유는 무엇보다도 성과를 빨리 낼 수 있다는 점과 주민 스스로 할 수 있다는 자신감을 느낄 수 있다는 점이었다. 또 주민들이 원하는 분야가 환경 개선 분야에 많다는 점도 이 분야 사업이 먼저 선행된 이유이다. 소득 증대 사업은 주로 산업 소득의 향상을 도모하기 위한 사업으로서 농로農路 확장, 농지 개량, 종자種子 개량, 품앗이 장려 등에 주력하였다. 그리고 의식 개혁사업은 국민의 불건전한 의식과 생활방식을 개선하기 위한 것으로서, 퇴폐풍조 일소, 근검 절약 생활 실천, 협동 분위기 조성 등에 역점을 두어 추진하였다. 의식 개혁 사업은 1950년대부터 지속적으로 실시해 온 사업으로, 중요도가 떨어지는 것이 아니라 사업 순위가 뒤로 미뤄진 것이다. 환경 개선과 소득 증대, 의식 개혁은 한국형 재테크의 과제이자 정신이며 평가 지표였다.

이 세 부분은 아직도 새마을운동을 이야기하면 단골손님처럼 나오는 소재다. 첫째, 처음부터 3대 과제를 선택과 집중한 것이 성공 이유다. 두 번째, 사업이 이해하기 쉽고 주민들이 원하는 사업을 스스로 선택한 것이 성공의 세 번째 원인이 되었다. 넷째, 초기에 선택한 소재가 사업 기간이 짧고 주민 눈높이에서 사업 수행이 가능하도록 조정한 것도 주요한 성공 근거가 되었다.

2. 주민 눈높이의 새마을운동

국가재테크 측면에서 본다면 먼저 "가장 하기 쉬운 것부터 하라"는 것이다. 자신의 생활이 편리해지고 공감을 이끌어 내는 분위기를 조성하는 것이 재테크 환경 개선이다. 다음으로는 실제 소득이 증대되어야 한다. 저축을 통한 자본 축적과 원금을 지켜 나가는 소득 증대 방법이 전개되어야 한다. 소득증대는 자신이 가장 잘할 수 있는 부분을 선택과 집중을 해서 추진해야 한다. 의식 개혁은 눈높이로 진행된다. 처음부터 너무 높아도 따라가지 못하듯 재테크도 순서와 단계가 있다. 자신에게 적합한 재테크 수단을 선택하는 것도 훈련받아야 한다.

초창기 한국형 국가재테크를 통한 마을 단위의 변화와 혁신은 결국 공동체 단위의 잘살기운동으로 전개되었다. 결과적으로 마을과 구성원이 함께 잘사는 한국형 재테크 모델을 만든 것이 한국형 국가재테크다.

이 과정에서 정부 지원도 큰 역할을 했다. 정부가 초기 한국재에서 가진 원칙은 잘하고 열심히 하는 마을을 지원하자는 것이다. 중앙 및 지방

자생적 기반 조성 단계의 3대 역점 사업

① 환경 개선 사업	

불붙이는 역할
기초 점화사업
	• 33,267개 마을에 각 335포대의 시멘트 지원
	• 마을 진입로 확장, 소하천 정비, 농로 확장, 마을안길 넓히기,
	  다리놓기, 지붕개량, 담장 개량, 공동우물, 공동빨래터, 부엌
	  개량 등 10개 사업 부문에 지원

② 소득 증대 사업	
자력갱생 불 살리는 역할	• 자력갱생, 수자원 확보, 양적 증산, 퇴비 증산, 품종 갱신 (통일벼), 영농 다각화, 초기 기계화 등 7개 부문 지원
③ 의식 개혁 사업	
정신 계발에서 출발 불씨를 나르는 역할	• 새마을 국민교육, 새마을지도자 양성 • 마을길 청소, 근검 절약, 허례허식 추방, 퇴폐풍조 일소, 마을별·지역별 협동 분위기 조성

정부에 필요한 조직과 장치를 먼저 마련하여 새마을사업이 전국 동시에 효과를 볼 수 있도록 추진하였다. 단순히 진행하는 관제운동이 되지 않고 흥행 성공을 위해 새마을사업의 지원과 사업 조정 및 장려의 기능을 장관과 시도지사급에서 챙기도록 하였다. 그리고 새마을지도자연수원을 개설하여 운동의 전파와 핵심 역량을 강화하기 위해 전국 새마을지도자들에게 9박 10일의 연수 코스를 마련하여 집중 양성하고 그 자질과 능력을 배양토록 하였다.

초창기 짧은 기간에 한국형 국가재테크를 바라는 국민들의 열기는 대단히 높았다. 활화산같이 전국 방방곡곡에서 터져 나오기 시작했다. 지역의 생활 환경이 몰라보게 달라지고, 수천 년 가난이 사라지기 시작했다. 국민들이 사고와 행동이 변화되는 조짐을 보였다. 왜 초기에 이처럼 잘 살자는 국가재테크에 큰 관심을 보였는가. 그것은 마을 단위에서 결정해 할 수 있는 최초의 국민운동이기 때문이다. 마을 단위로 시멘트

335포대를 나눠 주고 지도자도 마을에서 뽑고 스스로 하고 싶은 사업을 하라고 했다. 마을에서는 밤새 토론도 하고 자신들에게 필요하고, 하고 싶은 사업을 선정했다.

한국민들에게 가장 중요한 것이 신바람인데, 신바람이 흥나게 불었던 것이다. 유교적 엄숙주의에 익숙한 우리에게 신바람은 잘 나지 않는다. 하지만 신바람이 나면 우리가 생각한 것보다 훨씬 멋진 장면을 연출한다. 대표적인 경우가 새마을운동과 88올림픽, 2002년 월드컵 4강 진출이다. 한마디로 최초로 역사 장면이 만들어지고, 그것에 우리가 놀라고, 세계를 경악시키고, 새로운 기록을 남긴다. 이것은 한국식 신바람이다.

한국형 재테크인 새마을운동을 상징하는 '좋아졌네, 좋아졌어'라는 노래처럼 가난의 껍데기를 벗어 던지기 시작했다. 빈곤의 멍에를 주민 스스로 끊어버리는 모습에 스스로 감동해 갔다. 1인당 국민총생산은 1970년의 255달러에서 1973년의 404달러로 증가했다. 3년 만에 158%라는 경이적인 성장을 달성했다. 이러한 진기록은 개발도상국의 역사에서 찾아보기 힘든 기록이다.

● **제1단계(1970~1973) 자생 기반 조성기의 특징**

첫 째	운동 출범과 기반 조성을 동시에 진행
둘 째	대통령이 직접 챙기기
셋 째	정부+주민+시대정신의 일치(주민 눈높이운동)

● 제1단계(1970~1973)의 지역 소득 비교

연 도	1인당 GNP	만원 단위	도시가구 연소득(A)	농가 연소득(B)	B/A
1970	255	8.3	338,160	255,804	75.6
1971	291	10	400,080	356,382	89.0
1972	322	13	456,960	429,394	93.9
1973	404	16	484,560	480,711	99.2

1차 시기인 초기 4년 동안에 달성한 운동 성과를 보자. 먼저 새마을운동의 특징은 출범과 기반 조성을 동시에 진행했다는 점이다. 이는 운동 역량이 강하기 때문에 가능하고, 이 때문에 시간 절약을 할 수 있었다. 이와 연관된 두 번째 특징은 표면적으로는 마을 단위 민간 운동이지만 대통령이 직접 이끌고 정부 지원의 운동이 추진되었다는 점이다. 세 번째 특징은 시대적 소망과 정부의 의지 및 주민의 협조가 일치단결해 주민 눈높이에서 한 박자 한 호흡으로 진행되었다는 점이다. 세 가지 특징은 20세기 한반도에서 세계사에 유례를 찾아보기 힘든 성공 모델을 만들어 냈다.

재테크 측면에서 본다면 아직까지 주민들이 소득 증대 차원에서 큰 변화는 없다. 도시보다 어렵지만 하면 할 수 있다는 자신감을 얻은 시기이다. 1970년부터 매년 농가 소득이 증대해 1973년부터는 도시와 동등한 조건을 만들었다. 새마을운동에서 보듯이 국가재테크의 성공 요인은 긍정의 힘이다. 정부와 지역사회를 신뢰하고 자신이 하고 싶은 부분을 만들어 나가는 것이 초창기 한국재에는 중요했다. 초창기 성공한 마을은 창조력이 있고, 좋은 지도자가 있으며, 주민들의 행동과 실천력이 있었고, 주민의 눈높이 교육이 충실히 이루어진 마을이 성공했다.

자신과 공동체가 좋아하는 일의 모색 (자조사업 확대기)

1. 한국형 재테크의 도약(1974~1976)

한국형 재테크가 도약하는 시기는 1974년부터 1976년까지다. 스스로 좋아하는 일을 시행하는 자조사업이 확산하는 시기다. 한마디로 한국형 재테크의 실체인 새마을운동의 자조정신이 활성화하는 시기이다. 초기의 환경사업에서 마을별 소득 증대를 중심으로 전환하면서 국민운동으로 위치를 공고히 한 시기였다. 한국형 재테크의 의지와 활동이 지역에서 도시로, 그리고 농장에서 공장으로 확산되는 시기다. 농촌지역에서 도시지역으로 사업의 영역과 대상도 점차 확대되면서 경제의 활력은 더욱 붙었다. 이른바 '한강의 기적'이 창조되는 순간이다. 이에 따라 정부와 농촌 및 직장 단위의 새마을 조직과 인력이 확장되었다. 정부의 재정적 보조와 융자 지원도 늘어 성과가 있는 마을에 과감하게 인센티브를 부여하는 차등 지원을 실시했다.

1974년에는 덴마크와 같이 국민교육 시스템을 완비하려고 노력했다. 이유는 '교육받은 사람들이 공동으로 하고자 하는 신념을 결속시키는 것은 성공의 핵심'이라고 보았다. 정부는 새마을연수원을 통해 교육을

크게 강화하여 지도자들의 자질과 능력을 함양해 교육 효과를 극대화하기 시작했다. 전국에 새마을연수원을 설치해 공직자와 사회지도층 및 일반 국민에까지 교육 기회를 확대하여 한국형 국가재테크에 대한 올바른 인식을 갖도록 하고 의식과 행동의 건전화를 도모하였다. 2012년 작고한 김준 새마을 연수원장이 새마을 교육의 선봉장으로서 역할을 했다. 이렇게 되기까지는 박정희 대통령의 무한 신임이 있었다.

정부는 사회 질서와 기강을 바로잡고 국민 생활을 합리화 내지 현대화시키는 것도 한국형 재테크라고 보고 있었다. 변화와 혁신만이 부자가 되는 길이라는 것을 국민들에게 인식시켰다. 매년 새마을지도자대회를 비롯한 각종 행사를 통해 지도자를 격려하고 모든 행정조직 속에 새마을운동을 조장하였다.

1974년에 가장 큰 역점을 둔 부문은, 첫째 소득 증대사업이고, 둘째가 국민의식 개혁이며, 셋째가 환경 개선사업이라고 할 수 있다.[60] 소득 증대사업으로는 논두렁 바로잡기, 소하천 정비, 복합 영농 실시, 공동 작업장 운영, 농외 소득원農外所得源 발굴 등을 통하여 주민들 소득 증대를 도모했다. 의식 개혁 사업으로는 교육과 대중 홍보를 통해 국민의 사고방식과 행동 양식을 보다 건전한 방향으로 전환시키는 노력을 경주했다. 의식 개혁사업의 성공은 지속적인 위로부터의 교육과 전파, 그리고 횡적인 연대가 주효했다. 생활 환경 개선은 지역별로 표준 환경을 설정하고 이에 도달하도록 독려했다. 즉, 농어촌 전화통신 정비는 국가에서 시행하고 마을별로는 지붕 개량, 주택 개량, 간이 상수도 설치, 마을회관 건립 등의 사업을 꾸준히 시행하도록 했다.

자조 단계에서 농촌지역은 초가집이 거의 없어지고, 부엌과 화장실이 현대식으로 바뀌었으며, 위생여건도 크게 개선되었던 것이다.[61]

자조적 사업 확대 단계의 3대 역점사업(1974~1976)

① 소득 증대사업	
선 주민 운동 후 행정 지원 생산 기반 확충	• 대단위 수자원 개발, 과학 영농, 산업 기계화, 협동 생산, 공동 출하, 공동 이용 시설 확충, 산림 녹화사업 등 7개 사업 집중 투자
② 의식 개혁사업	
정신 계발 위로부터 전파, 옆으로 연대	• 사회 각계각층에 전파, 도시 새마을운동 본격화 • 새마을 교육의 종적 전파 횡적 연대 • 새마을금고와 새마을문고 쌍둥이 탄생
③ 환경 개선사업	
지역 표준 환경 정비 주거 생활 환경 개선	• 주택 개량, 농어촌 전화 보급사업, 농어촌 통신설비사업 추진 등 3개 부문 지원 • 지붕 개량, 간이 상수도 설치, 마을회관 건립 등

---

60 새마을운동중앙회(1998), 『한국의 새마을운동』, p.15.
61 침체 늪 빠진 어촌을 살려라, 주간경향, 2005. 5. 26.

새마을교육의 창시자 김준 원장

1926년 전남 영광 출신인 김준 원장은 서울대 농대를 나와 새마을지도자 연수원장과 새마을운동 중앙본부 초대 회장을 거쳐 1994년 광주전남 서울 유학생들의 터전인 남도학숙 1대 원장으로 취임한 뒤 초당대 총장도 역임했다.

그는 제3공화국과 제4공화국에서 정책적으로 추진한 새마을운동의 대표적인 지도자였다. 새마을운동중앙회 초대 · 제2대 · 제6대 회장을 역임하고, 1972년 초대 새마을지도연수원장을 맡아 새마을지도자 양성을 주도하였다. 새마을운동에 관한 한 박대통령의 최측근으로 꼽혔다. '새마을운동의 전파자'로 불리기도 한다.

김준 원장은 '맨발의 성자'로 불린 종교운동가 이현필의 제자로 이현필 방식의 자선과 나눔의 삶 그대로 새마을운동에 도입했다는 평가도 있다. 은퇴 이후에도 농촌 운동과 관련된 기고 및 강연 활동을 벌였으며 『은혜로 마음 밭을 갈며』 등의 저서가 있다.

김 원장은 자주 지인들이 어려움을 토로하면 성경 한 권을 전하며 가슴이 답답할 때 '잠언' 3장 14~15절을 눈여겨보라고 했다. '지혜를 얻는 것이 은을 모으는 것보다 낫고 그 이익이 반짝이는 금보다 나음이니라. 지혜는 진주보다 귀하니 너의 사모하는 모든 것으로 이에 비교할 수 없도다.' 이런 성경을 실천하는 마음으로 새마을전도사가 되어 '정부는 스스로 돕는 마을을 돕는다.' 새마을운동을 추진하며 정부가 고수한 정책은 '우수 마을에게 우선 지원한다'는 원칙을 지켰다고 역설한다. 김준 원장을 20여 년 가까이에서 모신 새마을역사연구원 김기명 이사장은 김준 원장은 "성과가 뛰어난 마을의 공통점은 헌신적인 새마을지도자가 있는 것"이라고 늘 강조하셨다고 회고한다.

새마을 방식은 마을마다 남녀 한 명씩 두 명의 새마을지도자를 뽑는다. 보수는 없었지만 새마을 사업의 기획자로, 집행자로 열심히 뛸 수 있도록 자긍심을 키워 주는 역할을 정부가 했다. 주민을 설득하고 의견을 조정하는 일도 그들 몫이었다. 지도자들은 주민을 설득하고 지도자와 주민이 뭉친 마을은 근면, 자조, 협동의 정신을 키우고 작은 것부터 성과를 만들어 나간다. 주민 스스로 그 성과에 놀라며 성과는 점점 더 커져가고 파급효과는 기적을 만든다. 이것이 1970년대 새마을운동이라는 국가재테크의 비밀이다.

1975년에는 농가 소득이 10년 만에 도시 근로자 소득을 110%나 상회하기도 하였다.[62] 이것은 한마디로 세계 근현대사에 전무한 일로 한국형 국가재테크를 통해 이루어진 쾌거다. 지나친 발전은, 한편으로 초가집, 성황당, 돌담길, 전통 무속신앙 등 우리 고유의 어메니티의 사라짐과 일부에서는 지나치게 빠른 변화를 우려하기도 했다. 하지만 당시 사회 분위기는 구태를 혁신하고 신성장 동력을 활용해 가난에서 벗어나려는 의지가 강했다.

2. 자조 단계의 새마을운동

자조 단계에서의 한국형 국가재테크의 특징은 세 가지로 볼 수 있다. 첫째는 새마을사업이 국토 전체로 공간의 확대와 기능적 확충을 빠르게 진전시켰다. 1970년~1973년의 자생 단계에서의 경험을 살려 농촌지역뿐만 아니라 도시와 각종 직능단체에까지 확대하여 범국가적·범국민적 운동으로 범위가 확대된다. 특히 달러의 수출 증대와 외화 획득에 큰 도움을 주었다. 1970년대의 중화학산업의 기틀이 완성된 것도 새마을운동의 역할이 크게 작용했다.

둘째, 소득과 의식을 결합한 소득 기능을 강화했다. 물질적 풍요와 정신적 건강을 함께 추구함으로써 새마을운동의 새로운 효과를 거두고자 했던 것이다.

이 시기 연 10% 이상의 경제성장으로 새로운 물질성장이 나타났지만 정부는 국부 창출을 위해 한 푼이라도 달러를 아끼려는 마음으로 국산품 애용, 허례허식 추방, 경조사 간소화 등을 추진했으며, 지속적인 저축 장려와 혼분식 장려를 실시했다. 위기는 항상 내부의 분열과 혼란에서 온다는 교훈을 잊지 않고 삼페인을 먼저 터트리지 않고, 줄기차게 중진국 진입을 위해 노력하는 시기였다.

세 번째로 지역별로 표준 지침서를 정해 놓고 환경이나 생산 기반을 정비하는 시기다. 농촌 인구의 지속적인 이촌향도와 도시에서의 한국형 국가재테크 확산과 더불어 농촌지역은 더욱 소득 기반을 마련해 잘살아 보려는 노력이 강화된 시기이다. 이런 노력의 결과, 1973년에 375달러이던 국민 1인당 평균 국민 총생산이 1976년에 와서 765달러로 2배 이상 증가했다.[63]

중국이 개혁 개방을 통해 비약적으로 성장하고 있지만, 그들이 하지 못하는 것은 도농 간의 경제 격차를 초기 개발 과정에서 줄이지 못하는 것이다. 산업화 과정에서 소득이 두 배 이상 배가되는데 전 세계에서 유일하게 농촌 소득이 도시 소득보다 더 높은 나라는 대한민국이 유일하다. 현재 중국은 성장 속도와 상황이 당시 한국과 유사하지만, 다른 점은 도시 소득이 농촌 소득보다 세 배 이상 높다.

● 제2단계(1974~1976) 자조 사업 확대기의 특징

첫 째	공간적·기능적으로 운동의 확대
둘 째	소득과 의식이 결합한 운동 형태
셋 째	지역 표준 환경과 기반의 정비

---

62 새마을운동의 재해석, 내일신문, 2006. 9. 20.
63 새마을운동중앙회(1998), 한국의 새마을운동, p.16.

● 제2단계(1974~1976)의 지역 소득 비교

연 도	1인당 GNP	만원 단위	도시 가구 연소득(A)	농가 연소득(B)	B/A
1974	559	23	573,360	674,451	117.6
1975	607	29	786,480	872,933	110.9
1976	825	40	1,059,240	1,156,254	109.1

즉, 농민공農民工 문제를 해결하지 못하고 있다. 이것은 농촌지역의 도시 종속화를 가속시킨다. 중국이 새마을운동을 통해 배우려는 한국형 국가재테크의 핵심 원리지만, 그들에겐 해결하기 어려운 점이다.

필자의 시각으로 보면, 중국은 새마을운동 속에 포함된 한국형 국가재테크를 좀 더 세밀하게 배워야 한다. 몇 번 시찰이나 국가 주도의 원리를 이해하는 수준으로는 불가능하다. 또 몇몇 전문가를 불러들여 중국에서 강연한다고 새마을운동이 정착되는 것도 아니다. 지금도 늦지 않았다. 한국의 초기새마을운동의 교수 요원을 초빙해 한국식 새마을운동을 한국같이 2~3년 정도 한다면 낙후 지역 성공 가능성은 이전보다 몇 배 높아질 것이다. 핵심은 운동 자체가 아니다. 운동에 녹아 있는 보이지 않는 손과 같은 공적 기능인 한국형 국가재테크를 이해하고 중국 인민들에게 재테크의 동기를 제공하는 교육이다.

2단계 자조사업 확대기의 노력을 통해 명실상부하게 새마을운동이 국민사이에 정착하는 단계로 자리매김을 한다. 운동은 결국 국민에게 좋은 결과를 주어야 성공하고 국민적 공감대를 얻어야 발전한다는 교훈을 얻었다. 국민적 공감대와 성공 경험은 곧 국가의 흥성을 불러일으키고, 이때부터 본격적으로 한국이 다른 개발도상국과 차별화되어 아무도 가지 않았던 창조의 길을 걷게 된다. 이것이 국가재테크의 탄생과 연결된다.

국민의 입장에서 자조 시기는 소득 증대를 위한 차별화 시기라고 할 수 있다. 마을별로 주민별로 스스로 하고 싶고 잘할 수 있는 사업으로 특화작업이 진행된다. 이러한 과정에서 경쟁, 차별화를 통해 자존의식 강화와 부자 마인드를 가지게 된다. 한국형 국가재테크의 신념을 갖고 새마을운동을 열심히 하는 마을은 주민 스스로 감사하는 마음이 성취되고 마을도 잘살게 되었다. 한국형 국가재테크에서는 "자기 수입보다 적은 생활비 지출을 하고 적극적으로 저축을 해 나가는 것"을 권장했다. 또 마을이나 자신의 물건을 소중히 생각하고 절약과 근검을 생활화하기 시작했다. 다른 사람에게 피해를 주지 않는다는 생각이 본격적으로 퍼지기 시작하는 시기로, 이 시기가 한국 사회가 선진화의 기초가 되는 중요한 시기라고 필자는 판단한다.

마을마다 아침에 일어나 운동을 하고 스스로 건강을 챙기기 위해 청결한 가정과 마을 환경을 만들려 애쓰고 있었다. 또 화목한 가정과 마을을 위해 열심히 노력하는 것이 자조 시기에 있었던 국가재테크 운동의 흐름이었다.

필자는 이 시기를 다시 우리 세대가 귀농귀촌을 통한 도농융합으로 만들 수 있다는 확신을 갖고 있다. G-5를 위한 도약을 찾아야 한다.

스스로 절약하고 미래의 투자(자립 심화기)

1. 한국형 재테크의 자립 심화(1977~1979)

국가재테크의 자립 효과가 심화되는 단계가 1977년부터 1979년까지의 3년이다. 이 기간은 과거 자생과 자조의 시기와는 다른 한국형 국가재테크가 전개되었다. 1977년 국민소득 1,000달러라는 '절대 빈곤 탈출 목표'가 달성되었다. 국가재테크도 정부가 의도하는 방향보다 더욱 성공적으로 진행되고 있었다. 이 시기는 한국형 국가재테크의 자립 효과를 심화시키고 그 뿌리를 더욱 튼튼하게 만드는 기간이었다.

한국형 국가재테크를 통해 국력이 커지면서 사업 규모도 변화하기 시작했다. 예를 들어 마을 단위로 소규모 사업만을 가꾼다는 것에 대해 문제가 있음을 인식했다. 그래서 얻은 대안은 지역공동체와 사업 규모를 확대한다는 것이다. 1970년대 사업의 운영은 문제를 발견하면, 즉시 분석과 해석, 대안 모색을 하고 실행에 옮긴다는 점이다. 8백여 년 전 칭기즈칸과 같은 신속하고 정확하게 사업을 집행했다. 이러한 결과 한국형 재테크의 신념을 통해 새마을운동의 확대와 사업성, 경제성을 높이는 방향으로 전환하는 자체 계기도 만든다. 또한 도시와 지역을 연계시킴으로써 한국형 국가재테크의 광역화를 도모하고 도농 간의 일체화를 기획하는 구상을 가지고 운동을 심화시켰다.

즉, 소득 기반 완비와 농외 소득 확대라는 목표를 가지고 전개했다. 초기의 재테크정신이 파급되면서 농촌과 도시가 각기 다른 지역 모델에 따라 개발되기 시작했다. 즉, 중앙정부의 천편일률적인 국가재테크가 아

니라 지역 특성을 고려한 운동이 전개되었다. 농촌 지역의 경우 주력 사업은 소득 증대와 문화 · 복지 시설 확충이다. 산촌 지역에서는 축산과 특용작물 재배를 장려하고 농공 단지 조성과 새마을공장 건설로 농외소득을 높이고자 하였다. 그리고 취락 구조를 개선하고 문화주택을 건립하여 지역의 생활환경을 향상시켰다. 특히 정부의 표준화된 규격자재 공급으로 주택 개량을 촉진하는 데 힘썼다. 규격 자재를 사용한다는 것은 대량생산이 가능하다는 것이다.

도시의 경우는 시민 참여의 환경 미화와 공장 새마을에서의 물자 절약과 생산성 향상 및 노사 관계 건전화가 주요 이슈다. 노사 관계는 이후 많은 우여곡절을 겪고 오늘에 이른다. 도시 미화 부문에서는 골목길 포장,

내 집 앞 내가 쓸기, 질서 지키기에 역점을 둔, 도시 시민들이 참여하는 한국형 국가재테크를 추진하였다.[64] 직장 및 공장에서는 생산성 제고, 물자 절약, 노사 간 공동체의식 함양 등에 주력하는 직장·공장 새마을운동을 활발히 전개하였던 것이다.

그 결과 생산성과 소득이 크게 증가하였다. 국민 1인당 평균 총생산이 1976년의 765달러에서 1979년에는 1,394달러로 2배 정도 향상되었으며, 생활환경 여건도 전국적으로 고르게 개선되는 효과를 가져왔다.

2. 자립 심화기의 새마을운동 특징

자립 심화기에 해당하는 1970년대 후반기에 보여 준 한국형 국가재테크의 특징은 한마디로 규모 확대와 특성 부각이라고 할 수 있다.[65]

첫째, 공간적으로 마을 단위의 개별성에서 지역 단위의 연계성으로 확대하는 경향을 띠게 되었다. 특히 공유共有의 자연 자원을 여러 마을이 공동으로 개발, 이용함으로써 그 효율성과 경제성을 제고하는 슬기로움을 발휘했던 것이다.

둘째, 사업 규모도 확대되었다. 규모 경제성을 확보하고, 광역 단위의 시설을 공동으로 건설하여 이용의 범위를 넓히고 이용률을 제고시켰다. 주민의 소득 증대와 마을 공동 기금의 축적으로 보다 큰 규모의 사업을 착수할 능력을 갖춤으로써 이러한 성향은 가속되었다.

셋째, 국가재테크를 위한 소득 기반이 완성되면서 새마을운동이 특화되었다. 지역과 도시 및 직장·공장 단위별로 기능과 수요에 부응하는 특성 있는 사업과 활동을 발굴, 추진함으로써 보다 실질적 효과를 제고시켰던 것이다.

자립 효과 심화 단계의 3대 역점사업(1977~1979)

① 복지 환경 조성사업	취락 구조 개선, 광역 협동권 사업, 지역 복지사업,
도시 미화 부문에 투자 노사 관계 건전화	도시 환경 개선 사업 등 4개 사업에 투자
② 소득 기반 완비에 중점	농산물 품질 개선, 영농 단지 규모화 전문화,
지역 특성을 고려한 운동 농외 소득 부문 고려	유통 구조 개선, 보관 가공 시설 정비, 새마을공장 등에 투자
③ 의식 및 기타 분야사업	새마을 국제 전파, 공장 새마을, 자연보호 운동, 근로자 복지
외국인 새마을 교육 실시	증진, 환경 질서, 행동질서, 인보운동(隣保運動) 등으로 전개

---

64 새마을운동중앙회(1998), 『한국의 새마을운동』, p.17.
65 새마을운동중앙회(1998), 『한국의 새마을운동』, p.17.

● 제3단계(1977~1979) 자립 효과 심화기의 특징

첫 째	마을 단위에서 지역 단위로 운동 확대
둘 째	사업 규모의 확대와 광역화
셋 째	운동 특화와 소득 다각화(농외 소득 등)

● 제3단계(1977~1979)의 지역 소득 비교

연 도	1인당 GNP	만원 단위	도시가구 연소득(A)	농가 연소득(B)	B/A
1977	1,043	50	1,270,920	1,432,809	112.7
1978	1,443	67	1,734,120	1,884,194	108.6
1979	1,693	85	2,336,988	2,227,483	95.3

국가재테크 측면에서 자립 단계는 비로소 우리나라가 후진국에서 중진국으로 진입하는 중요한 시기였다. 이 시기의 재테크는 기본적인 부자 마인드가 정착하는 시기라고 볼 수 있다. 이 시기 사람들은 어느 정도 잘사는 데 만족한 사람들도 있는 반면, 좀 더 노력하고 절제하는 사람들도 많다.

그들의 특징을 보면, 음주 흡연의 습관을 완전히 끊거나 절제하는 사람들이 다수를 이루었다. 사실 과거부터 가져온 유혹을 버리기란 쉽지 않다. 하지만 흡연과 음주의 습관을 끊고 새롭게 자신의 일에 정진하는 모습을 볼 수 있었다.

다음으로는 전화·텔레비전·전축·냉장고 등 사치품을 사는 것을 최대한 절약하는 사람들이 늘어나기 시작했다. 마지막으로 자신의 취미 생활이나 여행 관광 등의 비용을 절약하면서 생활자금을 최소로 하고 저축과 자신의 발전을 위해 꿈과 비전을 만들기 위해 노력하고 있었다.

이런 사람들의 재테크 유형을 보면 아직까지 저축 이외의 다른 상품은 볼 수 없고 자신의 특화 상품을 개발하면서 마을 일에 적극적으로 돕고 있었다. 한국형 국가재테크 안에서 성공하는 사람들의 특징을 보면 ① 지역공동체 속에서, ② 자신의 감정을 크게 드러내지 않고, ③ 허세를 부리거나 무리한 요구를 하지 않으며 ④ 사치를 하지 않는 특징이 있었다.

03

/

국가재테크의 성장 원칙

스스로 경영하는 문화의 구축

1. 정체성이 혼란스러운 한국형 국가재테크(1980년대)

정부 주도로 추진해 오던 70년대의 한국형 재테크는 80년대에 들어서면서 민간체제로 전환하였다. 국가재테크의 자영 체재가 안정적으로 마련되는 시기가 1980년부터 1988년까지이다. 이 기간 행정이 주도하면서 나타난 문제점도 제기되었다. 모든 사업 추진 조직을 준정부적 · 관료적 조직으로 만들었다. 그 결과 사업이 전국적으로 획일적으로 추진되는 경향이 있었다. 때문에 국민의 자발성이 떨어졌다. 2단계의 결실이 3단계로 계속해서 이어지지 못하고, 잘하는 곳은 잘하고 관심 없는 지역은 새마을운동에서 멀어졌다. 관 주도의 실적주의 사업은 지역별 동기 유발이나 사업 연구가 부족하여 '빛 좋은 개살구'같이 외관적인 사업에 그쳤다.

1980년대 한국형 국가재테크는 민관이 결합한 형태로 전개됐다. 운동적으로만 본다면 새마을운동은 이 시기 최고조에 달했다. 1980년대 한국형 국가재테크의 기본 특징은 관 주도를 민간 주도로 바꾼 데 있다. 이러한 성격 변화는 관주도 체제의 반성에서 출발했다. 1980년 10월 당시 국가보위비상대책위원회 전두환 위원장이 새마을지도자 연수원을 방문하여 "새마을운동을 정권적 차원을 떠나 국민운동의 차원으로서 지속적으로 발전시켜 나가고 끊임없이 추진"하라는 지시가 있었다.[66]

이 지시 결과 1980년 12월 사단법인 새마을운동중앙본부가 창립되었다. 1980년 12월 13일자 법률 제3269호로 공포, 시행된 '새마을운동조직육성법'은 국민의 자발적 운동에 의하여 조직된 새마을운동 조직을 지원 육성함으로써 한국형 국가재테크의 지속적인 추진과 향상을 지원하자는 것이다. 또 새마을운동을 통한 국가 사회 발전에 기여함을 그 목적으로 하여 제정되었다. 한국형 국가재테크를 위한 새마을운동의 민간 조직을 전국적 체계로 구성했던 것이다.

새마을운동중앙본부는 한국형 국가재테크의 5대 중점 시책을 ① 새마을운동 조직의 활성화, ② 새마을 국민교육의 강화, ③ 새마을 복지 기반

---

66 새마을(운동) 이후 '하면 된다'는 새(기풍) 생겨, 동아일보 p.2, 1980. 10. 14.

의 확충, ④ 도시 새마을운동의 활성화, ⑤ 공장 새마을운동의 내실화에 두었다.[67]

제1단계의 5대 시책과 전반적으로 비슷하지만 크게 다른 점은 마을 단위 개발운동의 성격에서 벗어나 전국을 대상으로 했다는 점이다. 특히 공장 새마을운동은 공장 새마을운동추진협의회를 13개 시·도에 구성하여 그 아래 56개의 지부, 그 아래 1만5천여 개 단위 공장을 참여시켰다.[68]

여기서 지적해야 할 점은 지역 단위의 자생력을 기반으로 마을 발전을 위한 운동적 성격도 있었지만, 이보다는 운영의 비대화와 정권적 활용 도구로 조직이 관제화되었다는 것이다. 즉, 새마을운동중앙본부는 중앙 및 시·도, 시·군·구 단위까지 계통적 조직을 갖추었다. 게다가 정부의 행정적·재정적 지원을 받고 있을 뿐만 아니라 자체 기금 조성을 위한 사업도 거의 모든 공기관이나 기업의 지원하에 수행했다.

또한 1980년대 국정지표인 민주주의의 토착화, 복지사회의 건설, 정의사회의 구현, 교육 혁신과 문화 창달의 실현을 이룩하는 데 새마을운동이 어느 정도 역할을 하느냐가 새마을운동 성패의 관건이라고 표방할 정도로 1980년대 새마을운동 역시 정부의 영향을 받았다. 때문에 1970년대 국가재테크는 국가와 국민이 함께 공생하는 기반을 가진 반면, 1980년대 국가재테크는 국가만을 위한 재테크가 되었다. 이러한 흐름은 서서히 사회문제로 부각되기 시작했다.

1988년 중앙 조직이 범한 지나친 독주와 운영 부실로 한때 국민의 지탄과 비난을 받아 일시적인 혼란에 빠지기도 했다. 이른바 전경환 관련 비리로 인해 여론의 몰매를 맞기도 했다. 이로 인해 새마을지도자들의

자주체제 안정 단계의 3대 사업(1980~1988)	
① 문화복지 환경 개선 사업	• 도시 생활 환경 개선에도 주력
도시 미화 부문에 투자 국토 공원화사업	• 노후 불량 주택 개선, 거리 환경 정비 및 도시 색채 환경 개선 사업 등 전국토공원화 사업과 연계
② 소득 증대 사업	• 농가 기계화 기반 구축, 수산물 유통사업 전개
지역 특성을 고려한 운동 농외 소득 부문 고려	• 마을 자원을 활용한 고부가가치 사업을 추진 • 도시와 지역 간의 소득 격차를 해소
③ 의식 및 기타 분야 사업	• 86아시안게임, 88올림픽 대비 질서·친절·청결운동
민간 주도의 사업 전개 88올림픽 등 국가 행사 참여	• 건전생활 소비 절약 • 지역 새마을의 상대적 약화

의욕과 사기가 크게 위축되었으며, 새마을사업에까지 좋지 않은 영향을 주었던 것이다.

　이러한 가운데 농어촌 새마을운동은 1970년대에 비하여 상대적으로딜 강조되었는데, 농어민의 소득 증대와 문화복지 환경 개선에서도 1970년대와 같은 획기적인 변혁이 사라졌다. 대신 국가 주도의 농로 개설 및 확장, 영농의 기계화 기반 구축과 농수산물 유통사업을 벌였다. 한마디로 자조정신이 퇴색하고 농민의 자발성이 사라지기 시작했다.

　2. 1980년대 새마을운동의 특징

　1980년대의 새마을운동은 특히 86 아시아경기대회, 88서울올림픽대회를 앞두고 도시 새마을운동에 주력하여 전개했다. 두 행사에 대비한 올

---

67 새마을(사업) 90개(사업)에 4천900억(투입), 매일경제 p.7, 1980. 2. 23.
68 새마을(운동) 13(시)·(도지부) 발족, 매일경제 p.11, 1981. 9. 18.

림픽 새마을운동을 전개하여 질서 캠페인, 도시민 건전생활과 인보운동隣保運動, 소비 절약운동을 벌였다.[69] 또한 도시생활 환경 개선에도 주력하여 거리 환경 정비 및 도시 색채 환경 개선사업 등 전국토 공원화사업과 연계하여 추진했다.

● 제4단계(1980~1988) 자주 체제안정기의 특징

첫 째	관 주도에서 민간 주도로 변화
둘 째	도시 새마을과 국가행사 지원 중시
셋 째	운동의 부작용 및 한계와 지속성 부재

● 제4단계(1980~1988)의 지역 소득 비교

연도	1인당 GNP	만원 단위	도시 가구 연소득(A)	농가 연소득(B)	B/A
1980	1,660	101	2,809,032	2,693,110	95.8
1981	1,826	124	3,371,436	3,687,856	109.3
1982	1,927	141	3,763,296	4,465,175	118.6
1983	2,113	164	4,308,492	5,128,244	119.0
1984	2,300	185	4,747,356	5,549,132	116.8
1985	2,355	205	5,085,456	5,736,246	112.7
1986	2,702	238	5,682,636	5,995,009	105.4
1987	3,402	280	6,637,188	6,535,314	98.4
1988	4,548	332	7,760,064	8,129,615	104.7

특히 88서울올림픽대회 개최에 즈음해서는 질서·친절·청결이란 3 대 과제로 올림픽 새마을운동을 대대적으로 전개하여 성공적 개최에 크 게 기여하기도 했다. 1인당 국민총생산도 1979년의 1,394달러에서 1989 년의 5,556달러로 향상되었다. 한마디로 80년대에 이루어진 제4단계의 새마을운동은 관 주도에서 민간 주도로 추진 체제의 전환을 가져왔다. 이에 따라 정부와 민간 부문의 새마을운동에 대한 역할 분담이 이루어졌다.

다소간의 부작용과 침체현상이 나타났고, 새마을운동 주체는 이것을 다시 새로운 도약의 전환점으로 만들지 못했다. 이러한 흐름은 1980년 대 새로운 도약을 하지 못하고 관제화와 시민운동체와의 사이에서 행정 에 의존하는 운동체로 남아 있게 된다. 국민들이 인식하는 새마을운동 의 대부분은 1970년대 국민적 화합을 이끌어내는 재테크 운동 조직과 는 거리가 멀었다. 이러한 흐름 속에 한국형 국가재테크는 국가와 국민 간의 일체화가 서서히 분리되기 시작했다. 즉, 국가가 국민을 지속적으 로 지원해 주고 국민이 국가를 믿고 따르는 형태가 아니라, 국민 스스로 재테크를 알아서 하는 체제로 서서히 변화되기 시작했다.

---

69 달아오르는 '인류 화합잔치', 경향신문, 1988. 3. 1.

다양한 분야의 외연 확대

1. 공동체성을 상실한 한국형 국가재테크(1990년대)

1989년부터 현재까지는 새마을운동의 침체기라고 할 수 있다. 새마을운동의 근저에 있는 국가재테크는 서서히 침몰하고 의미를 찾을 수 없게 되었다. 반면 1990년대부터 카드사·은행·증권사·보험사에서 하는 부자 마케팅이 시작되어 IMF 이후 본격적으로 시장을 선도하게 된다.

1988년 제6공화국이 들어서서 국회가 국정감사와 5공 비리 청문회를 시작하게 되자 '새마을운동중앙본부'의 문제점이 드러나게 되었다. 이른바 '새마을 비리'가 폭로되자 새마을운동은 치명적인 타격을 입게 되었다.[70] 이에 따라 1989년부터 새마을운동중앙본부는 '새마을운동중앙협의회'로 개편하고 순수한 민간 주도의 운동으로 새마을운동을 재추진해 나갔다. 새마을운동중앙협의회는 2000년 2월 새마을운동중앙회로 명칭을 변경했다.

새마을운동은 1990년대에 들어와서 새로운 변화를 모색하기 시작하였다. 국제적인 개방화와 지방자치제 출범, 지방화의 물결에 부응하는 한편, 조금씩 어려워지기 시작한 경제 발전을 촉진하고 무질서와 비윤리적 풍조로 흐르는 사회 기강을 바로잡아야 할 시대적 과제에 직면하였던 것이다. 1995년 WTO 체제로의 진입, 1997년부터의 외환 위기 도래와 IMF 체제의 시작 등은 많은 시련과 고통을 안겨 주었다. 새마을운동은 이러한 국가적 어려움을 극복하기 위한 활동을 적극 전개하였던 것이다.

1990년대 한국형 국가재테크의 목표도 새로운 방향으로 설계 변경을 해야 했다. 새마을운동은 '잘살기운동'에서 '함께 잘살기운동'으로 재정립하고 더욱 자율적으로 추진해 나갔다. 이 의미는 80년대 관제화의 의미를 털어내는 의미와 더불어 민간사회 안전망을 복원하면서 조직을 재건하려는 의도를 갖는다.

실제 지역에서는 지역 개발사업의 일환으로 환경 개선사업, 마을 간 도로·교량 개설, 농로 개설, 도로 보수, 도시와 지역 간 소득 격차 줄여나가기 등을 추진했지만, 과거와 같은 흥이 나지 않았다. 왜냐하면 지도자, 지역 목표, 주민 참가의 3대 추진 동력을 잃어버렸기 때문이다. 때문에 일 더 하기, 근검 절약, 독서운동, 환경 보존운동 등이 다른 대안으로 제시되기도 했다.

1990년대 초기 민주화·개방화 흐름에 따라 사회 곳곳에서 자기 몫을 챙기겠다는 지나친 이기주의와 탈법·불법·무질서·과소비가 판을 치면서 사회적 갈등이 빚어졌다. 대충대충 하는 적당주의, 왜곡된 교육열, 무조건 쓰고 보자는 과소비, 일확천금을 꿈꾸는 한탕주의, 빨리빨리 조급증 등을 총칭해서 일컫는 '한국병'이란 말이 유행되었고 3D 현상이 생겨나기도 했다. 한국형 국가재테크는 서서히 사라지고 개인의 이기적인 재테크가 커져 가기 시작하는 시기이다.

이와 같은 상황에서 한국형 재테크는 무엇을 고민하고 어떤 대안을 내놓아야 하는가. 먼저 새마을운동중앙회를 통해 건강한 사회 건설을 위한 국민의식 개혁운동, 환경 보전운동, 농어촌 가꾸기운동, 이웃 사랑 운

<hr>

70 5공 청산 관련 일지(日誌), 경향신문 p.3, 1989.12.16.

동 등에 중점을 두었다. 본격적인 사회 질서 확립 운동으로 자리매김하자는 의도이다.

구체적인 주요 사업에서는 도덕성 회복을 위한 사치 · 향락 · 과소비 추방, 땀 흘려 일하는 사회 분위기를 만들기 위한 30분 일 더 하기를 대대적으로 전개하였으며, 환경운동 차원에서 재활용품 수집운동과 쓰레기 분리수거, 음식물 쓰레기 안 남기기, 소하천 살리기운동을 계속해서 펼쳐 나갔다.

2. 1990년대 새마을운동의 특징

1998년 12월 전국새마을지도자대회에서는 IMF를 극복하기 위한 '제2의 새마을운동'을 제창했다.[71] 주요 내용은 더불어 살아가는 국민운동을 지향 이념으로 하며, 경제난 극복과 공동체사회 구현을 목표로, 근면 · 자조 · 협동의 국가재테크 정신을 실천 원리로 하여 새마을운동사업의 성격과 방향을 나라 살리기, 더불어 살아가는 사회 건설, 지속 가능한 환경 실현, 민족 통일 준비, 공생공영의 세계화운동에 맞춘다는 것이다. 이를 생활 현장에서 구체화하기 위하여 생활 · 의식 개혁운동, 민간사회 안전망운동, 환경보전운동, 지역활성화운동, 통일 및 국제화 운동 등을 추진하고 있다.[72]

IMF를 극복하기 위한 '제2의 새마을운동'으로 금 모으기 운동을 새마을부녀회가 우리 사회에 캠페인을 전개해 전 세계적으로 한민족의 저력을 보여주었다. 당시 금 모으기는 새마을부녀회의 제청으로 내무부가 개입하면서 국가재테크의 형태를 다시 만들어 냈다. 내무부는 1997년

12월 각 시도 행정부시장·부지사 회의를 열고 국제통화기금 체제를 슬기롭게 극복하기 위해 전국적으로 '나라 사랑 금 모으기 운동'과 '고철 모으기 운동'을 전개하기로 했다. 내무부는 새마을과 시민, 소비자 단체 등이 전국 주택은행 지점에서벌이는 금 모으기 운동을 적극 지원하기 위해 각 시·군·구 단위의 지원 체계를 구축하고 관내 귀금속 판매업소 등과 협조해 1개 창구에 귀금속 감정사를 배치해 금 모으기를 도왔다. 또한 각 시도 주도로 지역경제협의회, 유관 기관 대표자 모임 등을 열어 지원 분위기를 조성하고 반상회 등을 통해 범국민적인 동참을 호소했다.

이러한 국가재테크의 효과는 온 국민을 다시 하나로 모았다. 돌반지, 백일반지, 금으로 만든 치아, 비녀 등 온갖 개인의 소중한 보물들이 국가를 위해 나왔다. 외신들은 이러한 한국민들을 대단히 단결된 민족이라고 보도하면서, 이스라엘의 중동전 당시 아랍 유학생들이 도망갈 짐을 꾸리는데, 이스라엘 청년은 전쟁터에 나갈 귀국 준비를 하는 것과 비교하기도 했다.

1990년 5,503달러이던 국민 1인당 총생산이 1996년에는 드디어 1만 달러를 넘어섰으나, 불행하게도 1997년 말의 외환 위기로 인해 경제적 위축의 상황에 놓였다. 다시 2000년 11,292달러로 1만 달러에 재진입했다.

2007년에는 2만 달러대에 진입했으며 미국 발 금융 위기 이후 2010년에는 20,566달러에 이르렀고, 2012년에는 2만2천 달러대의 국가로 성장

---

71 새마을운동중앙협의회 강문규 신임 회장, 제2 새마을운동으로 국난 극복, 경향신문 p.7, 1998. 9. 16.
72 김영모(2003), 『새마을운동 연구』, 고현출판사.

하고 있다. 이러한 추세라면 2017년경에는 1인당 국민소득 3만 달러 돌파와 선진국 진입이라는 건국 이후 최고의 국민희망이 달성될 전망이다.

1990년대부터 현재까지 전개된 국가재테크 운동의 특색은, 첫째로 자율과 자립의 기반을 강화하여 독자적인 국민 개개인의 재테크 활동능력을 구비하려는 노력을 경주하였다. 둘째로 개방화·지방화라는 내외적 변화에 부응하여 국제사회에서의 경쟁력을 함양하는 데 재테크 측면에서 개인과 기업이 적응하려고 노력했다. 셋째로 국가재테크 측면에서 어려운 경제 위기 극복을 위한 국민의식의 개혁과 사회 풍토의 건전화에 많은 힘을 기울였다.[73]

"금반지 모읍시다" 새마을부녀회 가락지 모으기 운동

(서울=연합) 경제난 극복을 위해 부녀자들이 금반지 모으기 운동에 나섰다. 새마을부녀회 중앙연합회는 신국채보상운동 성격인 '애국 가락지 모으기 운동'을 펼치기로 하고 10일 오전 서울 한국프레스센터에서 조해령曺海寧 내무부 장관과 사회 지도층 여성 등 3백50여 명이 참석한 가운데 특별 모음 행사를 갖기로 했다.

연합회는 이날 행사를 통해 금반지와 동전 등을 모아 추준석秋俊錫 중소기업청장에게 전달, 중소기업 회생을 위해 쓰이도록 할 계획이다. 또 전국 2백53개 시·군·구 새마을부녀회를 통해 내년 2월 말까지 애국 가락지 모으기 운동을 지속적으로 펼칠 예정이다.

새마을부녀회 측은 "사회 지도층 인사들이 앞장서 장롱 속에 잠자고 있는 금반지를 수집하면 금 수입에 소비되는 외화를 절약할 수 있을 뿐 아니라 경제 살리기 운동에 일반 여성들을 동참시키는 효과도 거둘 것으로 예상된다"고 밝혔다.

『연합뉴스』 1997. 12. 9. .

1992년부터 추진한 '살기 좋은 고장 가꾸기' 사례 교환을 위한 한일 국제 교류 대회가 지속 추진되었고, 러시아 연해주 산업 협력사업과 베트남 새마을협력사업을 계기로 해외 현지 새마을운동이 본격화되었다.

1997년에는 IMF 사태를 전후하여 새마을운동중앙회를 포함하는 여러 단체 주도로 '경제 살리기 국민 저축운동', '나라 사랑 금 모으기 운동'을 주도하여 국가 위기 극복에 기여하는 등 국내외에 큰 반향을 불러일으켰다. 김대중 정부 들어서서 민간 차원의 대북 교류사업이 시작되면서 새마을 단체도 '대북 염소·겨울의류·감귤 보내기' 등의 대북 지원 사업에 동참했다. 1998년에는 새마을운동은 KBS와 공동으로 실직 가정 및 결식 아동 돕기 모금 방송을 3차에 걸쳐 추진하는 한편, 전국 읍·면 단위에는 민간사회 안전망 협의체를 구성하여 지역 내 소외 계층을 돕는 데 앞장 섰다.

글로벌 비지니스 기반 구축

1. 세계화되는 한국형 국가재테크(2000년대)

21세기 국가재테크의 과제로는 생활의식 개혁운동, 민간사회 안전망운동, 환경 보전운동, 지역 활력화운동, 통일 및 국제화운동이 화두로 떠올랐다. 이와 함께 국가적으로 2002 월드컵 맞이 질서·친절·청결·공중도덕 분야 10대 실천 과제를 추진하면서 거리 청결과 도심 미관 조성에 주

---

73 소진광·정갑진(2011), 『새마을운동 ODA 시범사업의 추진방안 연구』, 행정안전부, pp.156-164.

력하였다.

2000년도에는 6 · 15 남북정상회담을 계기로 대북 교류사업이 진전되어 새마을운동 차원의 교류사업도 활발하게 추진되었다.

2000년 7월부터는 북한지역 돕기 '통일손수레 보내기' 운동을 전개하기 위해 새마을지도자 및 국민들의 성금을 모아 2006년까지 총 26,000대의 손수레를 북한에 지원했다.[74] 이 밖에도 산란 종계장 시설 (병아리 및 사료 포함), 각종 농기계 및 밀가루 등의 지원을 통해 남북 화해 협력의 실현과 민족통일의 기반을 다지는 데 일익을 담당했다. 2000년 중반에는 사회적 갈등을 극복하고 국민 화합을 위한 '새정신 새나라 만들기' 운동을 표방하여 도덕성 회복, 국민 화합, 환경 보전에 중점을 두었다.[75]

2003년부터 추진한 어려운 이웃을 위한 집 고쳐 주기 운동과 100만

자율 국제 전파 단계의 3대 사업(1989~현재)

① 문화복지 환경 개선사업	• 도시생활 환경 개선에도 주력
봉사와 민간사회 안전망 복원운동	• 노후 불량 주택 개선, 거리 환경 정비 및 도시 색채 환경 개선 사업 등 전국토 공원화사업과 연계
② 소득 증대사업	• KOICA 새마을운동중앙회 등을 통한 개발 성공 사례를 해외 전파
새마을운동에 의한 소득 증대사업 실종됨	• 한국 현재의 성공 모델 없이는 지속적인 국제 전파에 한계를 가짐
③ 의식 및 기타 분야 사업	• 2002 한일 공동 월드컵 홍보
민간 주도의 사업 전개 2002 월드컵 등 국가행사 참여	• 민간망 확립과 자원봉사로 전환 • 지역 새마을의 실종

포기 김장담 가주기 운동, 2005년에 시작한 다문화가정 한국 적응 프로그램 '아이 러브 코리아' 사업을 추진했다. 2007년 말에는 서해안 태안 기름 유출 사고와 관련, 새마을 가족이 초기 단계부터 복구활동에 참여하여 130만 자원 봉사활동을 이끌어 내는 기폭제 역할을 했다. 2008년에는 미국 발 금융 위기에 대응하기 위한 경제 살리기 캠페인 "모아 보자 국민 대행진"의 일환으로 희망 저금통 모으기 범국민 캠페인을 벌여 15억 1,100만 원을 모아 전국 읍·면·동별로 어려운 이웃들에게 전달했다.

그 밖에 러시아·베트남·필리핀과 중국·몽골·스리랑카·캄보디아·네팔·콩고민주공화국 등 저개발국에 새마을운동을 보급하여 새마을운동 종주국으로서의 위상과 대한민국의 브랜드 가치를 높이는 데 기여했다.[76]

저자의 눈에는 1990년부터 현재까지의 경북·강원 지역을 제외하고는 대부분의 지역에 과거와 같이 열정적인 새마을운동은 없었다. 관련자들이 지역을 외면하고 북한과 해외에 눈을 돌리고 화려한 월드컵 대한민국을 외칠 때 지역은 조금씩 몰락해 갔다.

2011년 대한민국 지역에는 새마을의 열정도 마을 길이나 학교를 짓기 위해 자기 땅을 아무 꺼리김없이 내놓은 헌신도 없다. 점점 늙어가고 나약해져 가는 어제의 전사들의 슬픈 눈망울만이 흐린 하늘과 같이 다가올 뿐이다.

74 베트남 진출에 유의할 점, 매일경제 p.8, 1992.12. 22.
75 北에 '통일손수레' 1만 대 전달, 국민일보, 2000. 11. 10.
76 새마을운동 보급 탄력… 저개발국 봉사단 파견 확대, 문화일보, 2011. 2. 7.

2000년대 국가재테크에서 가장 아쉬운 것은 1997년 금 모으기로 뭉친 국민 통합의 저력을 잘 살려내 국가재테크로 활용하는 것에 실패한 것이다. 이때 온 국민의 정성을 하나로 모아 국가와 국민이 잘살 수 있는 기반과 국제화·세계화에 적합한 형태로 국가재테크를 업그레이드하는 노력이 있었다면 우리는 현재보다 더욱 발전했을 것이라는 아쉬움을 씻을 수 없다.

2. 21세기 새마을운동의 특징

큰 틀에서 본다면 1989년부터 현재까지는 국가재테크의 자율 확대 국제 전파의 시기다. 2000년 이후 국가재테크의 특징은 세 가지다.

첫째, 지역 기반의 새마을운동의 몰락과 더불어 국가재테크의 의미를 상실하는 시기로 자리매김할 수 있다. 즉, 마을 단위 새마을운동의 동력과 방법론이 없는 상태에서도 정부는 자본 지원을 강화하면 지역이 잘살 수 있다는 확신을 갖고 있었다. 1990년대 우루과이라운드 이후 2010년 현재 시점까지 정부는 산업, 지역 활성화와 주민의 삶의 질 향상을 위해 200조원가량의 예산을 썼다.

하지만 농촌은 과거보다 점점 못살고 있으며 도시 평균 소득을 100으로 놓았을 때 2009년 지역 평균 소득은 74.2로 매년 낮아진다. 2012년 9월 발표된 농촌경제연구원의 '2012년 농가 경제 동향과 정책 과제' 보고서를 보면, 2011년 농가 소득은 도시 근로자 가구의 59.1%로 대한민국

---

77 제5단계는 1989년부터 현재까지로 2000년대와 구분하지 않은 이유는 시대구분을 할 큰 변화가 없기 때문이다

● 제5단계[77](1989~2010)의 지역 소득 비교

연 도	1인당 GNP	만원 단위	도시 가구 연소득(A)	농촌 가구 연소득(B)	B/A
1989	5,556	373	9,659,256	9,436,669	97.6
1990	6,303	446	11,319,264	11,025,781	97.4
1991	7,276	534	13,903,296	13,105,046	94.2
1992	7,714	602	16,273,320	14,505,454	89.1
1993	8,402	674	17,733,936	16,927,966	95.4
1994	9,727	782	20,415,648	20,315,756	99.5
1995	11,735	905	22,932,768	21,802,558	95.0
1996	12,518	1,007	25,832,244	23,297,662	90.1
1997	11,505	1,094	27,448,020	23,488,360	85.5
1998	7,607	1,064	25,597,380	20,493,727	80.0
1999	9,778	1,163	26,696,916	22,322,955	83.6
2000	11,292	1,277	28,643,364	23,072,120	80.5
2001	10,631	1,372	31,501,416	23,906,771	75.8
2002	12,100	1,514	33,508,800	24,474,620	73.0
2003	13,460	1,604	32,725,920	26,878,000	82.1
2004	15,082	1,726	34,600,500	29,001,000	83.8
2005	17,531	1,796	35,930,592	30,503,000	84.8
2006	19,722	1,884	37,794,864	32,303,000	85.4
2007	21,695	2,016	39,618,660	31,967,000	80.6
2008	19,296	2,128	41,883,108	30,523,000	72.8
2009	17,175	2,192	41,520,000	30,814,000	74.2
2010	20,566	2,467	48,092,000	32,121,000	66.7
2011	22,424	2,511	50,980,000	30,150,000	59.1
2012	22,708	2,543	53,910,000	31,030,000	57.5

● 제5단계(1989~현재) 자율 국제 전파기의 특징

첫째	지역 새마을운동의 몰락
둘째	도시 새마을의 정체
셋째	해외 전파의 번창

역사상 최저를 기록했다.[78] 2012년에는 이보다도 줄어서 57.5%이다.

이러한 추세는 1989년 이래 계속되어 한 번도 농촌 평균 소득이 도시 평균 소득을 상회해 본적이 없다. 부채는 매년 증가하고 있고 농자재비 등 원가는 오르고 농산물 가격은 하향 평균화되는 추세다. 엎친 데 덮친 격으로 국가간 FTA는 첨단산업과 공업품 등에서는 유리하지만, 농촌 주민에게는 더욱 어려운 조건을 남기고 있다. 농촌은 몰락하고 사라지는데 한국의 새마을운동의 가치는 무엇인가. 더 이상 지역에 새마을운동은 없다. 21세기 새마을운동에는 자기 정체성이 없다고 한다면 평가절하한 것일까. 그저 시대의 내용과 유행에 따라가는 바람만이 정체성으로 남아 있다.

둘째, 도시에서의 국가재테크는 잠자는 숲 속의 공주처럼 긴 잠에 빠져 있다. 도시의 새마을운동은 전부 개인의 재테크로 변화하고, 공동체적 국가재테크는 사라졌다. 단지 경상북도와 강원도 정도가 명맥을 이어가고 있다.[79]강원도 역시 김진선 지사 은퇴 이후 새농어촌 건설운동

---

78 도시·농촌 소득 격차 '사상 최대' 벌어져, 경향신문, 2012. 9. 14.
79 PUMASSI / 한국형 원조 노하우 찾아라—도와주는 것은 좋은데, 동아일보, 2011. 1. 14.

	단계		역점 사업	운동 특색	1인당 GNP (달러)
새마을운동기	초기	기반 조성 단계 (1970~73)	환경 개선 : 마을 안길, 공동 빨래터, 지붕, 담장, 부엌 소득 증대 : 농로, 농지, 종자, 품앗이 의식 개혁 : 퇴폐 일소, 근검 절약, 협동 분위기	운동의 출범과 점화 정부 주도의 활동 전개 생활환경 개선 우선	1970 : 257 1973 : 375
	중기	사업 확산 단계 (1974~76)	소득 증대 : 논두렁, 소하천, 복합 영농, 공동 작업장, 농외 소득 의식 개혁 : 새마을 교육, 대중홍보, 의식과 행동 환경 개선 : 주택, 상수도, 마을 회관	공간적·기능적 확대 소득 증대와 의식 개혁 국민적 공감대 형성	1974 : 402 1976 : 765
	후기	효과 심화 단계 (1977~79)	지역 : 취락 구조, 문화 주택, 특용 작물, 농공 단지 도시 : 골목길 포장, 청소, 질서 직장·공장 : 생산성, 물자 절약, 노사 관계	광역적 연계화 규모 경제성의 추구 단위별 특성화 부각	1977 : 966 1979 : 1,394
확대와 국제화	안정기	체제 정비 단계 (1980~88)	사회 풍토 : 친절, 질서, 봉사, 협동 경제 발전 : 복합 영농, 작목 개선, 유통 개선, 금고 사업 환경 정비 : 청결, 국토 공원화, 진입로	민간주도로의 체제전환 역할 분담 체계 구축 부진과 침체에서 탈출	1980 : 1,507 1988 : 4,934
	정비와 국제화	자율 확대 국제 전파 단계 (1989~현재)	건전 풍토 : 전통문화, 일하는 기풍, 건전 생활, 도덕성 회복 경제 안정 : 경제 살리기, 도농 간직거래, 근검 절약 생활환경 : 내고장 환경 가꾸기, 생활 자치 강조	자율·자립 기반 강화 개방화·지방화의 부응 경제 위기 극복의 노력	1990 : 5,503 2000 : 11,292 2010 : 20,566

이 많이 약화된 느낌이다. 운동을 살리고 키우기는 무척 어렵지만, 무관심과 주인의식 부재로 흐른다면 새마을운동은 살아남기 힘들다. 도시의 새마을도 조직만이 있지 지역사회가 원하는 복지나 노인, 대안사회와는 거리가 있다. 이제 도시는 개인 재테크에 의존하고 있지만 국가적 구심점이 사라진 지금 개인들의 재테크도 혼란만 가중되고 있을 뿐이다.

셋째, 현실적인 국가재테크는 국제 전파만이 명맥을 유지하고 있다. 수출 증대와 국격 상승, 2009년 11월 경제협력개발기구OECD 개발원조위원회DAC 에 가입하면서 이후 한국형 개발 모델의 해외 원조 실적은 점점 나아지고 있다.[80] 하지만 조금 더 들여다보면 이것도 한국 정부가 DAC에 가입 후 국제 원조 비용을 2010년 대비 2013년까지 약 세 배 가까이 늘렸다.[81]

가난한 나라들은 한국의 국가재테크인 새마을운동을 배우려는 이유도 있지만, 저개발 국가들의 유력 권력이 밀착해 눈먼 돈을 빨아먹으려는 의도도 숨어 있다. 새마을운동의 실체는 정신이고, 그 본질은 국가재테크다. 국민이 하나로 힘을 합쳐 만든 부자 되기의 열망과 구체적인 변화와 혁신이 있어야 국가재테크는 이루어진다. 단순히 개발 원조로 되는 것이 아니라는 사실과, 이러한 한국형 개발 모델은 교육을 통해 나온다는 점을 외교부와 코이카 관련자가 알길 바란다.

1970년에 시작되어 2013년 현재까지 43년간 지속되어 온 국가재테크는 크게 다섯개의 단계로 나눌 수 있다. 각 단계는 시대적 환경과 국가적 요구사항인 이념 · 정신 · 목표 · 조직 · 활동 등에 특색을 갖고 있다. 추진 과정에서 때로는 위축과 실망의 시대도 있었다. 한때는 국민으로부터의 지탄과 외면도 당했지만, 전 기간을 회고해 보면 새마을운동을 통한 국가재테크가 우리나라의 발전과 근대화에 미친 영향과 그 효과는 누구도 부인할 수 없을 정도로 명확한 20세기 최대의 업적이다. 이제 다시 국가재테크를 살려 2030년 G-5와 4만 달러를 향한 도약을 시작해야 할 때다.

---

80 한국경제 협력단(2009), 『2012년 KOICA(예산안) 설명자료』.
81 정갑진(2009), 『1970년대 한국새마을운동의 정책경험과 활용』, 한국개발연구원.

2030년,
G-5를 향한
국가재테크

01

교육열이 만든 인재의 나라

대한민국 70년 교육사[82]

1. 무에서 유를 만드는 교육

대한민국 발전의 원동력은 누가 뭐라 해도 교육이다. 누구나 가진 꿈과 희망을 교육을 통해 성취할 수 있도록 국가와 가족이 돕는다. 부모의 자식 사랑, 보이지 않는 헌신이 아무것도 없는 나라에서 인재 강국을 창조하게 된 것이다. 배경을 살펴보면, 국가가 국민교육을 육성하고 일관되게 실천하는 분위기를 조성해 왔다. 그것이 한국의 교육열을 만들었다.

---

82 박세일 외(2007), 『평생학습사회 만들기 : 교육에서 학습으로』, 한국직업능력개발원 내용을 참조함.

만약 대한민국이 미래지향적인 정책 비전과 교육열이 없는 나라였다면 아마 발전하지 못하고 저개발 국가로 남아 있었을 것이다. 국가의 흥망성쇠는 국민과 지도자의 열정으로 만드는 교육의 결과다.

신생 대한민국은 못 먹고 가난했지만, 교육을 받으면 잘살 수 있다는 안심安心을 가지고 살아왔다. 또 국민이 열광할 비전과 목표를 지도자가 제시했다. 일제에서 탈출한 후 1948년 정부 수립과 홍익인간 이념과 의무교육 체계 마련이 '대한민국 세우기' 시작이었다. 1950년 한국전쟁이 발발하자 정부는 '전시하 교육특별조치요강'을 발표하였다. 그 내용은 피란학교 설치, 임시 교재 및 교과서 발행, 부산에서 전시연합대학 설립 등이었다. 국가의 사활이 걸린 전쟁 중에도 우리는 교육했다. 체계적인 전시교육이라는 면에서 세계적으로 그 유례를 찾아보기 어렵다.

내일 죽는 한이 있어도 오늘 내 아이만은 공부시켜야 한다는 뜨거운 교육열을 보여 준 사례다. 또한 1950년부터 교육과정심의위원회의 연구 결과를 토대로 1955년 초·중·고등학교 교육과정이 공포되었다. 이것이 바로 제1차 교육과정으로서 이는 우리 힘으로 만든 최초의 현대적인 교육과정이었다. [83] 또 공산주의를 물리치는 반공 이념 및 안보 교육과 함께 한미방위조약(1953)을 맺었다. 그 결과 우리도 헌법에 "자유민주적 기본 질서에 입각한다"는 법조문을 넣을 수 있는 나라에 살고 있다.

1960년대와 1970년대의 국가 교육 목표는 산업화로 표현되는 "잘살아 보세"다. 수출 제일주의와 조국 근대화를 위해 교육도 동참했다. "하면 된다"는 신념으로 보릿고개 탈출에 매진했다. 1960년 1인당 국민소득 79달러 하던 최빈국에서 산업화에 성공한 것도 교육열 때문이다. 비록 콩나물 교실과 2, 3부제에도 주린 배를 움켜쥐고 몇십 리를 걸어가 공부했다. 1961년 군사정부는 '조국의 근대화'를 슬로건으로 내걸고 "교육을 통한 산업 인력 육성을 위한 국민 재건 운동"을 펼쳐나갔다. 국민 모두가 참여해 수출과 산업화에 동참하는 교육 재테크 운동을 전개하겠다는 의지다.

큰 틀에서 본다면 1969년의 중학교 무시험 진학제도와 고입 추첨제, 대입 예비고사제도 등도 이러한 맥락이다. 중학교 무시험 전형제는 당시 '7·15 어린이 해방'이라고 선전될 정도로 핵폭탄급 조치였다. 이 조치로 중학교 입시 경쟁에서 빚어진 폐해들이 해소되었다.

1973년에는 고교 평준화정책과 추첨 입학제를 마련했다. 국가에서 출제·관리하는 '연합고사'로 합격자를 선발한 후, 학군별로 추첨을 통해 각 고등학교에 배정하는 방식이다. 1960, 70년대의 입시제의 폐지는 산업화시대에 적합한 대량 인력을 육성하는 교육을 실현시켰다. 결과적으로 국가주도의 산업 예비 인력을 대량 육성하는 데 성공했다.

1980년대와 1990년대 국가 목표는 '민주화'다. 1950년대에는 부정과 부패가 만연한 "한국에서 민주주의가 성공하는 것은 쓰레기통에서 장미꽃을 피우는 것과 같다"던 영국 수상 윈스턴 처칠[84]의 비아냥거림이 있었다. 그는 죽어서 못 보았지만 우리는 결국 민주화에 성공했다.

1980, 90년대의 교육 기반은 '7·30 교육 개혁'이다. 즉, 1980년 전두

83 교육부(1998), 『교육 50년사』 / 위키백과 : 대한민국 교육, http://ko.wikipedia.org/wiki.
84 정비석, 장미와 쓰레기통, 동아일보 p.4, 1956. 9.14.

환 정부는 학교교육 정상화와 과외 금지를 기본 취지로 하였다. 노태우 정부는 제5공화국 정부와는 차별화된 정책을 펴기 위해 문교부를 교육부로 개칭하고, 교원 지위의 향상, 지방교육자치제를 실시했다. 이 시기의 교육정책 중 가장 주목할 것은 지방교육자치제다. 1991년 12월 지방자치제법의 공포와 1992년 3월 지방의원 선거를 통하여 지방의회를 구성했다. 또 교육위원 선출과 교육위원회가 구성됨에 따라 비로소 지방교육자치제가 실현되고, 교육 자치와 민주화도 이루게 된 계기를 만들었다.

김영삼 대통령은 선거 공약에 따라서 1995년 5월, 5·31 교육 개혁안(1차 개혁안)을 발표하였다. 즉, '세계화·정보화 시대를 주도하는 신교육체제 수립을 위한 교육 개혁 방안'이었다. 당시 교육개혁위원회가 제시한 신교육체제의 목표는 ① 열린 교육 사회와 평생 학습 사회의 비전을 실현하고, ② 모든 학습자의 잠재 능력을 최대로 계발하며, ③ 세계적 수준의 학문과 과학기술을 창조하고, ④ 종합적 교육 지원 체계를 마련하고, ⑤ 교육의 질을 제고한다는 것이었다. 5·31 교육개혁안은 결국 세계화·정보화를 통해 국가 경쟁력을 높이고, 교육이 변화해야 한다는 점을 역설했다. 당시 교육을 받은 아이들이 지금 사회 초년병으로 나오고 있다.

1990년대 후반부터 2000년대까지는 구조 조정의 시대이다. 이른바 IMF와 글로벌 스텐다드라는 금융 기준에 들어가기 위해 다양한 부문에서 뼈를 깎는 노력을 했다. 아날로그가 아닌 디지털 세계와 최첨단의 미국식 금융 자본주의의 틀에 우리를 담금질했다. 앞만 보고 달렸던 우리를 되돌아본 계기도 교육을 통해서 만들었다. 교육은 노력하는 자에겐 만능이다.

김대중 정부의 교육정책은 교육부를 교육인적자원부로 전환함과 동시에 장관을 부총리로 격상하였다. 특히 대통령 자신이 교육대통령을 자임하며 교원 정년의 단축, 과외 금지 위헌 판결 등의 조치를 내렸다. 또한 3불三不 정책 일환으로 대학 본고사, 고교 등급제, 기여 입학제를 금지했으며, 교원 노조 합법화, 교원 성과급제 도입, 두뇌한국BK 21사업 실시, 중학교 의무교육 확대 등을 실천했다.

노무현 대통령의 참여정부는 교육혁신위원회를 설치하고 임기 말기까지 3불정책을 고수하였다. 또한 사교육비를 줄이기 위해 EBS 수능 방송을 실시하였다. 한편 고3 수험생 사이에는 소위 '죽음의 트라이앵글'이라는 말이 유행했다. 이는 대학 입시에서 중요한 ① 수능, ② 내신, ③ 논술시험 모두 수험생에게 엄청난 부담과 고통을 안겨 준다는 점을 상징한 말이다.[85] 최근에는 3가지에 입학사정관제가 추가되어 더욱 준비에 어려움을 겪고 있다.

대한민국의 역사는 큰 틀에서 "건국과 교육 → 산업화(빈곤 탈출) → 민주화 → 구조 조정"이라는 국가 비전과 목표를 단계적으로 성공시키기 위한 교육을 전개했다. 그 결과 대한민국은 G-20 선진국이 되었다. 어디에 내놓아도 부끄럽지 않은 당당한 나라를 만들었다. 지금도 백년대계 교육에 매진하고 있다.

그동안 갈등·대립·전쟁도 있었지만, 크게 보아 지난 70년간의 교육은 대단한 성공과 발전을 이루었다. 1988년 올림픽과 2002년 월드컵, 세

---

85 위키백과 : 대한민국 교육, http://ko.wikipedia.org/wiki.

계에서 다섯 번째로 두바이에 원전 수출, 2012년 세계에서 아홉 번째로 무역 1조 달러 클럽 가입, 반기문(유엔) 사무총장과 김용 세계은행 총재를 배출한 나라 등 다양한 국력 신장과 더불어 세계 제1의 기술력과 제품이 150가지 이상이 된다.

한국인은 끝장을 보지 못하면 찜찜하다. 함께 공감하면, 황수관 박사의 표현처럼 신바람이 나지만, 동상이몽이면 서릿발이 내린다. 실제 21세기에 들어오면서 뚜렷한 국정 목표나 교육정책이 제시되지 못했다. 미래비전이 없는 포퓰리즘은 대안이 될 수 없다. 부모가 자식을 교육하듯이 국민의 희망과 목표를 하나로 결집해 나가야 한다. 이제는 국민 스스로 자조적 복지를 실현하는 교육이 나와야 한다. 자조적 복지를 소득과 복지 모델로 만들교육방안을 제시하자. 그래야 국민들이 안심하고 자기 길을 갈 수 있다.

2. 대한민국 정통성 수호 교육

대한민국 70년 교육의 흐름은 "잘살아 보자"는 것이다. 잘사는 나라를 만드는 것이 국가재테크다. 국가재테크는 대한민국 정통성을 인정하고 지켜 나가는 교육이다. 이것을 부정하려는 흐름은 곤란하다. 아직도 남북이 대치하고 있는 국가에서 다양성이 존재하는 것은 좋지만, 근본은 같이 가야 한다. 어느 나라든 역사에는 빛과 그림자가 존재한다. 우리 현대사를 있는 그대로 역사로 인식해야 한다. 아전인수격의 흠집 내는 역사 인식은 결코 이기는 방법이 아니다.

과거를 부정하는 사람은 결코 자신의 미래를 개척할 수 없다. 아픈 과거를 끌어안고 현실을 긍정하고 자기 계발을 해야 비로소 내일의 희망이 보인다. 국가 비전을 확립하기 위해서는 어두운 역사의 그림자를 이겨내고 새 희망의 국가재테크를 묵묵히 그려 나가는 교육을 청소년에게 가르쳐야 한다. 국가가 지켜야 할 원칙에 군중들이 좋아할 달콤함과 열광을 섞는 순간, 신뢰는 무너지고 망국적 포퓰리즘 정책이 나라를 더럽힌다.

국가재테크를 이야기하는 것은 2030년, 세계 5강(G-5)을 향한 20여 년을 계획하기 위함이다. 비전 2030을 위해 대한민국은 무엇을 준비하고 어떤 노력을 경주해야 하나. 또 국민들은 어떻게 소득을 내고 행복을 찾아야 하는가. 그리고 국가는 학교를 통해 어떤 미래 비전을 우리 아이들에게 보여 주고 그들의 꿈을 키워 줄 것인가를 고민해야 한다. '저출산, 고령화' 문제와 '청년 실업 해소', '베이비부머의 일자리' 등을 해결할 수 있는 '자조적 복지' 개념도 교육을 통해 떠올라야 한다. '자조적 복지'란 "스스로 일해서 자신이 복지"를 마련한다는 개념이다.

우리가 세대 전쟁을 회피하려면 20 · 30 세대에게 질 좋은 일자리를 넘겨 주어야 한다. 한편 50~70 세대도 지속적으로 안정적인 일자리를 창출해야 한다. 도시와 농촌의 융복합과 6차산업에서 답을 찾을 수 있다. 귀농귀촌에서 조국의 미래를 본다. 귀농귀촌은 도농 융합의 국가재테크 방법이기 때문이다. 민간에서 귀농귀촌 전문 교육기관을 개설하고 국가가 시설을 지원하는 지혜가 필요하다. 베이비부머와 은퇴자가 가진 마지막 열정을 국가와 가족을 위해 바칠 교육과 정보, 농촌에서 일할 기회를 만들어 나가야 한다.

G-5로 가기 위한 4대 혁신 방안

1. G-5로 가는 길은 자조적 복지

우리나라는 명확한 목표를 설정하고 국론을 통일하고 추진할 때 가장 효과를 잘 보는 나라이다. 2012년 런던올림픽 세계 5강을 만든 태릉 선수촌을 보라. 작고 약한 나라는 단기 목표를 설정하고 집중적으로 훈련시켜야 산다. 선택과 집중의 결과는 최소 비용으로 최대의 효과를 낸다. 효과를 낼 수 있었던 비결은 교육과 혁신이다.

우리가 지금처럼 비실비실해서 경제력으로 세계 5강에 들어갈 수 있을까. 만약 국가재테크 목표와 비전을 세계 5강으로 선정한다면 우리는 무엇부터 해야 할까. 먼저 정치권과 국가 리더십이 대한민국의 자유민주주의 경제를 강하게 지켜 낼 수 있는지를 검토해야 할 것이다. 이 차원에서 세대 갈등, 지역 갈등, 빈부 갈등, 복지 갈등, 남북 갈등을 해결해야 한다. 우리 사회가 직면한 5대 갈등을 해소하지 못해 전쟁으로 간다면 모든 것이 끝장난다. 대안을 위해 잘못된 것은 고치고 잘된 것은 발전적으로 계승하면서 국민 통합 시대를 개척해야 한다.

IMF 이후 15년 이상의 구조 조정 시대의 끝이 '5대 갈등 해소'로 마무리되길 바란다. 이와 함께 국가의 목표와 비전이 새롭게 창조되어야 한다. '교육-빈곤 탈출-민주화-구조 조정' 이후에 와야 할 국가 비전은 '자조적 복지'가 되도록 여론을 모았으면 한다. '자조적 복지'란 1970년대 새마을운동의 중심 개념인 자조와 생산적 복지를 결합시켜 커뮤니티 중심으로 복지문제를 해결하는 개념이다.

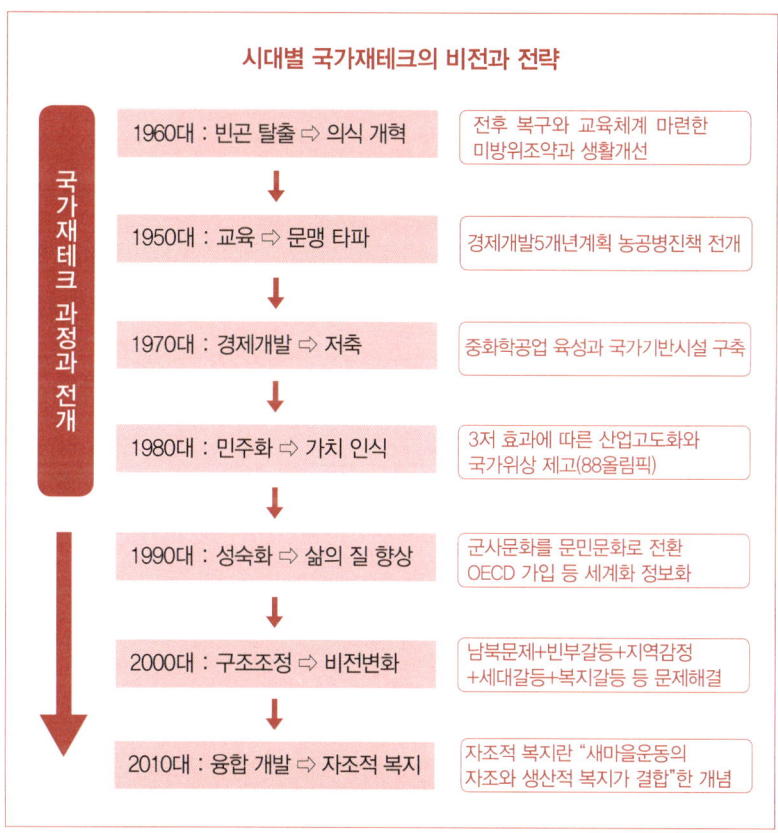

시대별 국가재테크의 비전과 전략

국가재테크 과정과 전개

1960대 : 빈곤 탈출 ⇨ 의식 개혁	전후 복구와 교육체계 마련한 미방위조약과 생활개선
1950대 : 교육 ⇨ 문맹 타파	경제개발5개년계획 농공병진책 전개
1970대 : 경제개발 ⇨ 저축	중화학공업 육성과 국가기반시설 구축
1980대 : 민주화 ⇨ 가치 인식	3저 효과에 따른 산업고도화와 국가위상 제고(88올림픽)
1990대 : 성숙화 ⇨ 삶의 질 향상	군사문화를 문민문화로 전환 OECD 가입 등 세계화 정보화
2000대 : 구조조정 ⇨ 비전변화	남북문제+빈부갈등+지역감정 +세대갈등+복지갈등 등 문제해결
2010대 : 융합 개발 ⇨ 자조적 복지	자조적 복지란 "새마을운동의 자조와 생산적 복지가 결합"한 개념

실제 경제성장 과정에서 자조적 복지는 한국형 국가재테크의 핵심 개념
인데 우리가 간과해 왔다. 국민 스스로 자신에게 적합한 복지를 스스로
의 힘에 의해 해결하자는 새마을방식이다. 국가가 복지에 치중하면 할수
록 연구 개발과 수출은 약화될 것이며 우리는 활력을 잃고 침몰할 것이다.

그렇다면 2030년을 목표로 하는 G-5 선진국 진입이란 무엇인가. 먼
저 G-5 국가 비전을 만들자. 국가 비전을 중심으로 교육 목표를 세우자.
국력과 지혜, 열정을 규합하는 새로운 신바람 교육을 일으키자는 말이

다. 미래 비전과 신념이 국민에게 있다면 교육과 노력으로 G-5도 가능하다. 아니 G-3도 될 수 있다.

지난 70년간 식민지에서 후진국으로, 다시 중진국에서 G-20까지는 성공적으로 이루어냈다. 그 뜨거운 열정과 지혜를 다시 모아 G-5까지 가야 한다. 지난 50년 이상 국가재테크 과정에 동참한 사람들이 마지막 정성을 모으면 가능하다.

우리가 잘살 수 있는 시간은 길지 않다. 저출산 고령화로 인하여 2016년부터 우리나라의 생산 인구(15~64세)가 급격히 줄어들기 시작한다. 2013년 드디어 55~64세 인구가 20대 생산 인구보다 많아지기 시작한다. 10년 내에 총인구도 줄어든다. 총인구가 본격적으로 감소한다면 사회 역동성도 없어진다. 가능하다면 빨리 선진국에 진입할 수 있는 시스템을 만들어야 한다. 고령화와 저출산에 따른 생산 인구 감소와 세계 경제의 동반 저성장을 극복할 내수 진작책을 귀농귀촌을 통한 일자리 창출에서 만들어야 한다.

이를 위해서는 스스로 일자리를 창출하고 자력으로 돈도 벌고 복지를 누릴 수 있도록 '귀농귀촌 평생 자립 체계'를 국가가 도와야 한다. 일자리 마련과 시스템을 조성하는 것이 21세기형 국가재테크이다. 국가는 적어도 국민들이 자조적 복지를 실행하도록 정보와 교육 측면에서 도와야 한다. 국가재테크의 비전과 전략, 목표와 방안을 만들고 국민 행복시대를 지원해야 한다.

베이비부머가 도시에서 창업을 통한 일자리를 만드는 것은 거의 불가능하다. 대한민국의 그 누구도 대기업 경제권에 대항해 이기기란 결코 쉽지 않기 때문이다. 대기업이 없는 농촌으로 가서 경영 효율과 꾸러미 사업으로 마케팅을 하고 몸집을 불려야 한다. 정부가 지원하는 6차 산업의 경쟁력을 가지고 대기업과 협력해 농식품과 농산업을 수출하는 새로운 귀농귀촌 협력형 모델을 실현하는 것이 삶의 질을 누리며 G-5 선진국을 만드는 방안이다. 즉, 농민은 생산을, 귀농귀촌인은 가공 · 유통 · 서비스 · 경영을 책임지자.

국가정책 구상이 이제 부국강병에서 부국강복富國強福으로 진화해야 한다. 즉 '경제적으로 부유한 나라, 강한 복지가 지속되는 사회'를 만들어야 비로소 G-5 선진국이라고 할 수 있다. 이 기틀은 시민사회가 정부와 거버넌스를 형성해 만들어야만 가능하다. 절대 관료의 힘만으로는 부족하다.

2. G-5 선진국이 되기 위한 네 가지 방안

G-5 선진국이 되려면 단순하게 지금과 같은 성장세로는 곤란할 것이다. 국격과 문화와 교육, 신성장 동력, 국민 통합, 경제력 강화가 발전 에너지가 되어야 한다. 이를 위해 첫째, 국민소득 4만 달러대의 강창인국強創人國[86]으로 향한 평생학습과 직업교육과 전문 훈련이 필요하다. 2030년까지 향후 20여 년을 우리가 만들어야 할 새로운 국가 비전은 우리나라가 정치 · 경제 · 사회 · 문화 모든 면에서 세계 일류 국가가 되는 강창인

---

[86] 강창인국이란 강하게 교육받아 우수한 인재들이 활동하는 창의적인 나라이다. 오바마가 부러워한 나라는 이런 강한 교육 자본이 있는 대한민국이고, 우리는 이런 인프라를 발전시켜 세계 5강에 진입해야 한다.

국 건설이라고 판단된다. 우선 G-5 수준의 선진국이 되려면 경제적으로 1인당 '국민소득 4만 달러 시대'를 열어야 한다.

현재 세계 231개국[87] 중에서 인구 1천만 이상 되고 1인당 국민소득 3만 달러 수준에 있는 나라가 10개국 정도다. 우리는 2007년 2만 달러에 진입했으며 G-20에도 2009년 진입했다. 먼저, 2017년에 3만 달러 목표를 달성하는 G-10 진입에 국민 비전으로 목표화하자. 2012년 1인당 GDP는 2만2천7백 달러다. 귀농귀촌으로 내수 경기를 살리면서 3%대 수출을 한다면 5년 내 3만 달러 진입은 어려운 일도 아니다. 내수 진작과 일자리 창출로 국력을 하나로 뭉칠 수만 있다면 얼마든지 가능하다.

2017년 3만 달러를 교두보로 중기 목표는 2030년까지 4만 달러 달성과 G-5 선진국 진입 목표를 달성하는 꿈과 용기를 갖자. 믿기지 않지만 우리는 2012년에 세계 아홉번째로 '20-50클럽'에 가입했다. '20-50클럽'이란 5천만 이상 인구로 1인당 국민소득 2만 달러 이상인 나라를 의미한다.

둘째, G-5 선진국이 되려면 정치적으로는 '경제 민주화'까지 성공시켜야 한다. 새마을운동과 선거를 통하여 '민주화'가 잘 훈련됐다. 이제는 목표를 조금 높여 정치 민주화에서 경제 민주화로 가야 한다. 대기업과 중소기업, 농민이 서로 협력하여 좋은 물건이나 상품을 수출하는 나라로 연대하고 통합해 나가야 한다. 빵집이나 치킨집처럼 서로 불신하고 제 살 뜯어먹는 격이돼서는 곤란하다. 헌법 119조 2항에는 "국가는 균형 있는 국민경제의 성장 및 안정과 적정한 소득의 분배를 유지하고, 시장의 지배와 경제력의 남용을 방지하며, 경제 주체 간의 조화를 통한 '경제의 민주화'를 위하여 경제에 관한 규제와 조정을 할 수 있다"고 명기됐다. 이제는 국가가 경제 민주화를 도입해야 할 시점에 들어왔다. 특히 농업·농민·농촌의 경제 민주화와 규제 완화에 신경쓰는 것이 나라를 살리는 방안이다.

사회 각 분야에서 자유롭고 정의로운 경제 민주화를 정착시키기 위해서는 시민사회와 건전한 여론을 형성해야 G-5 선진국에 진입할 수 있다. 그렇게 하려면 헌법이 보장한 언론의 자유, 입헌주의, 법치주의, 삼권분립, 공무원의 정치적 중립, 사법권의 독립 등 원칙이 권력에 의해 악용되면 곤란하다.[88] 건전한 법과 상식이 존중되는 가운데 국민의 열정이 경제 발전, 기업 창조, 귀농귀촌, 열심히 공부하고 성실히 일하는 자기계발 속에 살아 있어야 한다.

셋째, G-5 선진국이 되려면 사회적으로는 '자조적 복지를 공급하는 자립형 마을 기업'을 많이 만들어야 한다. 노인·어린이·임산부·장애인·다문화·귀농귀촌인·새터민·취약계층 등에 많은 자발적 시민공동체와 협동조합들이 형성되어야 한다. 그래서 사회 구성원 간에 스스로 문제를 해결하고 정부가 해결점을 제시하면 스스로의 힘에 의해 해결할 수 있는 자립형 사회적 기업이 넘쳐나는 사회가 되어야 G-5 선진국이라고 할 수 있다. 미국의 복지와 시민 참여, 봉사 등에서 우리가 배워야 할 점이다.

초기 경제개발 과정에서는 혜택을 입은 계층이나 기업도 많았다. 이제 보은을 생각해야 할 시점이다.

---

87 국정원 자료에는 231개국, 세계은행에는 229, 세계지도에는 237개국으로 명기됨.
88 박세일·김승보·박정수(2007), 『평생학습사회 만들기교육에서 학습으로』, 한국직업능력개발원.

G-5 선진국이 되기 위한 4대 혁신 방안

> 교육혁신을 통한 강창인국 건설

> 경제혁신을 통한 경제민주화 이룩

> 자조적 복지를 공급하는 마을기업화

> 이문화 융합과 창조적인 국민성 확립

성장 과정에서 소외되고 혜택이 적은 기업이나 농민을 위한 경제 자립과 자조적 복지 방안을 정부와 대기업이 고민해야 할 시점이 왔다.

넷째, G-5 선진국이 되려면 다른 문화와 우리를 융복합시켜야 한다. 새로운 한류 문화는 우리 것만을 주장하는 것이 아니라 다문화가정을 받아들이듯 타문화 수용을 전제로 한다. 우리는 최근 10여 년 동안 지구촌에 한류를 전파했다.

2012년에는 '강남 스타일'이라는 대한민국 역사상 전무후무한 유행을 창조시켰다. 유튜브 조회 8억 건은 역사상 처음이라고 한다. 우리는 이것이 새로운 한류 문화의 시작이라는 것을 잘 알고 있다. 많은 부분에서 한류와 다른 문화가 융합되는 새로운 문화접변이 일어날 전망이다.

우리가 대한민국 문화를 알리는 교두보를 만든 것이다. 또 한국의 걸 그룹이 한국 문화의 공동체성과 독특하면서도 차별성 있는 절제된 춤동작을 알리는 데 성공했다. 그동안은 그룹 문화였다면 이제는 싸이라는 솔로 가수가 전 세계를 열광시키고 있다. 한류문화에 우리 상품과 한국

스타일을 전파시켜 대중문화를 수출하고 관광을 진흥시키는 것도 G-5 선진국이 되는 길이다. 문화가 춤추고, 재미와 감동을 전파로 보내는 것은 가능한 일이다. 중요한 것은 지속적인 고급문화를 창조하는 강창인국이 우리 안에서 나오는 일이다. 새마을에서 교훈을 얻자면 쉽고 편하게 조건을 만들어 주는 것이다.

이스라엘의 인재 육성 비밀

이스라엘의 인구는 780만 명으로 대한민국의 15% 정도다. 면적도 한반도의 10%(2만2천㎢ ; 강원도 크기)에 불과하다. 중동의 탄약고, 세계 3대 종교의 성지라고만 알려져 있는 이스라엘은 뜻밖에도 기업가 정신 entrepreneurship 분야뿐만 아니라 교육비 및 R&D 분야에서 전 세계적으로 가장 많은 투자를 하는 국가다. 미국과 중국에 이어 세계 3위로 나스닥NASDAQ 주식시장에 가장 많은 기업이 상장된 국가다.

1948년 독립 이후, 크고 작은 전쟁 속에서도 글로벌 경쟁력을 키우며 많은 선진 기술을 보유하고 있는 이스라엘은 뛰어난 기술력과 인력자원을 바탕으로 발전된 IT · 전자 · 군사 · 녹색산업 등 다양한 분야에서 앞서가는 나라다.

그렇다면 유대인들은 어떻게 오늘의 이스라엘을 만들었나. 그들도 제2차세계대전 중 몇백만 명이 가스실에서 죽는 어려움을 겪었고, 지금도 그 아픔을 잊지 않는다. 전 세계에 흩어져 있는 막강한 유대인들의 자본과 네트워킹을 통해 미국·유럽·아프리카 등등 세계시장으로 뻗어나갈 수 있는 글로벌 비즈니스 파트너로서의 잠재성을 만들어 나간다.

이스라엘이 몇십 배가 넘는 면적과 유전, 3억 명이 넘는 인구 규모의 주변 이슬람 국가들을 막아내는 비결은 무엇인가. 어떤 비결이 있어서 이스라엘은 소수면서 수많은 적들과 싸워 이기면서 지속적 생존을 지켜 나가고 있을까.

먼저 이스라엘의 비밀은 디아스포라에 있다. 즉, 절대적인 인구 수를 늘리기 위하여 전 세계에 흩어져 있는 사람 중에서 조금이라도 이스라엘 유대족의 피가 확인이 되면 본국으로 데려온다. 전문적인 식견을 가진 이스라엘 사람으로서 새로운 생활을 할 수 있도록 최대한 교육하고 지원을 한다. 사회적·문화적 풍습이 다르고 언어가 다른 이민족 청소년들이 갑자기 유입됨으로써 다문화가족의 교육적 문제보다 더 심각한 문제를 겪고 있다.

이 문제를 해결하는 방안으로 중요시하는 제도가 바로 '예쉬바'라는 특수 교육제도다. 정통 유대인 가정에서는 자녀들이 고등학교를 졸업하고 2~3년 동안 군대생활을 하기 전 대부분 예쉬바라는 특수 교육기관에 진학하도록 권고한다. 예쉬바에서는 유대인으로서의 민족정신을 강조하고 조상들이 섬기어 온 철학적 기반이 세상을 살아가는 데 필요한 열은 지식보다 중요하다고 판단한다. 때문에 어디에서나 자신의 의견을 당당하게 제시할 수 있는 구체적 방법인 후츠파Chutzpah를 강조한다. 후츠파란 자신보다 연장자나 권위를 가진 상대방이 누구라 하더라도 그 의견을 무조건 따르는 것이 아니라 자신의 의견을 당당하게 제시하는,

그리하여 권위자들의 일방적인 주장에 반기를 드는 방법을 말한다. 즉 실용과 과학, 현실을 직시하는 눈을 키우는 것이다.

이런 연유인가. 이스라엘은 네 명의 노벨 화학상 수상자를 배출하여 '과학 강국'의 입지를 확고히 하고 있다. 한마디로 화학기술 분야에선 세계 최고 수준이다. 이스라엘은 국가 전체가 과학기술 거점 역할을 한다고 해서 '실리콘 와디wadi'로 불린다.

2011년에는 다니엘 셰흐트만 테크니온 공대 교수가 노벨 화학상 수상자로 선정되었다. 1994년 노벨 평화상을 받은 시몬 페레스 대통령도 "이스라엘만큼 노벨상을 많이 받은 나라는 많지 않다"며 자랑스러워했다. 이스라엘은 1948년 건국 이후 70년 동안 화학상 외에도 평화상 3명, 경제학상 2명, 문학상 1명 등 모두 10명의 노벨상 수상자를 배출했다. 인구 대비 가장 많은 노벨상을 탔다. 이스라엘이 과학기술 분야에서 두각을 보인 비결은 우수한 인적 자원과 정부의 과학기술 육성정책이다.

이스라엘 정부는 1959년 제정된 '자본투자강화법'에 따라 한때 신규 연구개발 R&D 설비 비용의 38%까지 지원해 줬다. 또 첨단 무기 개발 인력들이 군수산업 축소로 민간 기업으로 이전하며 하이테크 산업 성장의 밑거름이 됐다. 모사드 등 이스라엘 정보기관들은 해외 첨단기술을 입수해 기업 등에 제공하는 데 앞장섰다.

이로 인해 인구 1만 명당 과학기술자는 140명으로 미국(83명)을 크게 앞선 세계 1위다.[89] 국내총생산GDP 대비 R&D 비중도 4.68%로 세

---

89 노벨상 강소국 이스라엘 … 국토 전체가 '실리콘 와디', 중앙일보, 2011. 10. 7

계에서 가장 높다. 한국(3.37%)·일본(3.44%)·미국(2.68%)을 웃돈다. 우수한 인적 자원 등에 힘입어 세계적 기업들이 앞다퉈 이스라엘에 R&D 센터를 설립했다. 마이크로소프트MS의 해외 첫 R&D 센터와 인텔·모토로라·시스코·DEC 등 주요 정보기술IT 기업의 해외 R&D·디자인 거점이 이스라엘에 있다. 이스라엘의 엘리트 교육기관도 인재 양성에 앞장섰다. 셰흐트만 교수 등 3명의 노벨 화학상 수상자가 테크니온 공대 출신이다. 북부 하이파에 있는 이 대학은 이스라엘 과학기술자의 70%를 배출했다.

지한파인 셰흐트만 교수는 과학자의 자세로 '호기심'과 '도전의식'을 지목했다. 젊은 과학자들에게 강한 호기심은 미래 연구 성과를 좌우하는 촉매제가 된다는 것. 또 새로운 발견을 위해 과감히 나아갈 수 있는 '도전의식' 역시 중요한 성공 요인이라고 말했다. 그는 한국에서 노벨 수상자가 나오기 위해서는 젊은 과학자들에게 이 '호기심'과 '도전의식'을 심어줄 수 있는 풍토를 조성 해주어야 한다고 조언한다. "그 분야 세계 최고의 인물을 육성하기 위해서는 무엇보다 뛰어난 인물이 성장할 수 있는 교육 풍토를 조성해 주어야 한다"는 것이 셰흐트만 교수의 지론이다. 이런 측면에서 이스라엘의 교육을 보면 무척 흥미롭다. 이스라엘 교육을 한마디로 정의하면 호기심교육과 조기 교육이다. 우리도 조기교육만큼은 이스라엘 못지 않지만 호기심교육에서는 이스라엘보다 떨어지고 만다.

이스라엘 교육 당국은 어린이의 지능 형성이 3~5세 정도면 완성된다고 보고 집중적으로 아이의 탐구력과 창의력을 개발하려고 노력한다.

유치원이나 초등교육은 과학 중심의 아이디어 활용에 중점을 두고 있다. 또 초등교육에서는 과학이나 IT기술을 접목한 체험교육을 중점적으로 실시하고 있다. 놀이를 통해 쉽게 배우는 과학, 물리의 원리를 응용한 컴퓨터 게임, 개념 중심의 과학놀이 등이 일상에서 배우는 교육이고, 이러한 것들이 후츠파와 접목해 과학기술 강국 이스라엘을 만들고 있다.

네덜란드의 개척정신 교육

네덜란드는 한반도 면적의 5분의 1밖에 안 되는 작은 면적에 인구는 1,673만 명(2012년 기준)으로 인구밀도가 세계 3위에 달한다.[90] 네덜란드 민족도 우리처럼 무에서 유를 창조하길 좋아했다. 바다보다 낮은 국토의 6분의 1을 간척해 농사를 짓는다. 그것도 19세기에 아무런 토목기계도 없을 때 국민의 맨손으로 이룩했다. 지금은 간척지를 녹초지나 농지로 활용한다.

네덜란드 교육의 특징은 네가지다. 누구나 쉽게 교육받을 수 있는 저렴한 비용, 수준 높은 교육, 창조적인 생각이 숨 쉬는 곳, 개척정신이 살아 있는 교육이다. 네덜란드의 교육방식은 좋은 혁신적 아이디어가 있으면 그 아이디어를 실행에 옮길 것을 누구에게나 권장한다. 한국과 달리 네덜란드 교육에서는 혁신적 아이디어는 환영을 받는다.

---

90 네이버 지식백과 : 네덜란드 – 바다보다 낮은 땅 / 『네덜란드에서 보물찾기』,아이세움, 2007.

한마디로 네덜란드 교육의 본질을 말하라면, 바다를 땅으로 변화시키는 간척지에서 모든 것을 찾을 수 있다. 자신의 어려운 처지를 약진의 발판으로 삼아 불굴의 의지로 전진하는 것을 실용주의나 개척주의 교육으로 표현했다. 무모할 정도로 현실성이 없어도 이용 가능한 자원을 가장 적합한 방법으로 계획하고 활용하는 것은 네덜란드인의 전형적인 특징이다. 즉, 비전과 목표 새마을정신에서 볼 수 있는 프로젝트 단위에서 단기간에 완성하는 방안을 그들 나름대로 만들어 나간다. 어느덧 한 걸음이 천리 길을 가고 있는 것이 네덜란드 교육이다.

실제 국경의 많은 부분이 바다와 접해 있는 네덜란드에는 수로와 호수가 많다. 2세기 전 네덜란드는 간척사업을 통해 공간 활용을 효율적으로 실현했다. 즉, 코르넬리스 렐리Cornelis Lely는 자우더제이Zuiderzee의 상당 부분을 매립해 간척지를 조성했다. 네덜란드 내 최대 간척지인 플레볼란트Flevoland에는 현재 약 4십만 명 인구가 거주하고 있다. 오늘날 네덜란드는 아부다비에서 선조들이 했던 동일한 기술을 적용해 새로운 해안 인공섬을 만들고 있으며 뉴올리언스에 튼튼한 제방을 짓는 것도 네덜란드 기술로 지원하고 있다.

한마디로 네덜란드는 근본을 지속하는 과학방식을 교육하고 있다. 그래서 수많은 바다가 육지가 되고 그곳에서 양질의 튤립이 생산되어 전 세계로 수출할 수 있게 돕는 것이 네덜란드 교육의 현장이다.

개척은 과학과 교육에 긍정적인 영향을 끼친다. 또한 새로운 것을 발견하는 유일한 방법이기도 하다. 네덜란드는 물리학·화학·경제학·의학 분야의 많은 노벨상 수상자를 배출한 국가로 네덜란드는 세계적 과학자들의 자유항이기도 하다. 유명한 노벨상 수상자 마리 퀴리와 안드레 가임은 연구 수행을 위해 네덜란드에서 연구를 지원받기도 했다.

네덜란드의 초등교육은 한마디로 나의 적성을 찾아가는 교육이라고 할 수 있다. 획일적인 교육이 아니라 예술이면 예술, 공부면 공부 등으로 내가 잘하는 분야를 찾도록 돕는다. 이때, 학생들은 사교육의 도움 없이 제2 외국어를 공부하고 피아노와 바이올린 등 악기를 시청이 세운 음악교육기관에서 배울 수 있다. 수업료는 수입에 따라 차등 책정되므로 저소득층 아동들도 소외되지 않을 수 있으며 모든 학교가 국가 또는 지자체의 지원을 받는다.

학생들은 초등학교 졸업할 때 8년 동안 배웠던 것을 모두 시험 보는 3일간의 종합시험Cito Test을 치른다. 이 시험 결과와 학생의 태도, 품행 등의 여러 요소를 모두 종합해 상급학교 진학을 결정한다. 75%의 학생들이 종합시험 Cito Test의 결과와 동일한 진로를 가지게 된다. 네덜란드의 초등교육은 2007년 유니세프가 실시한 세계 21개국의 아동. 청소년을 대상으로 행복감을 조사에서 1위를 차지했다.

네덜란드의 중등교육은 중고등학교를 통합하여 운영하고 있다. 중등학교 진학은 종합시험Cito Test의 결과에 따라 결정되고, 중등학교에서는 개개인의 흥미를 바탕으로 개인 맞춤식의 차별화된 교육을 제공한다. 결과적으로 학생 개개인의 삶의 질을 높여 주는 효과를 낳는다.

네덜란드에는 세 가지 중등학교가 있는데, 먼저 예비직업교육VMBO으로, 직업전선에 뛰어들 학생들은 4년 과정(12~16세)을 받는다. 우리나라와는 다르게 네덜란드에는 직업중등준비학교에 대한 거부감이 거의 없다. 일반중등학교는 5년 과정으로, 이곳을 졸업하면 응용과학대학에 진학할 자격을 받으며 보다 실무적인 교육이 주를 이룬다. 마지막으로, 학문 탐구를 위해 대학에 진학하게 될 학생들은 6년 과정의 대학준비교육VWO을 받는다.

네덜란드의 대학교에는 자체적인 학생 선발권이 없으나 대학의 질은 학생 선발권을 가진 다른 어느 나라의 대학교에 뒤지지 않을 정도로 좋다. 미국의 주간지 〈뉴스위크〉가 2006년에 발표한 세계 100대 대학 순위에 네덜란드는 5개 대학의 이름을 올렸다.

네덜란드의 대학 중에는 공과대가 사회 발전에서 주요한 역할을 맡고 있다. 네덜란드는 특히 '돈이 되는 연구'와 '황당한 아이디어'에 연구비를 몰아주는 것으로 유명하다. 에인트호번 공대에서 시작해 완성 단계에 접어든 '실험실에서 키우는 육류'(배양육)나 델프트 공대에서 진행하고 있는 '시속 250㎞ 시내버스' 등이 '네덜란드식 사고'의 산물이다. 2025년 화성에 사람을 보내겠다는 '마스 원' 프로젝트 역시 네덜란드 공대 출신들이 주도하고 있다.

델프트 공대 관계자는 "황당한 아이디어를 구현하기 위해서는 기존에 없던 기술이나 사고방식을 도입해야 하고, 그 과정에서 얻어진 산물들은 기존 산업에도 접목할 수 있다"고 설명했다. 네덜란드는 어떻게든 학문을 육성해 산업화시켜야 한다고 생각하면 국가 차원에서 장애가 되는 규제를 모두 풀어 버린다면서 순수 학문인 기초과학 이외의 분야에서는 기업과의 협력 가능성이 연구비 지원의 1차적인 관문이 될 정도로 실용화, 산업화에 대한 원칙이 강하다.

네덜란드는 학생이나 교수의 아이디어를 대학이 책임지고 지원하는 대신, 기업을 전면에 내세워 산업과의 직접적인 연계를 꾀한다.[91] 각 대학들은 네덜란드 대표 기업과 손잡고 창업단지를 운영한다. 델프트 공대의 경우 필립스의 출자로 '예스 델프트'라는 벤처단지를 2006년 설립했다. 아이디어가 있는 학생과 교수는 델프트 공대에서 '기업가정신'과 '회사 설립 방법'에 대한 교육을 마치면 '예스 델프트'의 인큐베이션 센터에 지원할 수 있다. '예스 델프트'는 사무실을 거의 공짜로 임대해 주고 사업계획서 수립부터 실제 운영까지 도와준다. 기업과 대학은 물론 '벤처캐피털'이나 은행 등의 멘토단이 실시간으로 상담해 성공적인 안착을 지원한다. 3년이 지나면 성패 여부와 상관없이 떠나야 한다.

---

91 한국형 창조경제 성공으로 가는 길, 서울신문, p.5, 2013. 7. 29.

/

21세기형 국가재테크 전략

한국형 국가재테크의 4대 전략과 5대 전술

1. 빈곤 탈출을 위해 선택한 네 가지 전략

지난 50여 년의 국가재테크 전략은 크게 네 가지 특징을 가지고 있었다. 첫째, 한국형 속도 제일주의이다. 속도를 내기 위한 국가 선도(비전과 전략을 관료가 수립)주의이다. 국가가 앞장서 먼저 하는 일을 국민들이 믿고 따르는 전략이다. 아무것도 없는 무일푼의 나라에서 경쟁력을 가지려면 강한 통제 시스템을 만들어야 했다. 국가 주도로 경제개발 목표와 지침을 시달하고 1962년부터 경제개발5개년계획을 수립해 기업과 국민, 국가가 한마음으로 노력하는 열정으로 빨리빨리 한국형 경제 시스템을 완성했다. 저자는 이것을 한국형 국가재테크 전략이라고 보고 있다.

둘째, 비교 우위 제일주의이다. 세계에 팔릴 상품을 생산한다. 즉, '비교 우위' 전략은 외국에서 팔릴 비교 우위 상품을 생산하는 최고 상품 생산주의다. 비교 우위 상품 생산과 수출에 목숨을 걸었다. 대한민국은 자원과 에너지, 자본이 없는 나라였다. 경쟁력이 있는 산업을 육성하기 위해서는 국민을 교육시키고 국가가 중심이 되어 비교 우위 상품을 만들어야 했다. 한마디로 A부터 Z까지 지도자가 모두 챙겨야 하는 나라였다. 끝없이 생산하고 수출을 해야 먹고살 수 있다는 결론에 도달했다. 그리고 전 국민이 한마음이 되어 수출해 만든 나라가 대한민국이다. 비교 우위 전략이란 "팔릴 놈만 팔자"라는 주의다. 한 나라의 생산 과정에 요소적 자원 상황을 반영하여 성장 산업과 성장 인력, 성장 기술을 선택하는 전략이다.

셋째, 수출 제일주의이다. '수출 제일전략'은 달러를 벌어들여 경제를 회전하기 위한 방법이다. 계속해서 국가에 활력을 주기 위해서는 수출해서 자본과 기술, 자원을 돌리고, 여기서 이익을 챙기고 산업에 재투자를 하는 전략을 사용했다. 이것은 우리와 유사한 일본과 이스라엘이 사용했던 전략이다.

여기서 중요한 것은 남미의 종속이론 국가에서 사용하던 수입 대체 전략이 아니라 공격적인 수출 제일주의를 사용해 국가 경쟁력을 강화한 것이 발전의 원동력이 되었다. 1960년대 수출 제일주의 개발 전략을 사용하면서 노동 집약적인 경공업 제품에서 1970년대 중화학공업으로 비교 우위 산업을 변화시키면서 수출 산업을 육성하였다. 대한민국의 선택은 옳았다. 정부의 수출 극대화를 위한 적극적 지원은 1955년 65달러에서 2012년 2만3천 달러의 소득을 달성했다. 전후 기아와 자국의 아이를 외국으로 입양 보내는 뻐꾸기나라가 350배의 성장을 만든 것이다. 근현대 역사상 최초의 나라다.

넷째, 교육 제일주의이다. 언제나 교육 최우선 전략을 사용했다. 전 국민이 자신의 자식을 인재로 키우기 위해 혹독하리만큼 엄격한 교육에 매진했다. 경제개발 과정에서 인적 자원 개발이 노동 집약적 산업을 육성하고, 여기에서 혁신과 상업화를 통해 수출과 내수 진작을 할 수 있었다. 이 가운데 높은 교육열과 못 입고 못 먹어도 자녀 교육을 위해 투자하는 국민 교육주의가 대한민국 경제 발전의 근간이 되었다. 앞에서 정치를 말하면서, 국가가 지켜야 할 원칙에 군중들이 좋아할 달콤함과 열광을 섞는 순간 신뢰는 무너지고 망국적 포퓰리즘 정책이 나라를 더럽힌다고 했다. 학생과 교육도 같은 이치다. 학생들은 인권 이전에 가르치고 키워 우수한 인재로 육성해야 하는 대상이다. 교육자는 꼭 국가성장의 동력으로 우리 아이들을 키울 책임과 의무가 있다. 고등교육을 받은 한 사람이 맡은 바 역할을 실천함으로써 가족과 사회, 국가를 지킬 수 있도록 하는 것이 대한민국이 교육계에 부여된 미션이다. 강한 교육 때문에 대한민국이 존재했다. 학생들이 좋아할 쾌락과 학생 인권 속에 교육의 원칙이 침몰한다면 한국호에 큰 구멍이 생기는 것은 자명한 이치다. 강한 교육과 인재 양성이 있었기에 우리 경제가 성장했다.

2. 50년간 지속한 5대 국가 발전 전술

대한민국이 성장해 온 4대 전략은 국가가 선도하고, 전 국민에게 자기 계발 교육을 시키고, 비교 우위 상품을 생산하고, 수출을 많이 하는 것이다. 이러한 전략을 가지고 국가 발전을 구상한다면 그 전술은 무엇인가. 대한민국이 어떻게 후진국에서 중진국, 그리고 G-30[92], G-20까지 발전했는지 그 과정에서 해답을 찾을 수 있다. 50년 동안의 국가 발전 전술을 간단히 살펴보자.

첫째는 양질의 인재를 대량으로 육성하는 것이다. 즉, 양질의 학교교육으로 누구나 받을 수 있는 기회를 주고 스스로 원하는 것을 달성하도록 노력하는 사회 분위기를 조성했다. 50년 동안 우리는 2천만 경제대군을 만들었고 이들이 대한민국을 세계 속의 자랑스러운 나라로 이끌어간다.

둘째는 동기 부여다. 자신이 잘할 수 있는 부분에 대한 신바람 동기 부여와 스스로의 힘에 의한 변화와 혁신의 창조다. 맨땅에 헤딩하는 정신, 윗사람이 까라면 까는 정신을 자조정신과 결합한 세계에서 보기 드문 케이스다.

동기 부여를 가장 잘 볼 수 있는 제도가 군대제도다. 한국은 일부 정치인 등 특권 세력을 제외하고는 누구나 군대에 간다. 필자도 육군 항공여단에서 복무했다. 당시는 힘든 점도 있었지만 결과적으로 군대에서 애국심과 봉사 정신, 조국과 가족, 민족을 사랑하는 연습을 했다. 국민의 신성한 의무를 통해 규율 엄수와 반복되는 훈련, 시간 약속의 철저, 선배

---

92 OECD 가입국가 34개국으로 일반적으로 선진국으로 지칭하고 있다.

를 따르고, 후배를 이끄는 지도력, 전체와 개인의 조화 등 다양한 사회 형성 요인을 배웠다.

셋째는 선택과 집중이다. 스스로 할 수 있는 일을 더욱 잘하려면 전문 기술이 요구된다. 산업의 선택과 집중은 수출을 효율적으로 할 수 있다. 국가는 기업에게는 성공 전략을 전파했으며, 국민에게는 비전과 목표를 제시했다. 선택과 집중은 일이나 학업의 우선 순위를 합리적으로 정하는 일이다. 결국 살아가는 방법은 이것저것 건드리기보다 한 분야에 우직하게 집중해서 전문가 되는 것이 효율적이라는 결론에 도달했다.

넷째는 국론 통일과 정통성 수호이다. 우리나라는 국가와 국민이 하나로 단결해 왔다. 그 중 제일이 헌법을 사랑하고 준수하는 자세를 확립해야 한다. 국민의 기본 사고와 정신의 기본을 헌법에 두고, 온 국민이 각종 법질서를 즐겁게 준수하고 구체적으로 행동하는 생활이 습관화되어야 한다.

2011년 8월 한국의 대표적인 헌법학자인 김철수 서울대 명예교수는 『문화일보』에 「대한민국 건국의 정통성과 반헌법 세력」이란 칼럼을 기고했다. 김 교수는 "민주적 기본 질서를 침해하는 공직자들은 공직에서 추방돼야 하고 북한 추종적인 정당 간부를 가진 정당은 강제 해산해야 한다. 남파 간첩뿐만 아니라 자생적인 종북從北 행위자도 이적利敵 행위로 처벌해야 한다"고 강조하였다.

그는 "대한민국은 자유 민주주의를 이념으로 하고 있어 개인의 자유는 보장돼야 하나 국가 안전 보장과 국민 복리를 위해 제한되고 있다. 특히 공무원과 교사들은 국민 행복을 위해 국가의 정통성을 수호하고 헌법을 보장해야 한다"고 심경을 토로했다. 국론이 분열되고 정통성을 지켜 내지 못하는 국가는 결국 망하고 만다는 진리를 우리는 역사에서 보아 왔기 때문이다.

다섯째는 국가의 미래 비전 제시와 적절한 경제정책 구사다. 대한민국이 1960년 1인당 국민소득 79달러의 후진국 경제에서 1995년에 1만 달러, 이후 IMF 경제 위기와 2008년 미국 발 금융 위기를 넘어 2만 달러의 선진국 경제에 안착한 나라다. 국가의 미래 비전 제시, 적절한 조정과 통제, 진흥과 유도에 따라 전 국민이 하나로 뭉쳐 지금까지 잘 진행해 왔다.

대한민국은 대내외적인 경제적 어려움 속에서도 G-20 선진국에 진입했으며, 계속 선진국을 향해 국가 경쟁력을 향상시키고 있다. G-10 선진국으로 진입하고 G-5 초일류 국가로 진입하려면 대한민국은 어떠한 발전 전술이 나와야 하는가? 앞으로도 '국가 속도 전략', '강창 교육 전략', '비교 우위 전략', '수출 제일 전략'의 4대 국가 발전 전략을 사용함은 과거와 동일하다.

다만 G-20 국가에 올 때까지의 첫 번째 특징이었던 국가 관료 주도형 속도 경제 운영의 방향을 민관학 협치 개념으로 무게 중심을 옮기는 것이 바람직하다고 많은 학자들은 보고 있다. 즉, 기업은 세계적으로 성장했으므로, 대기업은 자율적으로 경영하도록 자율성을 보장하고, 국가는 중소기업이나 벤처, 농촌 활성화 부문에 적극적으로 나서야 할 것이다.

정부는 산업 일선에서 퇴직한 베이비부머와 준고령층을 활용한 농산어촌과 도시를 연계하는 국가 균형 정책에 매진하는 부분에 나서야 한다. 귀농귀촌에 정부가 매진해 고학력의 도시 예비군이 제2의 새마을운동을 추진하고 도농 융합의 시대를 열어 갈 수 있도록 정책을 준비해야 한다. 결국 50~80세 연령층이 스스로 자조적 복지를 만들면서 스스로 힘에 의해 경제생활을 지속할 수 있도록 국가가 도와야 한다. 이것이 국가재테크의 근본 철학이다.

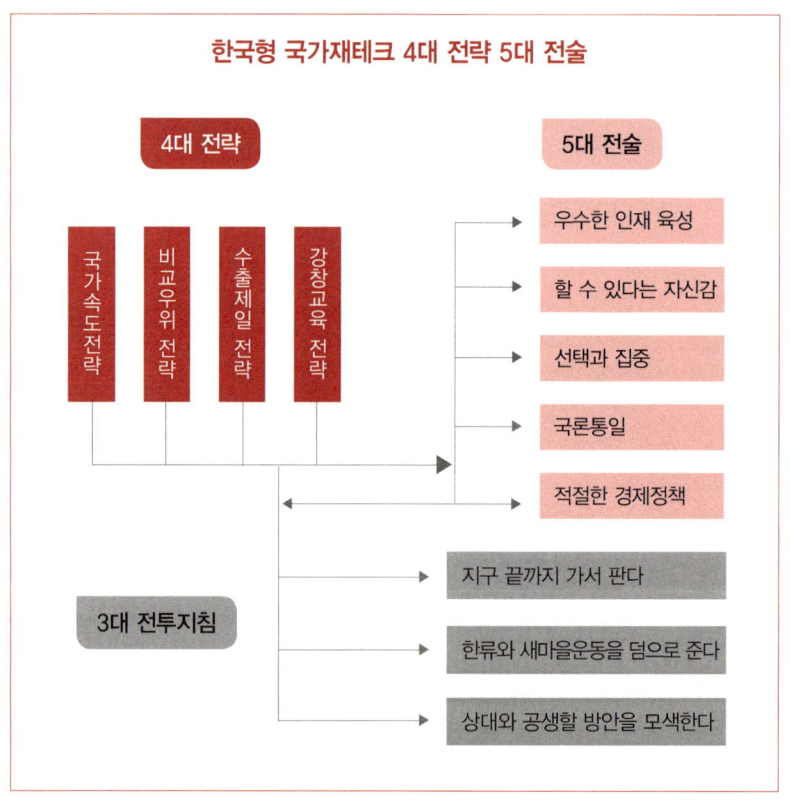

제3기 인생의 노동 증대 및 행복추구권

1. 라스렛과 새들러의 제3기 인생[93]

인구 고령화 현상이 일찍 나타난 서유럽 지역에서는 은퇴 이후를 제3기 인생the third age으로 지칭한다. 1973년에 프랑스에서 제3기 인생대학이 처음 설립되면서 '제3기 인생'이라는 용어가 공식적으로 사용되기 시작하였다. 1981년에 영국에서 제3기 인생대학이 설립되면서 영어권에서 쓰이기 시작하였다.

제3기 인생은 인생 과정을 네 단계로 나누는 의미를 내포한다. 이론적으로 1 · 2 · 3 · 4기 인생의 시기와 각 시기의 특징을 정립한 것은 1989년 영국의 사회철학자 피터 라스렛Peter Laslett이 그의 저서 『인생의 신선한 지도 : 제3기 인생의 출현』[94]을 저술한 이후라 할 수 있다.

라스렛은 제1기 인생(1~25세)은 출생에서 취업 직전까지로, 그 특징을 의존, 사회화, 미성숙과 교육의 시기라 하였다. 제2기 인생(26~50세)은 취업부터 퇴직 시까지로 보고, 특징을 독립, 성숙, 책임, 노동 소득과 저축의 시기라 하였다. 제3기 인생(51~75세)은 퇴직 후부터 건강하게 생활하는 시기까지로 본다. 3기 특징을 개인적 성취기라 하였다. 제4기 인생(76~100세)은 건강이 나빠진 때부터 사망 시까지로 보며 최종적 의존, 노쇠 및 사망의 시기라 하였다.

---

93 보건복지부(2009), 『한국형 노후생활 설계 교육 프로그램 연구』, 서울대학교 노화고령연구소.

94 Laslett, Peter(1989), 『A Fresh Map of Life : The Emergence of the Third Age』, Cambridge, MA:Harvard University Press.

● 교육부 성인 발달과정

구 분	성인 입문기 (0세~25세)	성인 전기 (26세~50세)	성인 중기 (51세~75세)	성인 후기 (76세~)
특 성	사회 경제 활동 준비 및 진입기	경제활동의 전성기 및 제2의 직업모색	경제활동 비중 감소은퇴이후 생활과 노후 대비 필요 퇴직으로 인한 인생구조 재정비	새로운 관계 속 사회 참여 가족과의 이별, 건강 악화, 죽음에 대한준비 필요
발달 과업에 따른 교육 대응	생애 설계 취업 진로 교육직무기초 능력교육	직무 능력 전문화 교육 제2직업 준비교육 (창업·전직· 전업준비 교육) 경력단절 여성 직업교육	노후 커리어 관리교육제2인생설계 준비교육 은퇴 후 생애설계 교육 세대 간 통합 교육	지역사회 참여 교육 및 사회봉사활동 교육 기본생활적응 교육 사회 관계개선 교육
현안 과제	직업 기초 준비	청년 실업	직업 전환 교육 훈련, 일하는 복지	사회 일원으로서 삶의 향유
관련 부처	교육, 노동	교육, 노동	교육, 노동, 복지	교육, 문화, 복지

제3기 인생은 두 가지 면을 주의 깊게 볼 필요가 있다. 하나는 제3기 인생은개인적 성취의 시기라는 점이다. 둘째는 그 시기는 제2기 인생에 서부터 체계적인 준비가 필요하다는 점이다. 개인적인 성취는 일·취미·봉사 등 원하는 활동을 하는 것이다. 이는 제2기 인생에서 노력하여 준비하면 할수록 더 만족스럽게 보낼 수 있다. 따라서 제대로 계획되고 준비된 인생을 설계하여 살 수 있는 생활은 제3기 인생이 대부분이다.

라스렛이 지적하는 요지는 제4기 인생 기간을 최대한 줄여 인생 후반 기는 제3기 인생이 풍요로운 행복을 창조할 수 있도록 삶을 계획하자는 것이다. 3기 인생에 귀농귀촌이 중요한 대안이 될 수도 있다. 다른 한편,

미국의 사회학자인 윌리엄 새들러William Sadler는 200명의 40~50대 성인들을 면접한 후 그 중 40~80대의 50명을 12년간 추적 조사한 결과를 정리했다. 이런 방대한 자료를 바탕으로 그가 2000년 집필한 저서가 있다. 그는 『제3기 인생 : 40대 이후의 성장과 갱신을 위한 6가지 원칙』[95]에서 제3기 인생을 40대 이후부터 건강하게 지내는 시기까지로 보고 있다.

새들러Sadler는 라스렛Laslett처럼 인생 과정을 4단계로 구분하면서 제3기 인생의 시작 시기를 연령적으로 40대 이후로 규정하고 있다. 그는 제3기 인생기간을 40대부터 정확히 몇 년을 말하는 것인지는 밝히지 않고 있지만, 대체로 30~40년으로 보고 있는 것 같다. 새들러가 주장하는 제3기 인생은 40대 이후 30~40년의 일 없이 허송하는 삶의 과정을 겪으면서 사람들은 일반적으로 쇠퇴decline, 질병disease, 의존dependence, 우울depression, 노망decrepitude이 기다리고 있는 것으로 보고 있다. 새들러는 이것을 5D라고 정의했다. 또 40대 이후 제3의 삶을 살아가는 우리의 노력으로 제3기 인생을 갱신renovation, 갱생rebirth, 쇄신regeneration, 원기 회복revitalization, 회춘rejuvenation으로 대신 채울 수 있는 인생을 설계할 수 있다고 주장하고 있다. 새들러는 이것을 5R라고 정의하면서 5D에서 5R로 전환하는 것이 사회적으로 중요하다고 보고 있다.

이러한 측면에서 귀농귀촌은 인생 3기에서 5D로부터 5R로 전환하는 중요한 방식을 실현하는 추진체이다. 우리나라도 교육부에서도 성인을 네 과정으로 분류하고 발달 과정에 따른 교육정책을 마련하고 있다.

2. 제3기 인생의 행복 추구권

귀농귀촌은 개인이나 국가적으로도 중요한 의미를 갖춘다. 우리가 귀농귀촌을 통해 삶의 방식을 변경하고 보다 활기차게 살아간다면 인생 후반부가 행복할 것이다. 기존 방식을 변화시키고 스스로 도전하는 시기를 제3시대로 보고 있다. 우리의 삶은 인생 3기를 어떻게 살 것인가에 대한 새로운 고민에 직면하고 있다. 제3기 인생에 성공하기 위해 시대에 적응하는 청년정신을 재발견하자. 또 생활에 진정성을 갖고 참여하는 태도의 변화, 오래된 고정관념에서 탈피, 우리의 시간과 에너지를 선택된 가치에 집중하는 노력을 요구한다.

이러한 자기 혁신과 변화를 통해 앞에서 언급한 5R(갱신 · 갱생 · 쇄신 · 원기 회복 · 회춘)를 얻을 수 있다. 제3의 인생 시대에서 귀농귀촌 교육을 통해 5D로 지칭되는 몰락하는 삶을 경계해야 한다. 스스로 삶을 책임질 수 있는 자조적 복지를 달성할 수 있는 방안을 찾아야 한다. 인생 후반부 제3의 인생에서 경제적 · 사회적으로 안정되고 사람들이 만족할 수 있는 방안은 귀농귀촌이다.

50대 이후 30년 또는 그 이상으로 연장되는 시기를 어떻게 보낼 것인가. 퇴직이라는 안전한 비행장에 도착하여 소시민으로 조용히 지내는 삶은 역동적인 사회에 어울리지 않는 개념이다.

향후 지구촌 모든 사회가 노령사회로 진전되는 것은 불가피하다. 평균수명의 연장으로 제3기 인생은 계속 연장될 전망이다. 건강 수명이 늘어나기 때문에 제3기 인생은 더욱 길어진다. 일할 의지와 능력이 있는 사람을 전통적인 사회복지의 개념으로 퇴직시키는 것은 문제의 소지가 크다. 결과적으로 이들을 공적 연금을 포함한 사회복지 제도로 부양한다는 것은 다음 세대와 국가에 대한 큰 부담이 될 수밖에 없다.

베이비부머가 평생을 통하여 연마해 온 직업적 기술과 지식, 그리고 경험은 사회적으로 유용한 자산이 될 수 있다. 이들이 농촌과 결합할 수 있도록 융복합 교육과 훈련을 시키면 보다 유용한 사회자본을 형성할 수 있다. 때문에 베이비부머에게 직업적 활동과 사회 봉사활동 등에 활발하게 참여할 수 있도록 돕는 시스템이 필요하다.

이러한 의미에서 제3기 인생을 준비하는 사람들이 활동적 귀농귀촌을 증진하기 위한 프로그램이 마련되는 것이 바람직하다. 베이비부머를 사회 발전의 한 축으로 참여시키는 방안을 정책으로 추진해야 한다. 즉, 베이비부머를 귀농귀촌 중심 세력으로 교육시키고 훈련시킬 필요가 있다. 이러한 교육과 훈련은 제3기 인생에도 필요하지만, 3기 이전에 이루어지는 것이 더욱 바람직하다.

인간은 평생을 통하여 발전한다고 인간 발달 이론가들은 주장한다. 현대인의 대부분은 도시에서 성장하고 도시에서 세계적 관점으로 일을 한다. 때문에 디지털마인드와 경제사회적 태도를 가진다. 만약 귀농귀촌하면서 평생을 통해 축적하여 온 지식과 경험을 해당 마을에 재능 기부 혹은 봉사한다면 지역 적응력이 높아진다. 다시 말해서, 귀농자의 능력은 도시 경험을 통해 축적한 재능·지식·기술·활동 및 사회적 관계를 어떻게 농촌에 환원하는가에 의해 좌우된다.

이 같은 관점에서 보면 어떻게 유능한 귀농귀촌자를 지역에 정착하게 할 것인가가 중요하다. 이들을 통해 지역사회와 협력형 소득 모델 사업에 참여하게 하는 지혜가 지자체에게는 필요하다. 지자체 안에서 귀농귀촌인들과 지역이 협력해서 발전적 모델을 만들어 나갈 수 있도록 테크노클라시들이 정책을 계획해야 하겠다. 귀농귀촌인 스스로의 능력 발휘와 자조적 복지 증진을 위해 도시생활기부터 가능하면 빨리 준비하도록 국가가 정보 제공과 교육 지원을 해야 할 필요성이 제기된다. 가능하다면 30~40대부터 귀농귀촌 교육을 받으면서 준비하는 것이 좋다. 귀농귀촌으로 자신의 취미와 능력을 살리고 봉사를 할 수 있는 방안을 모색하자.

3. 종신 고용 평생직장은 끝났다.

20세기 산업화시대 노동자는 학교교육을 마친 후 한 직장을 선택한다. 그는 특별한 사정이 없는 한 평생을 근무한다. 즉, '종신 고용'이 대부분이었다. 한 직장에서 근속 연수가 길어지면 기술 훈련과 현장 경험이 쌓인다. 연공 서열에 따라 일사불란하게 회사가 운영되고 노동 생산성이 높아진다. 그에 따라 임금도 근속 연수에 따라 지속적으로 높아졌다.

산업화 시대에는 근무 기간이 늘어나면 임금은 비례해서 증가한다. 정년도 보장되고 퇴직하면 그동안에 적립한 연금이나 퇴직금으로 여유롭게 살 수 있었다. 한마디로 노후의 삶을 보내는 데는 큰 문제가 없는 시대였다. 이것이 산업화시대 주류 노동자의 모습이었다.

하지만 21세기에 종신 고용은 없다. 『세계는 평평하다』의 저자 토머스 프리드먼의 주장대로 아웃소싱이 보편화 되었다. 점점 피고용인에게 보장되는 혜택은 줄어드는 추세이다. 우리는 자기 자신만을 믿을 수밖에 없는 시대를 살고 있다. 과거보다 더 스스로의 힘에 의존해야 한다.

여기서 중요한 것은 "자신의 운명을 결정하는 것은 첫째가 스스로의 역량이고 둘째가 네트워크의 힘"이다. 이 원리는 1970년 새마을운동에서 나온 원리와 유사하다. 즉, 자조정신과 협동정신은 시대가 변해도 변하지 않는 국가재테크의 원칙이다. 대한민국이라는 공동체성이 갖고 있는 혈연·지연·학연의 네트워크의 힘을 활용해야 한다.

미래에는 노동시장의 유연화가 심화되고 글로벌 아웃소싱이 확대됨에 따라 정규직은 줄어들고 계약직과 임시직 근로자 수가 증가할 것이다. 이에 따라, 삼엽조직shamrock organization[96]과 유사한 형태가 보편화될 것이다. 불확실성이 큰 시대에는 소수의 인력이 가져 오는 인건비 효율성 제고 전략이 필요하다.[97] '클로버 조직'이라고도 불리는 삼엽조직은 소수의 핵심 인력, 다수의 시간제 근로자, 그리고 하도급 인력의 세 가지 근로자로 구성된 조직으로, 소규모의 인원으로 생산을 극대화하는 것이 핵심이다.[98]

가난한 사람들의 빈민 은행 사업으로 2006년 노벨 평화상을 수상한 무하마드 유누스Muhammad Yunus는 "모든 인간은 태초부터 기업가"라고 말한다.

원시시대 사람들이 동굴에 살 때 이들은 스스로를 먹여 살리는 고용주였다. 스스로 수렵과 사냥 활동을 하며 음식을 찾고 가족을 부양했다.

---

96 Handy, C.(2001). The Elephant and the Flea, 이종인 옮김(2005). 『코끼리와 벼룩: 직장인들에게 어떤 미래가 있는가』. 생각의 나무.

97 장주희·한상근·이지연·서용석(2011). 『2030 미래의 직업생활연구』. 한국직업능력개발원.

98 오헌석·최윤미(2009). 「ASTD를 통해 본 인적자원개발의 최근 동향」, 『직업능력개발연구』, 제12권-1호.

하지만 산업화시대가 되면서 인간은 스스로 분업화·전문화에 매몰된 노동자가 되었다. 이후 인간은 스스로가 수만 년 전부터 기업가였다는 사실을 잊고 살고 있다. 성공한 대부분의 사람들은 자신이 선택한 길에서 혁명적인 일을 해냈다.

즉, 기업가 정신으로 뛰어난 자신의 재능을 살렸고, 유연성 있게 행동함으로써 끝까지 살아남았다. 동네 구멍가게 주인이나 가전제품 수리공도 자신이 선택한 분야에서 네트워크와 스스로 만든 브랜드 파워를 활용하면서 성공의 길을 걸을 수 있다.[99]

21세기 들어서서 노동의 유연성과 더불어 평균수명이 길어지는 특징이 있다. 20세기에는 30년 근속해서 10~20년 정년생활을 하는 형태가 일반적이다. 즉, 20대 후반에 직장에 들어가 50대 후반에 직장을 퇴직하고 70대에 사망하는 형태가 일반적이었다.

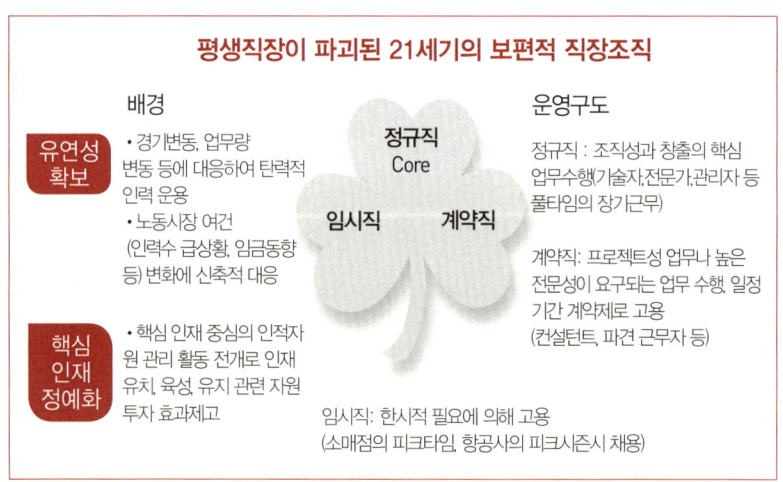

김현기(2001), 『Flow형 인적 자원 관리의 포인트』, LG 주간 경제 경영정보.

최근에는 위생, 의료기술의 개선으로 평균수명이 지속적으로 늘어나고 있다. 또 에이즈 등 불치병들이 과학의 발달로 하나둘 정복되고 있는 추세다. 이런 흐름이라면 인류는 최초로 100세 평균수명시대에 살아갈 전망이다.

수명의 연장은 바람직하지만 문제는 80세부터 100세까지 20년을 더 살아갈 준비가 국가와 개인 모두에게 미비하다. 국가는 연금을 더 마련해야 하지만 수입 증대의 시스템은 존재하지 않고 있다. 하지만 수명 연장과 의료수준 향상은 연금 고갈과 개인 복지를 위협한다. 개인들도 더 일해야 하지만 일할 수 있는 시스템과 개인의 준비가 되어 있지 못하다. 적게 일하고 오래사는 시대에 노후자금 부족을 해결할 방안을 제시하지 못하고 있다. 때문에 귀농귀촌에 큰관심을 가져야 한다.

4. 21세기 일을 해야 산다.

21세기 지식 기반 시대에는 노동자로서 장기 고용을 보장받을 수도 없다. 전문 연구직을 제외한 대부분의 임금 노동자는 노후를 준비할 충분한 돈도 확보하지 못하고 직장에서 나오게 된다. 슬픈 일이다. 자기 계발을 하지 못하고 전문성이 없는 상태에서 직장을 퇴직해야 한다는 말이다. 기업 입장에서 본다면 기술의 빠른 변화에 개인이 적응하지 못하고 비효율만이 양산된다고 판단한다. 사원이 자기 계발을 지속적으로 하지 못한다면 장기 고용을 하는 것이 회사에게는 손해라는 판단이다.

---

99 새마을운동중앙회(1998), 『한국의 새마을운동』, p.17.

빠른 지식 정보화의 진전은 산업과 기업 부분 모두에게 치열한 경쟁을 요구한다. 지식정보화가 빠르게 진행되고 세계화로의 첨단 기술은 하루가 다르게 발전하지만, 개인의 학습 능력은 50대 이후 제자리에서 크게 변화하지 못하는 격이다.

학교교육과 직장에서 익힌 교육과 전문 기술만으로는 21세기 중반을 살아가기에는 부족하다. 은퇴 후 노후 준비를 위해서는 다른 차원에서 변화와 혁신, 창조력을 만들어 내야 한다.

한마디로 학교교육에서 배운 지식과 직장에서의 현장 경험과 기능 축적만으로는 기술 환경과 경쟁 환경의 변화를 따라가기 어렵다는 말이다. 끊임없이 자기 계발을 하지 않으면 직장을 떠나지 않을 수 없게 되는 시대다. 일본 근대화의 정신적 지주였고 게이오 대학을 설립한 후쿠자와 유키치는 마음에 새겨야 할 가르침으로 일곱 가지 교훈을 남겼다.

후쿠자와가 살던 시대보다 2세기가 지나갔지만 여전히 일생을 바쳐 할 일을 찾고 일하는 것, 자기 일을 죽을 때까지 할 것, 타인에게 봉사할 것, 타인의 생활을 부러워하지 말 것 등은 우리가 곰곰히 생각해 보아야 할 과제이다.

우리는 겁날 정도로 빠른 무한 경쟁 속 직장생활과 자기 계발의 시대에 살고 있다. 1부 리그에서 2부 리그로, 다시 해외에 있는 3부 리그로 끊임없이 옮겨 다니는 디지털 노마드의 시대에 진입했다. 1부 리그는 도시다. 2부 리그는 농산어촌이다. 이제는 능력 여부에 따라 도시와 농촌을 이동을 반복하는 다주거 정주 형태로 개인이 살아갈 확률이 높다.

다양한 변화로 노동력 아웃소싱이 더욱 심해질 전망이다. 구 직장에서 신 직장으로, 옛 직종에서 새로운 직종으로 일자리를 옮길 것이다. 또 취업에서 실업으로, 혹은 실업에서 취학이나 집안일로 자신의 의지와 상관없이 일자리 변동도 가질 것이다. 50대 은퇴 이후에도 다양한 노동을 하는 비율은 계속 증대할 것이다.

우리가 인정하기 싫어도 아웃소싱의 시대가 왔다. 노동 이동의 방향과 빈도가 다양해지고 이직 속도가 빠르게 높아지고 있다. 앞으로의 노동시장은 지속적인 이동을 하는 디지털 노마드 노동시장이 될 전망이다. 고용과 실업, 취학과 가사노동 등 어느 한 상황에 오래 머물지 못한다. 복합적 상황이 발생하고 자주 이동과 적응하는 것이 '아웃소싱시대 가변형 노동시장'의 특징이다.

여기서 비교적 안정적인 생활을 추구하기 위해서는 톰 피터스가 말

후쿠자와 유키치의 7대 좌우명

1. 세상에서 가장 즐겁고 멋진 것은 일생을 바쳐 할 일이 있다는 것이다.

2. 세상에서 가장 비참한 것은 인간으로서 교양이 없는 것이다.

3. 세상에서 가장 쓸쓸한 것은 할 일이 없는 것이다.

4. 세상에서 가장 추한 것은 타인의 생활을 부러워하는 것이다.

5. 세상에서 가장 존귀한 것은 봉사하고, 보답을 바라지 않는 것이다.

6. 세상에서 가장 아름다운 것은 모든 사물에 애정을 갖는 것이다.

7. 세상에서 가장 슬픈 것은 거짓말을 하는 것이다.

한 바와 같이 "평생 할 자신의 일을 찾고 그 일을 해야 한다"는[100] 것이
다. 귀농귀촌이 그 일이 되길 권장한다. 스스로 인생의 주인이 되기 위
해서는 귀농귀촌해서 살아가는 방법이 중요하다. 귀농귀촌은 은퇴 이후
건강과 가족, 일과 취미, 봉사를 모두 찾을 수 있는 삶의 약속이다. 국가
재테크 이전에 내 인생의 주인으로 행복하게 살아가는 방안이 무엇인지
곰곰이 생각해 보는 지혜가 아쉽다.

베이비부머의 전문성 재활용

1. 베이비부머여! 평생 일자리를 찾자.

G-5 경제권에 진입하기 위해서는 베이비부머가 2030년까지 은퇴하
지 않으면서 계속 일할 수 있도록 국가가 돕는 방안을 찾아야 한다[101].
즉, 베이비부머 일자리 창출을 국가가 선도해야 한다는 말이다. 베이비
붐 세대가 진출할 수 있는 귀농과 귀촌, 사회적 기업, 커뮤니티 비즈니
스, 사회 공헌 일자리, 해외 파견 등의 일자리를 다양하게 탐색함으로써
신고용 창출과의 외연을 확대하는 방안이 마련되는 것이 중요하다.

저자는 이 중에서 베이비부머의 기술과 지식을 귀농귀촌으로 통합하
고 농산어촌에 융합한 새로운 농산업과 농식품을 중심으로 하는 6차산
업에 새로운 비교 우위 분야로 만들어야 한다고 역설한다. 베이비부머가
가진 지식정보 기술을 귀농귀촌을 통해 농산업과 농식품과 연계된 지식
정보 산업으로 성장시킬 필요충분조건을 국가가 제공해야 한다. 즉, 정보

와 교육, 적어도 가는 길을 안내해 주어야 한다는 말이다. 평생 일자리 차원에서도 중요하다.

미국의 대표적인 미래학자인 제롬 글렌 밀레니엄프로젝트 회장[102]은 향후 10~20년 인터넷 등 정보 통신 기술ICT과 바이오 기술 등 첨단 기술 발달이 기술뿐 아니라 정치체제와 경제 상황 등 세계의 얼굴을 전반적으로 바꿀 것이라고 내다봤다. 그는 은퇴한 뒤에 인터넷으로 돈을 벌고 있는 사람들을 활용할 필요가 있다고 강조한다. 예를 들어, 음원을 팔거나 기술을 가르칠 수도 있을 것이다. 직업을 구하러 다니는 대신 인터넷에서 시장을 창출할 수 있다고 본 것이다. 은퇴자들이 굳이 차가 붐비는 서울에 갈 필요도 없이 시골에서 시장을 개척할 수 있다는 말이다. 정부 정책이 은퇴자의 직업이 아닌 시장을 만들도록 유도하면 평생 일자리 마련 차원에서 효율적이다.

베이비부머는 우리 경제의 비교 우위를 만든 당사자이다. 이들이 가진 지식정보 산업과 기술을 농업·농촌·농민과 융합시켜 새로운 농식품과 농산업을 창조해 낼 수 있는 방안을 모색하자. 그리고 협동조합이나 커뮤니티 비지니스, 마을 기업을 만들어 도농 융합의 지식정보 산업과 기능성 농식품 산업이 결합한 사업을 농촌 벤처로 진흥시켜야 한다. 도시 자본과 농촌 자원이 베이비부머의 지식과 기술, 정보와 연계해 농식품 수

---

100 톰 피터스(2005), 정성욱 역, 『미래를 경영하다』, 21세기북스.

101 베이비 부머를 큰 틀에서 본다면 1955~1975년까지 약 1900만명이며 이들은 매년 90만명 이상씩 2012~2030년까지 은퇴할 예정이다.

102 제롬 글렌 (밀레니엄프로젝트 회장), 2030 미래전략 세계 석학에게 듣는다, 동아일보, 2013. 1. 3.

출 산업으로 성장시키자.

도농 융합 방안은 국가재테크 차원에서 장려해야 한다.

2. 지식 기반 사회와 국가재테크

21세기 트렌드는 '지식 기반의 세계화'이다. 이 변화의 메신저는 미국
이다. 21세기 신경제란 세계화된 시장 금융 경제를 확대 재생산해 나가는
것이다. 즉, 지식 기반을 바탕으로 글로벌 스텐다드를 만드는 금융 경제의
확대를 의미한다. 결국 WTO나 FTA의 종착역은 미국식 시장 경제로의
재편을 의미한다.

구글 · 페이스북 · 유튜브 · 트위터 · 핀터레스트 등 지식 기반의 세계
화로 인하여 지구촌 어디서나 이용할 수 있는 무국적의 무한 경쟁의 시
대로 들어가고 있다. 지식 기반의 세계 경쟁은 지구상의 모든 나라와 산
업도 피할 수 없다. 격화되는 세계 경쟁의 핵심은 지식과 정보통신의 흐
름이다.

특히 G-5 선진국 간의 주도권 경쟁, 그 밖의 선진국과 중진국 간의 경
쟁에서 지식과 정보의 경쟁이 핵심이 된다. 이 경쟁에서 승리하려면 고
도의 과학기술 교육과 소프트웨어, 휴먼웨어에 대한 투자가 선행되어야
한다. 특히 새로운 첨단지식과 정보통신, 문화를 세계에 생산, 유통, 판
매해서 이득을 챙기는 것이 국가의 목표로 점점 변해 가고 있다. 이 차원
에서 본다면 자원이나 에너지, 자본의 문제가 아니라 '우수 인력 육성'이
핵심이 된다. 어떻게 전문가와 연구 인력을 키워 낼까. 이런 측면에서 본
다면 대한민국은 이스라엘과 더불어 세계적인 경쟁력을 갖는다. 온 국

민이 교육에 몰입하고 남북이 대치하고 있기 때문에 항상 긴장한다.

누가 첨단 지식 기반과 새로운 정보 네트워크를 빨리 획득하여 창조적으로 마케팅할 것인가. 지식 기반 사회에서 잉태된 세계 무한경쟁에서 이기는 방법이다. G-5 진입을 위한 방안은 "비교 우위 산업이 지식정보 통신산업ICT에 있고 수출 경쟁력이 있는 시스템"을 의미한다. 따라서 G-5로의 진입을 도모하는 우리 경제는 어떻게 해서든 지식정보 통신산업에서 비교 우위를 창출하고, 이것을 수출해야 한다.

이제는 국가가 일자리 문제를 해결하는 전략적 교통 정리 역할을 해야 할 시점이다. 즉, 일할 능력이 있는 베이비부머가 시골에서 자유롭게 창업할 수 있도록 국가가 역할과 기능을 해야 한다. 이들이 교육받고 안정적으로 귀농귀촌해서 농촌 활성화와 농기업 육성에 몰입할 수 있도록 국가가 지원하자. 이들이 떠난 도시 공간에는 신세대 청년들을 투입시키자. 청년의 역동성으로 빠르게 디지털, 디자인, 어메니티amenity 중심의 창조도시 대한민국을 건설하자. 이것이 20·30세대와 50·60세대가 공생, 공영하는 방법이다.

국가의 새로운 창조 동력, 귀농귀촌

1. 베이비부머의 귀농귀촌

귀농귀촌이 농촌사회의 구조적인 일자리 부족과 만성적인 빈곤을 해결해 줄 수 있는가. 먼저 우리 사회의 노동 인력의 변화를 살펴보자.

1950년대 이전은 한마디로 전근대적인 농업국가였다. 1960년대 노동 집약적 발전 단계에서 중요했던 요인은 노동의 양이다. 여성 인력을 활용한 단순 기능공이 필요했다. 봉제와 가발, 신발 등 단순 노동 인력은 당시 산업 역군이지만, 이제는 역사 교과서에나 볼 수 있는 초라한 존재로 전락했다. 과거 주경야독하던 수많은 여상들도 이제는 볼 수 없게 되었다.

1970년대는 숙련된 복합 노동력이 중요 산업 역군이 되었다. 자본 집약적 중화학공업의 발전 단계에서는 숙련된 기능공의 공급이 큰 의미를 가진다. 국가 차원에서의 기능공 육성을 위해 우리나라는 1967년부터 국제기능올림픽에 출전했다. 1977년의 제23회 대회에서 우리나라는 처음으로 종합 우승을 했다. 이후 한국은 2013년 7월 독일 라이프치히에서 열린 제42회 국제기능올림픽대회에서 18번째 종합 우승을 차지했다. 독일 라이프치히 기능올림픽에서 우리는 금메달 12개로 1위, 스위스는 금메달 9개로 2위를 기록했다. 우리는 1967년 제16회 스페인 대회를 시작으로 모두 27차례 출전해 18번째 정상에 올랐다. 세계 대회에서 미국의 하계올림픽의 독주와 견줄 만한 일이다. 우승 확률 66.7%로 세계 기능인들이 경악할 일을 태연하게 2년마다 재현하고 있다.

1980년대는 사무직 화이트컬러의 시대이다. 베이비부머가 대학교육을 받고 사회에 진출한 시대가 1980년대이기도 하다. 이들이 수출을 위해 5대양 6대주를 개척하는 시기가 이때이다. 못하는 영어, 이들은 열사의 사막과 낯선 아프리카, 미수교의 동구권 등을 오로지 수출을 위해 개척하고 수출시대를 열었다. 1980년대 수출은 비약적인 성장을 가져왔다. 국제 금리, 달러 가치, 국제 유가가 한꺼번에 하락하는 3저 현상의 순

풍은 수출 한국을 만드는 계기가 됐다. 전통적인 섬유산업, 경공업, 중화학, 철강, 조선, 자동차 제품의 수출로 1986년에는 무역사상 처음으로 흑자를 기록했다. 1989년까지 4년간 연속으로 무역수지 흑자를 기록한다. 1980년대 비로소 대한민국은 중진국의 앞자리에 당당히 서고 아시아 네 마리 용의 머리가 된다.

1990년대는 전문가 시대이다. 수출도 전문가, 국내에도 변호사·박사·의사·회계사·변리사 등 사士 자가 판치는 세상이 되었다. 수출 분야에서 중요한 산업은 문화산업, 반도체, 정보통신, 방송 육성의 시기로서 수출과 전문가 시대를 선도했다.

2000년대는 연구자 시대이다. 첨단산업, 레저 환경산업의 발전기로서 항공 우주, 의료, 국제 금융, 디지털 산업에 우리나라가 진입한 시기이다. 이 시기에는 전문 연구 분야에서 세계 최초의 연구가 한국을 이끈 시대로 진입한다.

또 글로벌 전문가 시대로 세계적인 안목과 통찰력이 중요하게 부각된다. 2000년대는 카이스트, 포항공대 등 전문 연구 분야에서 우수한 두뇌를 배출해 혁신적인 제품을 발명 혹은 개발함으로써, 이것을 수출하는 강창인국으로 비로소 진입했다.

2010년대에는 융복합 전문 인재의 시대이다. 한류와 연예 방송 산업, 지식 정보 통신산업ICT와 융합한 인간 중심 산업의 발전기로 구축될 전망이다. 즉, 사회복지, 첨단의료, 레저 관광, 인간 관리, 복지전문가 시대가 도래할 것이다. 지난 50여 년 동안 우리 경제는 양적인 노동력에서 질적인 노동력으로 구조 변화되어 새로운 지식과 기술이 융합하는 전문융복합시대로 진입하였다.

지난 70여 년 우리는 유례를 찾기 힘들 정도로 빠르게 성장했다. 그 결과 세계적 수준의 지식과 정보를 가진 사람, 유능한 인재들이 집적해 자본과 기업이 몰려오게 만들었다. 또 IMF 경제 위기, 미국 발 금융 위기가 주는 교훈을 익혔다. 금융 자본주의에서 살아갈 방안은 자본 축적이 아니라 창조적 전문 인력이나 세계 수준의 '최첨단의 연구 인력'을 확보, 운영하는 것이다. 대한민국 노동과 교육정책의 해답은 여기에 있다. 베이비부머의 뛰어난 노동력을 사장시킬 것이 아니라 이들이 다시 노동시장에 재진입할 수 있도록 국가가 귀농귀촌정책에 매진해야 한다.

베이비부머는 다국적 기업 내지 초국적 기업의 무역과 수출을 경험한 대한민국 최초의 전문가 세대이다. 단순한 요소적 수출 기업이 아니라 첨단산업을 수출하는 대한민국의 수출 역군이었다. 이들이 가진 재능과 기술, 지식과 정보를 농촌의 농기업과 결합시킬 방안을 찾아야 한다.

2. 최강의 인재 집단, 베이비부머

베이비부머는 강하다. 대한민국 역사상 최초로 세계 무역 20위권 산업 수출과 디지털 기술로 무장한 집단이다. 특히 58년 개띠부터 70년 개띠 사이의 12년 동안 배출된 인재들은 대한민국뿐만 아니라 세계적으로도 우수한 전문가다. 이들이 은퇴한 이후 등산이나 가고 막걸리나 마시면서 신세 한탄하도록 국가가 방임하는 것은 심각한 직무 유기이다. 부모 세대들은 이들을 키우기 위해 땅 팔고 소 팔았다. 한마디로 대한민국이 보육한 유능하고 창조적인 전문가다. 이들이 도시 소시민으로 남지

● 한국 직업 변천사 시대별 특성 비교 분석

	해방~격동기		경제 개발~성장기				전환기	
연도	1940년대	1950년대	1960년대	1970년대	1980년대	1990년대	2000년 현재	2010년대/전망
산업 특성	사회적 정치적 혼란기 (과도기)	사회적 정치적 폐허기 (재건기)	경제도약기 산업근대화 착수기	산업화 진전기 육성기	첨단산업 및 서비스 산업 태동기	문화산업 진전기 육성기	첨단산업 레저환경 산업 발전기	인간중심 산업 발전기
주요 업종	1차산업 중심 (80%)	1차산업 중심 (80%)	노동집약적 경공업 중심 수출 산업	수출 주도형 중화학 공업 육성	증권, 보험, 유통, 스포츠	반도체, 정보통신 방송	항공우주, 의료, 국제금융	사회복지, 첨단의료, 레저관광
직업 특성	농어민 주류시대	농어민 주류시대	단순노동, 기능공, 공장노동자 시대	건설노동자, 은행원 시대	화이트 컬러, 유통업 시대	전문직종 시대	디지털, 글로벌전문가 시대	인간관리, 복지전문가시대
대표 직업	80% 농어민+일부전문직 및 서비스직(금융인, 영화인, 신문기자, 사진사, 출판인, 기술자, 사무직 등)	80% 농어민+일부 전문직 및 서비스직 (금융인, 영화인, 신문기자, 사진사, 출판인, 기술자, 사무직 등)	전기전자 기술자, 섬유신발 기능공, 사무 직종사자, 스튜어디스, 은행원, 공무원, 탤런, TV 조립원 등	공작기계 제조원, 건설현장 노동자, 대기업 직원, 금융권 종사자, 중장비 엔지니어, 버스안내양 등	컴퓨터 관련 직업, 반도체 기술자, 광고관련직업, 프로듀서, 증권사 직원, 속기사, 운동선수등	금융관련 직업, 웹 마스터 웹 디자이너, 인터넷 방송 기획자, 전자상거래전문가, 벤처기업 등	통신 네트워크 전문가, E-Solution 전문가, 국제공인 회계사, 국제 회의전문가, 유전자감식 전문가, 환경전문가 등	개인금융 자산관리, 사회복지, 레저관광, 생활컨설턴트, 국제 인력관리, 글로벌 네트워킹 등

자료: 이종구 외(2009), 『한국 직업변천사의 시대별 특성 비교분석에 관한 탐색적연구』, p. 99 / 장주희·한상근·이지연·서용석(2011), 『2030 미래의 직업생활연구』, 한국직업능력개발원에서 재인용.

않고 농산어촌으로 들어가 지역 창조활동을 할 수 있도록 하는 것이 국가의 책무이다.

세계 최고의 인재들이 농촌에서 일하려면 무엇을 개선해 주어야 하는가. 정부가 빠른 시일 내에 해결해 주어야 G-5 선진국에도 진입할 수 있다. 공간과 사업 조건을 개선해 주어야 한다. 또 국제 완화와 법제도 개선을 해 주어야 한다. 국제화, 지식정보 시대에는 선진국 진입원리는 간단하다. 한국·이스라엘·싱가포르와 같이 우수한 연구 인력을 양성하는 것이 지름길이다. 교육개혁을 통한 세계적 수준의 지식정보를 섭렵한 전문 연구 인력의 양성과 확보, 지속적인 공급이 G-5에 도달하는 답이다.

우리 기업은 지난 20여 년 동안 세계 최고의 지식정보 인재들을 길러내고 확보했다. 이들이 가진 지식과 기술 능력을 농산업과 농식품 수출에 사용할 수 있도록 정부가 미래 비전과 정책 구상을 세우는 것이 융복합이다. 농업 부문의 창조경제란 농식품산업의 새로운 성장 동력을 찾고, 첨단 과학기술과 접목시켜 농업 분야의 대외 경쟁력을 갖추고 수출농업으로 바꾸는 것이다. IT·BT를 농식품 생산·가공·유통·소비 등 다양한 분야에 접목·활용하고, R&D, 친환경 농축산업, 종자·생명 산업 등 신성 장동력 창출을 위해서는 반드시 도시의 전문가가 필요하다. 때문에 이들이 귀농귀촌할 수 있도록 돕는 것이 시급하다. 대한민국의 경쟁력은 교육받은 인재이고, 사람만이 희망이다. 이를 위해서는 지금의 생산체계를 합리화하면서 신규 취농 인력에 대한 효율적 교육과 배분이 요구된다. 이를 통해 농식품산업을 수출 경쟁력 있는 산업으로 유도하고 그 속에서 새로운 일자리를 만든다.

이제 농업도 세계 최고의 지식정보 기업으로 변화하는 시대에 깊숙이 들어섰다. 우리 주변 반경 2천㎞에는 전 세계 인구의 1/4이 우리와 같은 쌀밥을 먹고 한자를 사용하고 유교 문화권이라는 점을 상기하자. 그들이 전 세계의 1/3의 부를 창출해 내고 있다. 일본과 중국만 공략해도 우리 농촌은 분명 살아갈 수 있다. 한국형 국가재테크의 핵심 전략은 우리 사회가 길러 낸 세계 최고의 지식정보 인재들을 어떻게 고도화할 것인가다. 유능하고 성공 경험으로 무장한 창조적 인재들이 계속 일할 수 있도록 시스템을 만드는 것이다. 귀농귀촌은 이들이 자급자족하고 평생 일할 수 있도록 도와야 한다. 세계적 지식정보 인재도 사용 기한이 지나면 축구 선수처럼 1부 리그에서 2부, 3부 리그로 가고, 코치나 감독 생활을 하는 것이 바람직하다. 어쩌면 순리인지도 모른다.

직장을 퇴직한 이후에도 끊임없이 자기 계발을 지속하는 시대다. 지식과 정보의 변화와 발전의 속도가 너무 빨라지기 때문이다. 반면, 지식이나 정보과학 기술의 주기가 급속히 짧아진다. 하지만 농산어촌의 농부들은 이런 기술을 아예 접해 보지도 못하는 실정이다. 그 결과 과거 도시 직장에서 배운 지식과 정보가 도시에서는 노후화되고 무의미하게 된다. 하지만 농촌은 그런 기술을 접해 보지도 못한다. 현재 구체적인 6차 산업과 정보통신 기술ICT이 결합한 선진 성공 사례는 전무하다. 다만 이스라엘·네델란드·일본 등에서 일부 시도 중이다. 하지만 이들 국가는 지역 농민들의 성공 경험이 부족하다. 우리가 귀농귀촌과 지역을 융합시킨 6차산업을 제2새마을운동으로 정착시킨다면 새로운 역사를 쓸 수 있다. 저성장의 농촌사회를 개조하는 길은 귀농귀촌뿐이다. 그래서 도시와 농촌을 융합하는 귀농귀촌 방안을 만들자고 주장하는 것이다.

베이비부머가 가진 다양한 지식정보, 지혜와 기술이 살아남기 위해서는 다양한 귀농귀촌 교육과 결합해 농촌에 정착하여야 가능하다. 또 그들의 기술이 필요한 수요처와 눈높이를 맞춰야 한다. 이런 도농 융합 시스템 구축이 21세기 국가 발전의 핵심 목표가 되고 창조 경제가 되어야 한다. 특히 우리나라처럼 자원과 에너지가 없는 나라가 G-5 선진국 진입을 목표로 한다면 다른 나라가 보지 못한 새로운 비교 우위 부문을 최초로 발굴, 창조하는 것이 필연이다.

03

/

21세기 희망사회
건설을 위한 귀농귀촌

노동경제 변화와 20세기 사회 안전망의 몰락

21세기 도시에는 임시직 · 계약직의 증대로 일자리 불안이 격화될 것이다. 때문에 은퇴를 준비하는 세대들이 주목해야 할 곳은 농촌이다. 저비용 고효율의 귀농귀촌을 우리 사회가 지속적으로 발전시켜 나가야 한다. 원하는 국민 모두에게 체계적인 귀농귀촌 교육 기회를 제공하자. 정부도 2013년 농진청에서 귀농귀촌 후단계 교육 매뉴얼을 169개 일선 농업기술센터에 보급하고, 평생교육으로서 귀농귀촌을 지원하고 있다. 누구나 노력하면 새로운 지식과 영농 기술을 얻을 수 있도록 정부가 돕고 있다.

　도시에서 새로운 농촌과 직업으로 자유롭게 접근할 수 있도록 사회
가 돕자는 주장을 했다. 이것은 복지와 일자리 창출, 청년 실업 해소 등
세 마리 토끼를 잡는 방안이 될 수도 있다. 문제는 재원 마련과 국민적
공감대를 이끌어 내야 한다. 체계적인 귀농귀촌 교육과 사회 안전망 개
혁만이 도농 융합시대로 갈 수 있는 방안이다. '체계적인 귀농귀촌 교육'
과 더불어 반드시 대대적인 '민간사회 안전망 개혁'이 필요하다. 그래야
스스로 가족과 마을을 돕는 자조적 복지사회를 이룰 수 있다. 21세기는
은퇴자에게 소득 저하로 불안한 미래를 보내는 시대다. 스스로 살아가기
위해서는 소득 없는 곳에서 소득 있는 곳으로 이동해야 한다. 귀농귀촌은
지역과 주민이 같이 소득과 복지를 만들어 가는 공동체를 형성하는 것이
다. 공동체 형성은 우리 민족의 덕목 중 큰 자랑이었다. 전통적인 마을 공

동체가 정부의 제도와 정책으로 사회 안전망으로 진화했다.

결국 20세기 후반의 사회 안전망은 두 가지 특징을 가지고 있었다. 첫 번째 특징은 '사회 구성원 일부'만이 그 보호의 대상이라는 것이다. 두 번째의 특징은 사회 안정망은 정부가 이른바 '최소 지원원칙'을 설정하고 그 최소한을 피보호자들에게 금전적 혹은 물적 급부의 형태로 일방적으로 제공하는 식으로 이루어졌다.[103]

결국 20세기 사회 안전망의 특징은 '최소 단위 취약 계층에 대한 최저한의 지원'이었다. 왜냐하면 20세기의 산업구조와 노동시장은 안정적이기 때문에 일부 빈민이나 실업 계층에만 집중적으로 지원한다면 별 문제가 없이 사회가 유지되었다.

그러나 IMF 이후 21세기에 들면서 상황이 크게 변하기 시작하였다. 21세기는 20세기와는 달리 사회 구성원의 일부에게만 국한한 '경제적 위험과 미래 불안'은 모든 구성원에게 나타나는 '위험 노출 사회'로 급속히 변해간다. 이제는 사회 구성원이 경제적 위험과 노후 불안에 시달리는 이른바 '위험 노출 사회'로 진입하고 있다.

앞에서 간단히 보았지만, 21세기에는 귀농귀촌을 제외하고 어느 누구도 안정된 장기 고용을 기대하기 어려운 시대가 되고 있다. 기술 변화와 세계화의 진전이 빨라서 이제는 산업과 기업의 구조조정이 상시화常時化되는 시대이다. 따라서 누구나 구조조정의 대상이 될 수 있고, 그로 인한 취업의 단절과 임금의 삭감은 수시로 발생할 수 있는 시대가 되고

---

103 박세일 외(2007), 『평생학습사회 만들기교육에서 학습으로』, 한국직업능력개발원.

있다. 즉 사회적 위험이 일반화되는 룰렛[104]사회로 변화하고 있다. 모든 사람이 사회적 위험과 미래 불안에 노출되고 있는 셈이다.

'사회 안전망'에서 '민관 협치망' 체계로

그렇다면 보편화되어 가는 고용 불안과 사회적 위험을 어떻게 통합 관리할 것인가. 이 두 문제를 해결하기 위해서는 사회 전체가 하나의 통합 관리 시스템을 만드는 것과 다시 새마을운동 방식의 자조적 복지를 시행할 필요성이 제기된다. 다시 말하면, 시스템을 저비용 고효율로 변환시켜야 한다. 즉, '사회 통합 관리와 자조적 복지'가 필요하다. 국가재테크 차원에서 지금까지 제시한 '귀농귀촌 교육'은 사회적 위험 관리를 효과적으로 연계시키는 방안이라고 보고, 이것을 어떻게 진흥시킬 것인가라는 과제가 등장한다. 즉, 귀농귀촌 교육과 자조적 복지를 위한 사회 통합 관리를 어떻게 융합시킬 것인가. 또한 '평생고용의 확대'와 '평생복지의 달성'을 마을 단위에서 어떻게 이룰 것인가가 과제로 등장한다.

21세기에는 고용 불안에 따른 사회적 위험에 대처하기 위한 국가 차원의 일자리의 안정이 무엇보다도 필요하다. 일자리 불안의 문제는 사회 구성원 모두에게 일어나기 때문에 20세기 때처럼 국가가 나서서 모든 문제를 다 해결해 줄 수 없다. 따라서 이제는 각 개인이 중심이 되어 각자의 '평생 교육 관리' '평생 고용 관리' 그리고 '평생 위험 관리'를 개인들이 주도적 · 자율적으로 해야 하는 시대가 되고 있다.

민관 협치를 준비하는 미래 조직 트랜드

키워드	배경 요인	주요 내용	관련 조직 모델 유형
변 화	조직 내, 외부 경영환경 급변	시장과 고객 중심 변화 징후의 선도적 포착 변화 대응력의 체지화	팀제 조직, 자율 경영 조직 전후방 조직
지 식	지식기반 사회 급속 확산	지식역량 효과적 제고 지식 재창출 프로세스 정착	기술 중심 매트릭스, 학습형 조직 지식 경영조직 (하이퍼텍스트 조직)
조 화	글로벌화, 분권화 증가	기업 내부적 수평적 통합과 조화 기업 외부적 연결과 협력	네트워크 조직, 프로세스 조직 횡적 다기능 조직
인 간	인간 가치의 재발견	인본주의적 가치의 중시 직원참여와 주인 의식 고취	민주화 조직, 온라인 민주주의 조직

강진구(2007). 『미래 조직의 성공 키워드』, LGERI 리포트.

다시 강조하면, 이제는 과거 20세기와는 달리 정부가 나서서 사회적 약자를 직접 보호해 주는 시대가 아니다. 이제 21세기에는 국민 모두가 스스로 위험을 관리해야 한다. 정부는 국민 각자의 자조적 위험 관리를 보다 용이하게 하고 보다 효과적으로 할 정보와 교육 제공이 필요하다. 즉, 개인 스스로 맞춤형 '사회 통합 관리와 자조적 복지 환경'을 만들어 주는 역할을 하는 시대로 들어가고 있다. 즉, 소수를 위한 사회 안전망 관리에서 보다 적극적인 민관의 사회 통합 관리로 전환해야 한다. 20세기를 '부분적 안전망', '특수 복지의 시대'라고 부른다면, 21세기는 '공공

---

104 러시안룰렛과 같이 예측 가능하지 않고 고위험에 노출된 사회를 지칭.

의 통합적 복지 관리와 민간의 자조적 복지'라고 명명해야 할지 모른다.

우리는 이런 경험을 40년 전 새마을운동을 통해 이미 익숙해졌다. 물론 21세기에도 자신의 위험 관리를 할 능력이 전혀 없는 극빈자, 장애인, 초고령자 등의 사회 구성원에 대한 정부의 보호는 불가피할 것이다. 이것이 공공과 민간의 사회 통합이 협치로 만들어지는 사회가 바람직한 사회로 도약할 것이다. 즉, '민관 협치망'이 20세기 사회 안전망을 대신할 것이다.

민관 협치시대의 5대 과제

한국형 국가재테크를 실현하기 위해서는 무엇이 요구될까. 평생 동안 스스로 알아서 교육받고, 일자리 마련하고, 복지를 해결하고, 경제적으로 자립하면서 행복을 추구할 권리와 책임을 가진다. 이러한 5대 방안은 스스로 자각해서 하는 방식이며, 종속적인 20세기 방식과는 크게 다르다. 20세기 방식은 인생 전반 12~16년 정도 학교교육을 받는다. 대부분의 사람들은 그것으로 일생을 안정적으로 살아가는 연공 서열과 평생직장의 시대였다.

하지만 21세기에는 다르다. 평생 고용과 연공 서열의 직업사회가 붕괴되고 자신이 북 치고 장구 치는 시대로 들어갔다는 의미이다. 우리는 이것을 사회 통합 관리의 민관 협치시대라고 정의했다. 고용 불안의 21세기에는 5가지 과제를 스스로 해결해야 한다.

첫째는 스스로 평생교육으로 귀농귀촌 혹은 미래를 준비해야 한다. 40대 이후 평생하고 싶은 일을 설정하고 추진해야 한다. 그리고 노후를 책임지는 소득 교육을 배우고 익혀야 한다. 필자는 귀농귀촌 교육이 그것을 도와주리라고 확신한다. 체계적인 귀농귀촌 교육을 할 수 있는 제도 개혁이 되어야 하지만 '귀농귀촌특별법'은 국회에서 본격적으로 이루어지지 못하는 실정이다. 2013년도부터 농림축산식품부에서 창업보육센터를 시범 운영하고 있지만 턱없이 부족하다. 전국을 포괄한다면 약 50여 개의 우수한 귀농귀촌 교육기관을 발굴 육성하고 국가 보육 센터로 지원하는 것이 요구된다.

누구든지 은퇴 이후에도 평생교육을 받을 수 있도록 정부가 도와야 한다. 그렇게 하려면 수요가 있는 곳에 체계적인 공급이 따라가야 한다. 한마디로 체계적인 귀농귀촌 교육이 설 수 있는 시간적·공간적 '이동성'을 제도권에서 해결해 주어야 한다. 또한 교육의 내용도 기술과 산업구조의 변화, 그로 인한 노동시장의 수요 변화를 순발력 있게 반영하자. 그래야 효과적이고 체계적인 귀농귀촌 교육이 가능하고, 그 결과로 국민 개개인의 평생 고용 가능성을 높일 수 있다. 귀농귀촌 교육은 학교 교육으로 해결할 수 없는 분야이고 시대다. 민간의 체계적인 귀농귀촌 교육을 통하여 평생 고용 가능성을 높여야 대응할 수 있다. 그래야 실업의 가능성이 낮아지고 설사 실업을 당하더라도 체계적인 귀농귀촌 교육을 통하여 쉽게 새로운 품목이나 지역에 재취업할 수 있게 된다. 그만큼 평생 고용 가능성을 높인다. 효과적인 귀농귀촌 교육을 위하여 공급 주체를 '민간 기업화'할 필요가 있다.

둘째, 귀농귀촌을 통한 평생 일자리 체계를 만들자. 평생 고용을 하려면 민관 협치망 조성이 전제되어야 한다. 민관 협치망이란 민간과 정부가 함께 지역사회의 안전과 안녕, 안심을 지켜 나가는 공동 관리망을 말한다. 특히, 마을 단위에서 민관 협치망이 요구된다.

민관이 하나의 체계를 만든다면 평생 고용을 하고 적재적소 지원이 가능할 것이라고 본다. 비록 현재 취업 중이라고 하여도 앞으로 급속한 기술 변화와 세계 경쟁의 격화로 현재 직종의 업그레이드나 실업·실직이 불가피한 경우도 있을 것이다. 일을 하면서도 새로운 지식과 기술을 배울 수 있고, 학자금 지원이나 근로시간 조정을 받을 수 있도록 체계적인 '평생 고용망'이 구축되어 있어야 한다. 그래야 효과적인 귀농귀촌 교육이 가능하다. 이러한 체계를 구축한다면 도시에서도 큰 효과를 볼 수 있을 것이다. 결과적으로 평생 고용의 기회가 극대화될 수 있어 평생 복지가 실질적으로 달성될 수 있다.

셋째, 귀농귀촌을 통한 평생 복지의 실현이다. 현재의 복지는 맞춤형 복지에 치중하지만, 새마을정신을 반영하는 자조적 복지로 전환해야 할 것이다. 즉 공익을 위해 국가는 맞춤형 복지를 해야 하지만 재원이 문제다. 스스로 복지를 할 수 있는 사람은 자조적 복지를 해 나가야 한다. 국가정책은, 능력은 있지만 도시에서 역할이 사라지는 베이비부머의 귀농귀촌을 지원하는 일을 해야 한다. 그들이 자조적 복지를 통해 평생 복지 기반을 만들 수 있도록 도와야 한다.

이제는 국가가 새마을중앙회와 같은 민관 협치망을 활용해야 한다. 사회 구성원 개개인이 원한다면 교육과 정보를 지원해 주어야 한다. 국민 스스로 노후 안정을 위한 '평생 교육 관리'와 '평생 일자리 관리'와 '평생 건강 관리'를 함께하여야 하는 시대다. 그래서 귀농귀촌 교육과 평생 일자리를 통하여 자조적 복지를 달성하여야 하는 시대를 만들어야 한다. 앞으로의 국가는 사회구성원들 각자가 '교육-일자리-건강-복지-자립'에 대한 '평생 관리'를 보다 효율적으로 할 수 있는 책임 기관을 강화해야 한다. 그래야 국민 눈높이에 적합한 제도와 정책, 정보 제공을 만들 수 있다.

정부가 체계적인 귀농귀촌 교육 내용을 농산업적 수요에 부응하도록 유도한다면 정보 제공과 재정적 유인책 등으로 체계적인 평생 일자리 창출을 가져올 수 있다고 본다. 동시에 민관을 포함한 공공 센터가 진로 지도, 취업 알선 등 적극적 일자리 소개 정책을 강화한다면 귀농귀촌 교육이 평생 행복을 가져올 확률이 높아진다. 평생 복지제도와 다른 4대 정책들이 조화를 이룬다면 국민행복시대를 열 수 있다. 이를 위해서는 '평생 교육, 평생 일자리, 평생 자립, 평생 건강'을 보다 잘 관리하도록 하는 방안이 요구된다.

넷째는 국가 부담을 덜어 주는 평생 자립이다. 개인이 스스로 자조적으로 교육을 받고 평생 일자리를 만들고, 스스로 평생 복지를 실천해서 얻는 결과가 평생 자립이다.

보통 사람들에게는 쉽지 않은 개념이다. 엄밀한 의미에서 자립을 하려면, 경제적 자립, 사회적 자립, 정치적 자립이 전제되어야 가능하다. 자립의 배경에는 일하고 소득을 올리면서 건강한 정신과 신체를 국민 각자가 만들어야 한다. 우리가 20세기 새마을운동을 통해 얻었던 국가재

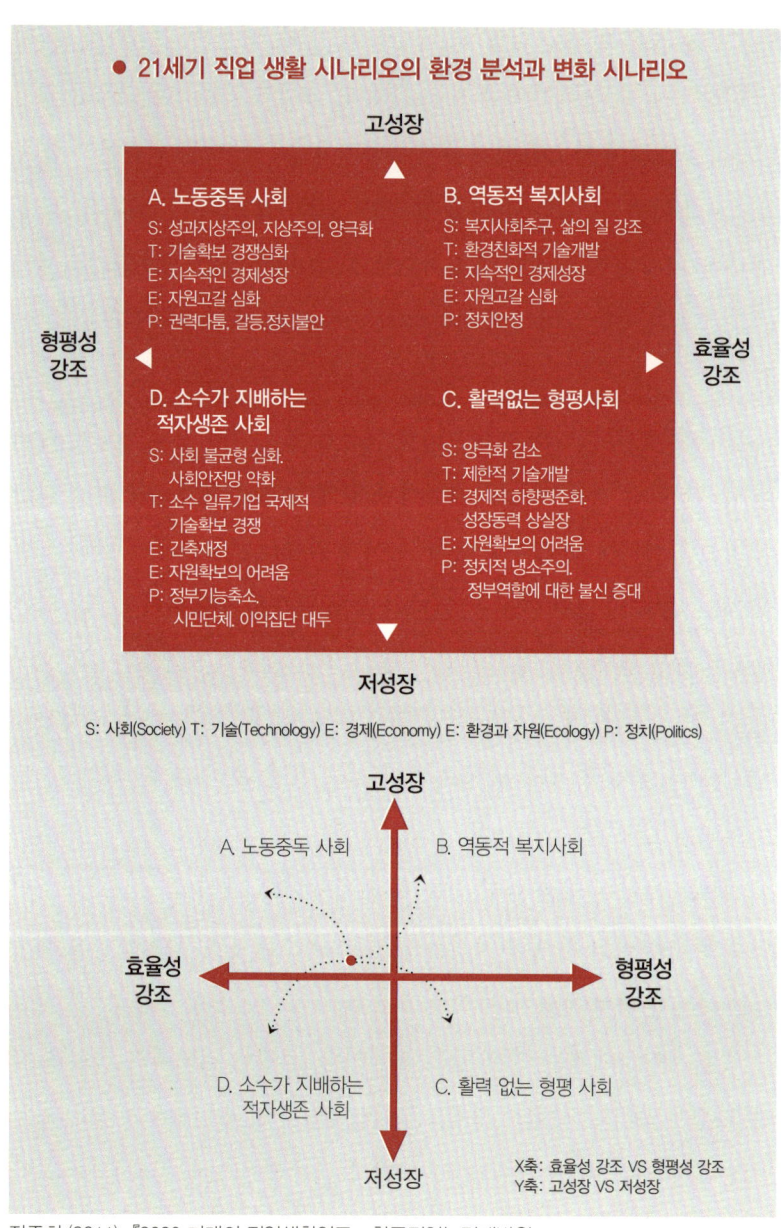

● 21세기 직업 생활 시나리오의 환경 분석과 변화 시나리오

고성장

A. 노동중독 사회
S: 성과지상주의, 지상주의, 양극화
T: 기술확보 경쟁심화
E: 지속적인 경제성장
E: 자원고갈 심화
P: 권력다툼, 갈등,정치불안

B. 역동적 복지사회
S: 복지사회추구, 삶의 질 강조
T: 환경친화적 기술개발
E: 지속적인 경제성장
E: 자원고갈 심화
P: 정치안정

형평성 강조

효율성 강조

D. 소수가 지배하는 적자생존 사회
S: 사회 불균형 심화, 사회안전망 약화
T: 소수 일류기업 국제적 기술확보 경쟁
E: 긴축재정
E: 자원확보의 어려움
P: 정부기능축소, 시민단체, 이익집단 대두

C. 활력없는 형평사회
S: 양극화 감소
T: 제한적 기술개발
E: 경제적 하향평준화, 성장동력 상실장
E: 자원확보의 어려움
P: 정치적 냉소주의, 정부역할에 대한 불신 증대

저성장

S: 사회(Society) T: 기술(Technology) E: 경제(Economy) E: 환경과 자원(Ecology) P: 정치(Politics)

고성장

A. 노동중독 사회   B. 역동적 복지사회

효율성 강조   형평성 강조

D. 소수가 지배하는   C. 활력 없는 형평 사회
적자생존 사회

저성장

X축: 효율성 강조 VS 형평성 강조
Y축: 고성장 VS 저성장

장주희 (2011), 『2030 미래의 직업생활연구』, 한국직업능력개발원.

테크를 다시 활용해야 하는 이유다.

21세기는 무한 도전과 냉엄한 시대라고 볼 수 있다. 끊임없이 빠르게 진보하는 가운데 중장년층과 고령층이 자기 일을 하면서 스스로 노후 자립과 자조적 복지를 개척해 나갈 수 있는 일은 농업과 연계한 산업뿐이다. 이 분야를 정부가 지원해야 한다.

다섯째, 스스로 지키는 평생 건강을 지원해야 한다. 스스로 책임지는 건강은 가장 효과적인 복지 정책이다. 스스로 건강해지려면 일 · 취미 · 가족 · 친구 · 학습 · 돈 · 봉사가 함께 가야 성공할 수 있다. 국가가 현역에서 물러난 인생 3기 세대에게 줄 수 있는 것은, 엄밀히 말해서, 자발적 일자리와 자조적 복지의 창출뿐이다. 이 방법이 건강을 지키는 방안이다. 시골에서 전원생활을 하면서 안전한 먹거리를 생산, 가공하고, 자신이 좋아하는 일을 하는 것이 평생 건강을 지켜 나가는 것으로 저비용 · 고효율을 만드는 좋은 방법 중 하나다.

21세기를 한마디로 규정한다면 불안의 시대이다. 20세기 우리가 인식해 오던 일관성, 예측 가능성, 지속성이 급격히 사라지는 시대로 진입하고 있다. 국제금융 자본주의에 의한 유연한 노동시장이 세계를 빠르게 지배하고 있다. 때문에 비정규직이 늘어나고 평생직장이 사라지고 있다.

국가는 현재 빈곤 계층에게 수혜를 주는 '사회 안전망'의 전환을 고민해야 할 것이다. 새마을중앙회나 다른 시민 단체와 연계해서 확실하게 '민관 협치망'으로 바꾸는 일이 국가재테크라고 본다. 개인의 판단에 따라 당면할 위험을 줄이는 방안이 필요하다. 21세기에는 노동 유연성으로 누구나 어려워질 수 있는 시대인데, 20세기의 개념으로 그들만을 위한 혜택을 주는 것은 불공평하다고 시회가 인식할 것이다. 먼저 고용보험 기금을 수시로 활용할 수 있도록 활용의 유연성을 높이고 기금 규모를 늘리는 방안도 검토해 보안해야 할 시점이다. 가능하다면 평생 농산어촌에서 일할 수 있는 체계적인 귀농귀촌 교육과의 연계성도 높이자.

정부의 제도 개선과 정책 개선의 노력들은 반드시 민관 협치로 하는 것이 바람직할 것이다. 이제 관 주도로 하기보다는 민간이나 기업, 시민단체와 더불어 협치 개념으로 가야 하겠다. 특히 새마을운동 방식은 이러한 도농 융합의 협치를 가장 잘 실현할 수 있는 방안이다. 우리 사회는 지난 20여 년 동안 NGO를 포함한 민간 부문 역할이 대단히 커졌다. 21세기는 부분적 실업위험 시대가 아니라 보편적 고용 위험 시대로 진입했다. 분명한 것은 정부가 나서서 모든 사회적 위험이나 문제를 해결해 줄 수 없다.

오히려 국민 한 사람 한 사람이 보다 적극적으로 나서서 미래 불안을 줄이고 관리하려고 스스로 노력하여야 한다. 이제는 "스스로 돕는 사람을 돕는 시대"로 들어가고 있다. 그래서 민간의 자조적 5평(평생교육-평생일자리-평생복지-평생자립-평생건강) 노력이 절실하다. 정부는 민관 협치망을 다가올 시대의 직업 안전망에 적용해 역동적 복지사회 조성에 노력하여야 한다.

부국강복,
귀농귀촌에
답이 있다

01

/

1,700개 지역 거점을
활용한 귀농귀촌

지난 20년 잃어버린 농촌

대한민국 농업 · 농촌 · 농민 · 농정은 1990년부터 침체기를 겪어 왔다. 이후 한 번도 도시보다 잘살아 보지 못한 불운의 시대를 지속적으로 겪어 왔다. 일부 국민들은 생각한다. 도대체 200조 원을 지원했는데 "왜 못살고 건수 있으면 데모질이냐."

실제 정부는 1992년부터 우루과이라운드 대책으로 10년간 농업 지원금으로 102조 원을 투입했다. 그러나 값비싼 유리 온실은 폐허가 됐고, 시골 도로변에는 갈비집과 주유소만 늘어났다. 2005년부터 FTA에 따른 농업 지원금으로 119조 원을 추가 투입했다. 하지만 농업 경쟁력 강화 및 체질 개선은 실효를 거두지 못하고 있다.

대한민국은 건국 초기부터 돈으로 해결되는 나라가 아니었다. 이 나라의 발전에는 선열들의 얼과 혼이 잘살아 보겠다는 정신이 되어서 발전한 나라였다. 지난 20여 년 정부는 수출을 하기 위한 WTO, FTA 등 개혁 개방에 대한 농업의 어려움에 대해 국민을 이해시키고 동참을 유도해야 했다. 하지만 지난 정부들은 농업을 너무 쉽게 생각한 것은 아닐까. 돈으로 해결하면 되고 GDP의 몇 퍼센트 안 되는 낮은 비중의 농업보다 타 산업의 수출만 잘되면 만사 OK라는 단견 속에 우리 스스로를 폄하해 오지 않았나.

좀 엉뚱한 예이지만, 제2차세계대전 중 독일은 자원의 보고인 우크라이나를 모두 잃은 1944년에 이르러서야 군수물자의 생산이 최고조에 달했다. 넓은 영토, 많은 자원의 확보가 곧 높은 생산량으로 이어진다는 믿음이 편견임을 보여 주는 사례다.[105] 중요한 것은 정신이다.

우리가 1970년대 국가재테크에서 배운 교훈은 "하고자 하는 열정과 이를 달성하기 위한 체계적인 교육, 훈련과 생산 증진을 위한 혁신과 노사 일체성만이 역사에서 승자로 남는 방안"이었다.

정부의 보조금 증가에 비례해 농민의 열정과 전략은 떨어진다. 없는 자발성과 자조정신이 죽어 가기 시작했다. 일부 농민들은, 돈을 보조해 주면 사업하고, 그렇지 않으면 참여하지 않는다는 생각이 골수까지 스며들었다. 우리 마을 일인데도 불구하고 돈을 지원해 주어야 한다. 그렇지 않으면 전혀 모르는 일이 되는 마을도 부지기수이다. 한마디로 1970년대 새마을운동을 통한 국가재테크 정신을 잃어버리고 갈 데까지 간

마을도 많다.

이렇다 보니 1989년부터 한 번도 농촌 평균 소득이 도시 평균 소득을 상회해보지 못했다. 1974년부터 1988년까지 농촌 소득이 도시 소득보다 높았다는 사실조차 아련한 추억으로 남아 있다. 2011년도에는 1963년의 통계 이후 48년 만에 한 번도 떨어져 보지 못한 60% 이하로 농촌 소득이 떨어졌다.

결과는 여러 원인이 있겠지만, 정부의 전략 부재와 농민 스스로 남이 해 주는 것을 바라는 데 가장 큰 문제가 숨어 있다고 본다. 이제부터라도 농민 스스로 자조정신과 새로운 새마을정신에 충실한 국가재테크를 계승해 나가야 할 것이다.

1,700개 자조 마을,
제2 새마을운동 기지로 거점화

우리나라에는 35,900개의 행정리가 존재한다. 한국농촌경제연구원이 2012년 6월 발간한 「농촌의 과소화 마을 실태와 정책 과제」 보고서를 보면 20 가구 미만의 마을 수는 2010년을 기준으로 3,091개로 5년 전에 비해 1,000개 이상 늘었다.

이는 전체 농어촌 마을의 8.5% 수준으로, 초소형 마을이 크게 늘어난

---

105 blog.chosun.com/xqon, august의 군사세계.

것이다. 과소화 마을이란 최소한의 공동체 기능을 유지할 수 있는 인구 규모를 20가구로 보고, 그 미만을 지칭한다. 이들 과소화 마을은 도시와 교류 활동을 하거나 공동 생산을 위한 조직이 약해 경제활동을 위한 기반도 약한 것으로 나타났다.

도농 교류 활동을 하는 과소화 마을은 10곳 가운데 한 곳꼴로 일반 마을의 절반 수준이고, 영농조합이나 농업회사와 같은 생산자 조직 구성 비율도 낮은 수준이다. 대중교통이나 쓰레기 처리와 같은 공공서비스 여건도 나빠 앞으로 과소 마을은 주거환경이 더욱 열악해질 것으로 예상된다. 이런 마을의 특징 중 하나는 아무런 의욕이 없다는 것으로, 고령화가 너무 진행되어 스스로를 살리려는 자조정신이 없는 체념하는 마을로 변해간다.

그렇다면 농촌을 어떤 식으로 살릴 것인가. 농촌을 살리는 방안은 생존가능성이 높은 마을에 귀농귀촌인을 집중 공급하는 방안을 전략적으로 검토하는 것이다. 귀농귀촌인들이 참여하는 생산·가공·유통· 농촌 관광·체재·민박과 축제 등 다양한 부문과 산업이 연계된 6차산업 융복합 혁명을 만들어야 한다.

또 귀농귀촌인의 장점인 개인적 재능·기술·지식·지혜·경험 등과 조직적 마케팅, 경영, 회계 등이 지역 산업과 접목하도록 연계해 주는 방안이 모색되어야 한다. 다음 표의 '각 부처별 농촌 관광 개발 관련 주요 사업'을 보면 아직도 자조정신을 가지고 노력하는 마을이 전국에 1,700개가 존재한다. 아무리 농산물 개방과 농업 경쟁력이 없어도 이들 마을은 스스로의 힘으로 자립·자조 정신을 갖추고 살아가고 있다. 한마디로 재테크 정신으로 무장된 농촌마을이라는 말이다. 이런 마을에 다시 새마을정신과 귀농귀촌을 연계시켜 제2 새마을운동을 활성화시켜야 한다.

정부도 이들 마을을 체계적으로 관리하고 있다. 농림부와 한국농어촌공사가 관리하는 웰촌(http://www.welchon.com) 사이트가 그곳이다. 웰촌에 들어가 보면 시도별로 국가 재테크를 실천하는 마을이 존재한다. 정보화마을, 녹색 농촌 체험 마을, 전통 테마 마을, 산촌 생태 마을 등 다양한 마을들이 도시민과 교류하고 도농 융합과 상생을 꿈꾼다. 1,700개 마을에 스스로 하고자 하는 자조정신이 살아 있다. 정부도 이 마을들을 거점 마을로 육성함에 따라 경쟁력도 점점 살아나고 있다. 이제부터는 새마을중앙회나 안전행정부가 농림부와 협력해서 사업을 전개하는 것도 하나의 방안이다.

농촌이 잘살려면 선택과 집중을 하고 스스로 변화와 혁신, 서비스와 상업화에 몰입해야 한다. 정부가 100시간 이상 귀농귀촌 교육을 받고 지역이 필요한 재능을 갖춘 베이비부머들을 좀 더 체계적으로 훈련해 1,700개 마을에 먼저 공급해 성공 모델을 만들자. 성공 모델이 나와야 귀농귀촌에 불이 붙는다.

● 각 부처별 농촌 관광 개발 관련 주요 사업 (2012년 현재)

소관 부처	관련 사업	사업 기간	계획	마을수	투입예산 (억원)
농식품부	농촌 마을 종합 개발 사업	'04~'17	1,000	221	8,849
	녹색 농촌 체험 마을	'02~'17	850	516	1,042
	어촌 체험 마을	'01~'13	112	105	702
	아름 마을 (안행부에서 이관)	'01~'03	23	23	435
	정보화 마을	'01~'08	400	363	1,658
행안부	살기 좋은 지역 만들기	'07~'09	30	30	806
문체부	문화 역사 마을	'04~'09	13	13	239
농진청	농촌 전통 테마 마을	'02~'09	170	170	340
산림청	산촌 생태 마을	'95~'12	600	270	3,364
5개 부처	9개 사업		3,198	1,711	17,435

농림부(2012), 『농림사업지침서』.

한국 사회의 복지 안정망이 무너진다

한국 사회의 복지 안전망에 심각한 문제가 있다. 근본적인 빈곤과 대물림은 은퇴자의 일부뿐만 아니라 고령자, 차상위층자 등이 그 대상이다. 실제 베이비부머 중에는 국민연금은 2명 중 1명이 무가입 자이고, 의료보험은 3명 중 1명이 가입하지 않고 있다. 만약 20~40대의 젊은 층이라면 노동이라도 해서 먹고 살지만 고령자가 도시에서 할 수 있는 것은 아무것도 없다.

일하고 싶지만 일할 수 없는 것. 한국 도시사회의 문제를 일으키는 시발점이자 종착역이다. 고령자들이 할 수 있는 것은 아무것도 없다는 것이 현실이다. 그렇다고 국가가 그들에게 새로운 일자리를 창출해 주기도 어렵다. 돈으로 복지문제를 해결한다는 논리는 어불성설이다. 대학 졸업 후 매년 50만 정도가 비정규직 내지 88만원 세대로 내몰리기 때문이다. 이들을 버려둔 채 베이비부머나 고령자 세대에 접근했다가는 2010년 프랑스와 같은 세대 갈등을 뛰어 넘는 세대 전쟁이 일어날 수 있기 때문이다.

국가 경제는 연 3~4%의 인플레이션에 시달린다. 연일 세계 최초와 수출, FTA와 속도가 회자되지만 대한민국에서는 돈 버는 사람들만이 주인인 사회다.

은퇴 후 도시에서 창업해 5년 뒤까지 살아남을 성공 확률은 10% 미만이다. 실제 50대 자영업자가 310만을 넘는 사회에서 자영업 선호 분야는 무엇일까. 외식산업이다. 그 안에서 성공 확률은 5% 미만이다. 크게 잡아 10%, 20%라고 가정한다고 해도, 내가 그 안에 들어갈 확률은 80%가 아닐 수 있다.

재취업, 창업이 어려워 3D 업종에 종사하지만, 그것도 1~3년 후에는 그 직업마저 유지하기 어려운 것이 현실이다. 젊고 건강한 사람으로 필터링이 되기 때문이다. 나보다 건강하고 조건이 좋은 사람이 그 시장에 들어오기 때문에 자연스럽게 밀려나게 된다. 이후에는 다시 재취업을 할 생각도 못 하고 무력해진다. 서서히 사회에서 멀어지는 고령층이 된다. 한마디로 21세기 대한민국의 실버 세대의 자화상은 눈물 나도록 슬픈 드라마이다.

베이비부머와 고령층이 겪어야 할 노후 경제의 어려움은 국가 경쟁력 약화와 저출산 고령화를 더욱 심화시킬 것이다. 대한민국은 이들에게 많은 돈을 투자할 여건이 못 된다. 스스로 자조적 복지 혹은 자립적 소득을 달성해야 한다. 하지만 베이비부머와 고령층은 자기를 지키기 위한 교육을 받아 본 적도 경험해 본 적도 없다. 본능적 위험과 자각만이 이들을 맴돌고 있다.

현재의 국가 안전망에서 이들이 스스로 의지를 가지고 할 수 있는 사항은 아무것도 없다. 그렇다고 국가가 이들을 위해 해 준 것도 별로 없다. 때문에 고령자들의 문제점은 한두 가지가 아니다.

예를 들어 우리나라 노인 빈곤율은 2010년 45.1%로 OECD 회원국 중 압도적인 1위다. OECD 국가의 평균 빈곤율 13.3%의 3.4배에 이른다. 노인 자살률도 OECD 회원국 중 1위로 인구 10만 명당 65~74세 자살률은 81.8명으로 일본 17.9, 미국 14.1명의 네 배 이상이다. 특히 75세 이상 노인 자살률은 160명으로 전 세계 최고이다. 이 불편한 진실이 대한민국 리더들이 진정 아파해야 할 대목임을 잊어서는 곤란하다.

이제는 국가가 나서야 할 때다. 즉, '부국강병의 시대에서 부국강복富國強福의 시대'로 전환시켜야 한다. 국가의 복지 여력이 미약하기 때문에 국민 스스로 자조적 복지를 만들 시스템을 배우고 익혀야 한다. 국민 스스로 존엄성과 복지를 지킬 수 있도록 자조적 복지 시스템을 만들어 나가도록 국가가 입법해야 한다. 자조적 복지란 스스로 노후 복지를 지켜 나갈 수 있는 힘을 기르는 것이다. 우리는 1970년대초 새마을운동을 통해 충분히 연습했다. 다시 시작하면 기억나고 잘할 수 있다고 확신한다.

이를 위한 전제 조건이 첫째, 거대 도시자본의 농촌으로의 공간 이동을 고려해야 한다. 둘째, 도시와 농촌이 함께 공존하고 발전하는 도농병발책都農竝發策을 만들어야 한다. 도시자본 이동과 도농병발이 핵심이다. 그나마 다행스러운 것은 2012년부터 이루어지는 중앙정부의 지방 이전은 새로운 국가 시스템을 만들어 낼 수 있는 가능성을 보여 줄 것이다.

우리가 여기서 만들어 낼 합의는 노인들이 스스로 목숨을 끊지 않게 일자리를 제공하거나 도농 공동체를 만들어 주는 것이다. 이 합의는 필연적으로 젊은 층의 새로운 일자리 마련이 전제되어야 지속 가능성이 생긴다.

도시인의 지식과 비즈니스의 농촌 이동

강한 경쟁력을 갖추고 지속 가능한 지역농업 활성화를 만들기 위해서는 농산업을 이끌 새로운 주체가 있어야 한다. 지역농업 경쟁력은 이제 단순한 전통 농업을 이끄는 경쟁력이 아니다. 1차산업인 농업과 2차산업인 공업을 결합시킨 형태의 농산업을 육성하는 것이다.

다른 하나의 축은 안전하고 안심할 수 있는 먹을거리를 활용한 농식품을 산업화하는 것이다. 우리나라가 농식품 측면에서 초창기 잘못한 것은 전통적인 농식품 가공 부문이나 생산 부문은 독일이나 네덜란드처럼 농민이나 농민이 만든 조합 혹은 법인만이 생산 가공할 수 있도록 해야 했다. 지금 우리나라를 보면 두부나 된장, 고추장 등 장류, 심지어 콩나물까지 대기업에서 생산하고 농민들은 명함 한 장 내밀지 못하는 수준이다.

이래서 농민이 잘살 수 있는가. 정부가 대기업을 중소기업 영역으로 확장하지 못하게 해야 하는 것이 아니라, 농민들의 영역에 중기업이나 대기업이 진입하지 못하게 해야 한다고 주장한다.

만약 이 분야를 정부가 어쩔 수 없이 허용을 지속한다면 중·대기업은 농민이 생산한 원재료를 가공해 수출할 수 있도록 활로를 만들어 주어야 한다. 아니면 원재료를 수입해 재가공해 수출하도록 도와야 한다. 이를테면, 원유를 수입하고 정제해 완제품을 수출하는 형태가 되고, 국산은 농민들이 국내시장을 점유하도록 유도해야 한다. 이도 저도 싫다면 농민 리그를 따로 분리하는 것이 정답이다.

그래야 농민도 점차 경쟁력을 갖을 수 있다. 또 본원적 자본이 축적되어야 농식품 관련 수출 공장을 건설하고 운영하는 것이 순리다. 또 적극적으로 마케팅할 능력도 필요하다. 농업을 주업으로 하는 '전업농'과 영세·소농이 결집된 법인을 농업 성장의 기반으로 하여 경쟁력을 강화하고자 하는 것이 정부의 복안이라면, 1970년대 정부가 지금의 대기업이 운영하는 중화학공업을 육성하듯이 농업 주체에 대한 아낌없는 후원과 지도를 해 주어야 한다.

하지만 경영이나 마케팅, 수출 관련 무역 업무, 공장 운영은 경험이 풍부하지 못하면 할 수 없는 영역이다. 농사를 짓고 농업에 대한 전문성과는 다른 별개의 영역이다. 예를 들어, 수출을 한다면 송장이나, L/C 개설, 무역 방식 등 다양한 전문 분야와 외국어도 필요하다. 하지만 농민들에게 이러한 능력을 기대하기란 어려움이 따른다.

전업농에 대해서 기업적인 경영이 가능하도록 법인화를 유도하고, 정책자금 지원과 연계해서 영농 자금, 생산·유통 등 시설 자금을 우선 지원하여 규모화시켜 경쟁력을 강화시키는 것은 바람직하다. 하지만 생산과 달리 경영과 마케팅, 수출 등은 다른 영역이다. 이것을 활성화시키기 위해서는 도시에서 공장 경영과 수출 등 다양한 경험이 있는 전문 인력이 각 지방으로 향촌(向村)해야 한다. 때문에 귀농귀촌이 중요하다
.

현재와 같은 단계별 농민 자금 지원과 교육 프로그램으로는 농산업이나 농식품 육성은 불충분하다. 도시민의 귀촌 교육 중 '전문 인력을 확보해 이들이 지역사회를 배우고 익힌 후 농민과 함께 공동 운영하는 귀촌 패키지프로그램 마련'이 핵심인 정부의 개선책으로 나와야 한다.

왜냐하면 농민이 잘할 수 있는 부분과 수십 년 도시에서 전문 분야를 경험한 전문가가 잘할 수 있는 부분은 서로 다르다. 도농이 복합하고 도시에서 경험 많은 베이비부머들이 농촌을 활성화시키고 자신들의 노후 준비를 스스로 하는 자립적 복지를 만드는 데 정부가 나서야 한다. 농민과 귀촌하는 농향민이 더불어 소득 증대와 경제적으로 안정시키는 것이 농촌지역 주민의 삶의 질을 향상시키는 방안이 된다. 농촌의 자원은 농민이 생산하고 귀농귀촌하는 도시의 전문 인력이 그것을 완제품화해

서 국내외로 수출하고 공생공영하는 지혜가 필요하다. 저자는 이 구조를 농자도사農資都事라 정의했다.[106]

귀농귀촌 원스톱 교육기관

1. 귀촌은 사회적 이민, 문화적 고통

도시와 농촌 생활은 분명 다르다. 같은 한국 사람이고 서로 우리말을 사용해도 쉽게 소통이 되지 않는다. 수십 년 살아 온 환경이 다르고 지역 정서와 문화를 이해하지 못하기 때문에 오해가 생길 수 있다. 이것은 불화가 되어 최악의 경우 지역을 떠나는 불행한 결과도 종종 나온다. 현재 귀농귀촌 정착률은 정확한 조사는 없지만, 대략 70~80% 수준이다. 최근에는 귀농귀촌 교육과 준비된 정착 때문에 이 수치는 조금 더 높아졌을 것이라 추정하고 있다. 저자가 바라보는 귀농귀촌은 분명 '국내 이민'이다. 외국에 가려면 현지 사정이나 문화 · 정치 · 경제 · 사회 · 생활 등 다양한 이민 준비를 하듯, 시골로 내려가는 것도 충분한 준비와 교육을 받아야 한다. 시골생활에 정착하지 못하고 다시 도시로 돌아오면 귀촌에 실패하는 것이다.

귀촌도 외국 이민과 같이 체계적으로 준비할 필요가 있다는 사실을 분명히 지적한다. 외국에 이민 간다고 하면 어떤 준비와 절차가 필요한가. 준비해야하고 익혀야 할 것이 한두 가지가 아니다. 귀촌도 마찬가지다. 외국의 경우를 보자. 먼저 ① 자료 정보 수집, ② 타당성 검토, ③ 사전 답사,

④ 자금 계획, ⑤ 한국에서 언어 등 준비, ⑥ 비자 및 이사, ⑦ 주택·자동차·교육·보험·의료 등 안전 및 생활 지원체계 습득, ⑧ 경제생활과 돈벌이, ⑨ 종교와 이웃과 관계 개선, ⑩ 친교와 사회생활, ⑪ 건강과 봉사, ⑫ 명예와 사회 기여, ⑬ 한국의 친지 가족과의 관계 개선 등 다양하게 준비해야 한다.

이런 준비를 철저하고 꼼꼼하게 한다면 성공하지만, 적당히 한다면 본인이 노력한 만큼의 결과밖에 나오지 않는다. 준비 안 된 기적이란 없다. 이민성공을 위해서는 각 부문에 대한 대비가 꼭 필요하다.

귀촌이 사회적 이민이라고 정의한다면 외국 이민과 유사한 형태를 가지고 준비해야 할 것이다. 귀촌도 외국 이민과 같이 전략을 가지고 얼마나 충실히 유비무환할 것인가를 고민해야 한다. 이민처럼 필요한 기술이나 지식, 경험, 자본, 도전정신이 있느냐가 생활하는 데 중요한 요인이 될 것이다. 농촌은 도시와 달리 공동체성이 강해, 한번 이 부문 작동이 고장 나면 마을에 적응하기가 쉽지 않다. 때문에 귀촌 교육을 받고 농촌으로 진입하는 것이 요구된다.

하지만 많은 사람들이 이 부분을 간과하고 나중에 피눈물을 흘리는 경우도 종종 있다. 귀촌 성공은 자기만의 문제가 아니라 가족의 문제이고, 실패하지 않고 성공할 수 있는 귀촌을 위해서는 배우고 익히고 적응하고 배려하는 마음이 기본이다. 이를 위해 전문 교육기관에서 먼저 체계적인 교육을 받기를 권장한다. '선 교육 후 귀촌'이 자신의 행복을 좌

---

106 농자도사란 농촌의 자원을 도시의 일과 사업으로 개발 창조하자는 이론이다.

우할 것이다.

초기 귀촌 교육에서 반드시 다루어야 할 부문이 도시와 농촌의 차이점이다. 도시는 합리성을 기반으로 하는 사회이고, 농촌은 공동체성이 중시되는 사회라는 점이 제일 큰 차이점이다. 국가는 귀농귀촌 과정상에서 지역 갈등을 완화시킬 수 있는 귀농귀촌 지도자를 육성해야 한다.

2. 베이비부머의 귀농귀촌학교

중장년층의 강한 인재들이 계속 일하면서 지속적인 경제성장을 하는 나라로 만드는 방법은 무엇일까. 전문가들은 비교 우위 경제가 지식정보 산업이나 첨단 과학기술에 있어야 한다고 말한다. 또 은퇴 후에도 지속적으로 베이비부머의 지식 · 기술 · 정보 · 지혜가 적재적소에 배분되는 시스템은 어떻게 만들어야 하는가.

베이비부머의 능력이 가장 필요한 곳은 도시가 아니라 농산어촌이다. 우리의 가치관을 조금 변화시킨다면 가슴 설레는 많은 일들이 일어날 것이다. 그중에서 베이비부머가 가진 지식 기술체계를 농촌이 원하는 기술로 전환시켜 도시와 농촌을 융합시키는 창조적 사업을 해 보면 어떨까.

베이비부머가 창조적 사업을 하기 위해서는 먼저 농업 · 농촌 · 농민에 대해 공부해야 한다. 하지만 현재 귀농귀촌 교육체계는 부족함이 많다. 귀농귀촌하고자 하는 도시민의 10% 정도만이 100시간 이상 귀농 교육을 받고 농촌에 정착하는 실정이다. 정부가 나머지 90%의 귀농 교육 사각지대에서 어느 정도 사람들에게 적정 수준의 교육 혜택을 줄 것인지를 먼저 결정해야 한다.

또 예산 지원을 통해 민간 귀농귀촌 교육기관이 자립할 수 있도록 돕는 것도 요구된다. 농림축산식품부도 중소기업청의 창업보육센터 사업을 벤치마킹하는 것이 요구된다. 중소기업청은 일정 규모 이상의 교육 연수와 학생 배출, 토지를 확보한 민간기관에 총 30억을 지원해 교육장 건설(25억)과 소프트웨어 사업(5억)을 지원하고 있다. 농림축산식품부가 민간 전문 귀농귀촌 교육기관에게 교육 연수 시설을 지원해 귀농귀촌인을 적극 양성해야 하지만, 아직 법제적인 정비가 없어 아쉬움이 크다. 유능한 민간 기관을 귀농귀촌 사관학교로 키우고 적극적으로 귀농귀촌 인재를 육성해 도농 융합과 새로운 미래 창조 국가를 만드는 것이 어떨까. 귀농귀촌특별법에 민간이 새마을방식의 귀농귀촌 교육지원 방안을 넣자. 베이비부머의 귀농귀촌을 위해서는 자신이 가진 강점의 부각만으로는 충분하지 못하다. 직장 경험에서 얻은 지식과 정보는 농촌 발전에 중요하지만, 이것만으로는 부족하다. 보다 정교하고 체계적인 맞춤형 귀농귀촌 교육이 필요하다는 점을 지적한다.

이를 위해 농림축산식품부 산하 귀농귀촌 민간 교육기관을 국가 차원에서 체계적으로 양성하고 지원하는 정책이 매우 중요하다. 다시 말하면, 귀농귀촌인과 농촌 마을 주민이 서로 다른 너비의 파이프를 연결할 수 있는 연결관으로 귀농귀촌 교육을 받아야 한다. 현재 농림축산식품부에서 농정원(농림축산식품부 교육문화정보원)을 통해 실행하는 교육은 매년 3,000명 수준을 교육할 것으로 예상된다. 단순 교육이 아닌 100시간 이상의 종합과정을 교육할 수 있는 기관은 우리나라에 다섯 손가락에 꼽을 정도다. 우선 이들 민간 기관이라도 시범사업으로 책임 교육과 인증 교육을 실현할 수 있도록 하면 좋을 것 같다. 향후 발전방안으로 중소기업청·고용노동부 등과 연계 교육방안 마련도 요구된다.

3. 귀농귀촌 교육 투자는 자조적 복지다.

책임 있는 곳에 품질과 만족이 존재한다. 왜 귀농귀촌 교육 품질과 교육생 눈높이에 적합한 교육을 할 수 있는 기관이 필요한가. 정교한 귀농귀촌 교육 시스템의 구축을 통해 귀농귀촌인의 정착 성공도 필요하다. 단순한 귀농 지식과 귀촌 정보의 제공이 아니다. 귀농귀촌은 은퇴자 개인의 일자리 문제를 넘어서 보다 근본적인 '21세기 노동시장 구조'와 깊이 관련되어 있다.

즉, 선진문명을 가진 지구상 어느 나라도 저출산·고령화 문제에서 자유로울 수 없다. 인간은 누구나 출산 부담과 학습, 성장, 노후 안전이라는 근본 문제에 직면하기 때문이다. 외국 노동자를 유입시켜도 별반 효과가 없다. 노동조건이 변화하면 다시 유출될 노동력이기 때문이다.

저출산·고령화로 인하여 산업 인구는 급감해 인구구조가 역피라미드 구조로 변화되고 있다. 줄어드는 노동 인구 감소분 모두를 외국인으로 충족시킬 수 없다. 인구 증가를 위해 출산율을 높여야 한다. 신생아들이 교육을 받고 우리가 원하는 수준의 노동력으로 일하기 위해서는 최소 25년 이상의 시간이 필요하다.

25년의 간극을 줄이기 위해서는 베이비부머가 농촌으로 가서 25년 더일하는 방법이 최선의 방책이다. 그리고 도시에는 신규 인력이 빠르게 대처해 비교 우위 분야에서 수출을 지속하는 방안이 모색되어야 한다.

20세기에는 주 노동력의 공급 원천이 학교 졸업자들이었다. 고등학교나 대학을 졸업하고 노동시장에 들어와서는 직장 안에서 자연스럽게 기술과 기능을 습득하는 것만으로 기업과 산업의 기대에 부응하기 충분했다. 그래서 20세기에는 학교교육이 중요했다. 또 숙련된 노동력은 기업에 기여가 대단히 컸다. 모두가 이러한 시스템에 만족했다.

그러나 21세기 들어오면서 산업구조와 노동시장 등은 이미 정보화·세계화 시대를 반영하여 빠른 속도로 지식 기반 세계화 형태로 탈바꿈하고 있다. 그런데도 대한민국의 교육제도는 아직도 20세기 입시 위주의 학교교육 중심이다. 국가 재테크 차원에서 현재의 교육을 본다면 21세기 상황에 대비하는 변화와 개혁은 대단히 더디고 늦다. 어쩌면 지금과 같은 기득권 지속이 계속된다면 아마 변혁하지 못할지도 모른다.

한국의 교육은 부모가 2세를 교육하는 데 비용을 투자하는 형태다. 공교육이 있지만 이것보다는 사교육과 교육 투자에 의해 자녀의 미래가 규정된다. 자녀의 명문대 진학은 곧 가족의 사회적 성공으로 이어져 왔다. 하지만 부모 세대들이 간과한 사실이 있다. 급속히 부모 부양의식이 약해지고 부모세대 스스로 노후 준비와 스스로의 자급자족 생활을 해나가야 한다는 점이다. 은퇴 이후 어떻게 자립해서 살 것인가. 어디에서 생활할 것인가. 무엇을 먹고 살까. 이것은 2세 교육과 같이 매우 중요한 문제이다.

최근 '교육제도와 노동시장' 간의 불협화음이 크게 증대하고 있다. 과거에는 대학을 졸업하면 대부분이 공사나 대기업에 취직했다. 아무리 등록금이 비싸도 투자 비용보다 얻어지는 효용이 크기 때문에 이를 충분히 감수했다. 하지만 현재는 어떤가. 졸업을 해도 취직이 힘들고, 하더라도 비정규직에 88만원 세대가 흐름이 되어 가고 있다.

대학을 졸업하더라도 암울한 미래만이 존재한다면 투자 비용이 아깝다. 반값 등록금 문제도 여기서 출발한다. 세대 갈등의 뿌리도 이것이다. 청년층이 갈구하는 정치적 극단주의도 새로운 빈부 격차도 물음에 대답해야 해결된다.

IMF 이후 '교육제도와 노동시장' 사이에 작용하는 모순이 점점 커지고 있다. 결국 고학력 실업, 중장년 실업, 은퇴 이후 창업 불안, 노동시장의 경직화 등이 꼬리에 꼬리를 물면서 발생할 것이다. 시장은 이미 21세기 세계 최첨단인데, 제도는 아직 20세기 산업화 · 도시화 · 전문화 수준이기 때문에 발생하는 모순과 비효율의 문제다.

이 문제를 올바로 풀지 못하면 21세기 국가 경제의 새로운 비교 우위 확보가 어렵다. 또 정부가 아무리 복지에 돈을 써도 국민 삶의 질 향상이나 복지사회로 다가갈 수도 없다. 즉, 대한민국의 국가재테크가 어렵다는 말이다. 지금 유연한 노동시장에 대한 대안을 내놓아야 한다. 노동시장에 일어나는 변화에 대해 국민적 공감을 만들어야 한다. 또 상시적 고용과 실업, 평생교육, 귀농귀촌이라는 21세기적 변화에 대해 사회가 준비하는 태세를 갖춰야 한다. 향후 2035년까지 약 300만 명이 귀농귀촌할 것으로 예상된다. 이들이 농촌에 연착륙 할 수 있도록 우리 사회가 정보와 교육을 지원해 돕자, 그것이 최소 비용으로 최대 효용을 가져오는 결과라고 확신한다.

02

도시와 농촌의 융복합,
자조적 복지 실현

이스라엘에서 배우는 도농 융합

21세기 국가재테크는 농촌으로 향하는 도시민들이 농업인과 협력해 새로운 모델을 만드는 것이 도농 융합 혹은 농공상 융복합의 파이를 키우는 것이다. 정부도 농공상 융복합에 중요도를 높이려고 2010년에 향토 산업 육성을 본격화하고 있다. 귀농귀촌 업무를 담당하는 농림축산식품부는 단순한 귀농 교육은 더 이상 의미가 없다고 판단하고 있다. 도시민이 잘할 수 있는 부분과 농민이 특화된 부분을 결합시키는 패키지형 귀촌 교육을 2014년부터 실시한다고 구상을 전했다.

패키지형 귀촌 교육은 지침을 통해 귀농귀촌 창업과 귀농귀촌 취업 형태로 구분되어 나온다. 농민은 농업 중심으로 집중하고, 귀촌인들은 가공업이나 상업, 농촌 관광, 체험 민박, 경영, 마케팅 등으로 사업을 다각화하자는 취지다. 도농 융합이 된다면 타 산업 분야의 종사자들과 다른 분야의 업종 교류 및 협력을 통한 사업 제휴, 신사업 창출도 모색될 것이다. 귀농귀촌인과 도농 융합 덕분에 농업이 사양 산업이 아니라 수출 선도 산업으로 발전할 수 있다.

정부가 지난 20여 년 동안 200조 이상의 혈세를 농업·농촌에 투입하고도 효과를 보지 못한 이유를 저자는 근친상간이라고 보고 있다. 새로운 아이디어나 지식의 혁신과 파괴 없이 오로지 농업인만이 중심되어 모든 사업을 실시해 왔다. 농민이 할 수 있는 부분과 불가능한 부분을 구분하고 선택과 집중하고 외부 인력 수혈을 통해 경영 혁신을 해야 했다.

이스라엘은 융합의 최고 모델이다. 이스라엘 농업의 강점은 신개발과 사업 다각화를 위해서는 해당 사업에 대한 지식·노하우·관행 등을 모두 변혁할 자세를 가진다. 우리처럼 텃세가 없다. 그리고 조직화, 즉 개별 조직체의 학습뿐만 아니라, 해당 사업 종사자들과의 연대를 통해서 문제 해결 방안도 고민하고 있다.

실제로 60년 전 이스라엘 농업 인구는 전체 인구 800만의 72%에 달했다. 지금은 겨우 2.5%에 불과하다. 농업 인구 감소에도 불구하고 농업 생산성은 10배 넘게 뛰었고 수익은 15배나 성장했다. 특히 생활 하수 재활용을 통한 농업용수 공급은 이스라엘의 전매특허다. 그 중심에는 세계 최초로 점적 관수 기술을 개발한 네타핌Netafim이 있다. 텔아비브에서 약 두 시간 거리에 있는 네타핌[107]은 연 매출만 9억 달러(약 1조 원)에 달하는 관수 회사다. 이스라엘의 물 절약 시스템을 완성한 회사로, 네타 펌에 의해 이스라엘은 최초로 생활 하수를 재활용한 국가이며, 전체 주거 지역의 생활 하수 80%를 재활용해 농업용수로 사용하고 있다.

이런 이유때문인지 이스라엘의 농업 기술은 세계 시장을 주도하고 있다. 우리가 이스라엘보다 앞서려면 도시민과 농민이 힘을 합해 농공 상 융복합을 서둘러 완성해야 한다. 다시 말하면, 농업인 · 공업인 · 상업인 등 서로 다른 분야의 산업에 속해 있는 종사자들이 농촌이라는 공간에서 연계 협력을 통해서 새로운 비즈니스를 선도할 기회를 창출하자는 의미이다.

귀농귀촌 교육은 고용노동부가 아닌 농림축산식품부와 농업진흥청에서 해야 할 것이다. 실습과 농업이 배제된 단순 교육은 의미가 없고, 귀농 전 단계에서 귀농 후 단계까지 패키지로 이루어지려면 농림축산식품부가 맞다. 다만 고용노동부는 귀농귀촌 2, 3차 연계 교육과 지원사업에 매진하는 지혜가 필요하다. 또 안전행정부는, 인구 이동이 안전행정부의 교육 영역임을 잊어서는 곤란하다.

그렇다면 도시에서 농촌으로 향촌向村하는 사람들은 무엇을 준비해야 하는가. 이들은 농업에 대해서는 잘 모르지만 공업, 상업, 시스템, 각종 교육, 서비스, 컨설팅 등 다양한 분야에서 융복합화가 진행되고 있다. 농업과 타 산업의 융복합화가 지역과 지역민을 살린다. 또 도시의 학습 경험을 농촌에 전파해 농촌이 업그레이드가 되어 국가의 균형 발전을 도모할 것이다.

107 선진 농업의 선구자 이스라엘 가보니…, 뉴시스, 2012. 7. 16.

농촌에서의 융합 일자리 창출

1. 농촌에서의 콜라보레이션

농촌과 도시가 함께 잘사는 방안은 무엇인가. 도시의 과밀화와 농촌의 과소화를 풀어 내는 지혜가 핵심 노하우이다. 정답은 농촌이라는 공간에서 귀농귀촌인이 참여하는 새로운 일자리 창출 과정과 농기업 설립에서 찾아야 한다. 전후 65달러의 최빈국에서 2만3천 달러의 선진국에 가까이 도달할 수 있는 비결은 기업과 수출이다. 활력을 잃은 농촌에 도시자본과 일자리가 유입되도록 하는 것이 기업이다. 농기업을 통해 농촌사회에 활력이 되살아나도록 정부와 지방자치단체가 함께 지혜와 역량을 모아야 한다. 농기업을 만들려면 무엇이 필요할까. 어떤 지원을 해주어야 도시자본 진입과 귀농귀촌인들이 인생 3기를 농촌에 투자하고 자신의 마지막 열정을 태울까.

도농 융합으로 기업이 생기고 농촌 경제가 활성화되었을 때 최대 수혜자는 농민이다. 농민 스스로 자조적인 참여를 통해 지역 자원과 환경을 최대한 활용하여 지식·정보·노하우가 있는 도시민과 연대해서 특색 있는 농촌 개발을 해야 한다. 정부는 지방자치단체와 협조하여 농촌 주민과 귀농귀촌인의 자질을 융합할 수 있는 토양을 만들어야 하겠다.

또한 도시민의 노후 안정을 위한 농촌 투자 유치에 대한 국민적 공감대를 형성해 나가야 한다. 도시민의 자본 투자를 통해 농촌 주민도 소득 시너지 효과에 의해 농촌에 활력이 증진될 수 있도록 노력해야 할 것이다. 정부 예산 당국은 이를 위해 농촌에 거주하면서 자신이 도시에서 하

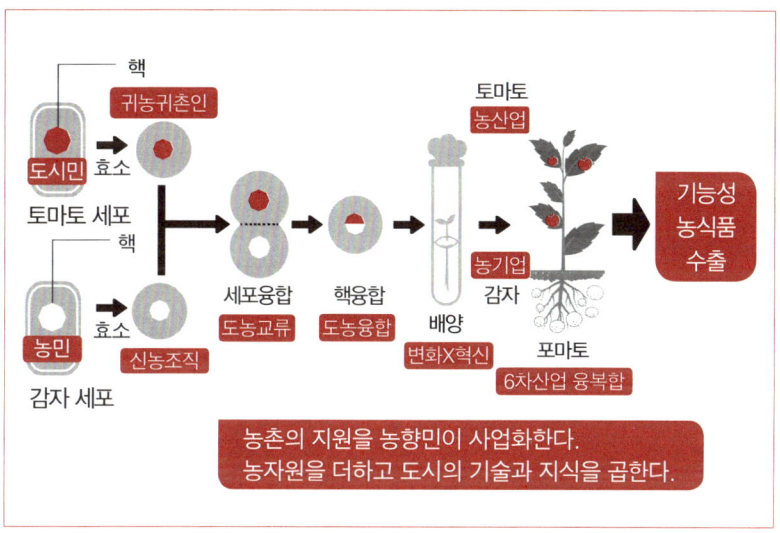

던 일을 지속해 나갈 수 있도록 자본과 지식, 기술 투자에 대한 제도 개선과 인센티브, 규제 완화 3박자가 지속적으로 이루어질 수 있도록 대안을 마련해야 한다.

귀농귀촌 활성화를 위해 6차산업 지원 혹은 농공상 융복합법은 꼭 필요하다. 농촌에도 새로운 활력이 필요하다. 사업에 대한 관점을 개별 정책사업이아닌 농어촌 융합산업 및 국가 전반적인 산업 경쟁력 제고 차원에서 판단하는지혜가 요구된다. 새로운 패러다임을 이해하고 6차산업 정책을 활성화하기 위해 몇 가지 제안한다.

첫째, 농촌을 6차산업 구조로 재현하자. 6차산업이 향후 20여 년 농촌을 먹여 살린다. WTO와 개별 국가 간 FTA 확대로 농산업과 농식품, 농촌 관광, 농촌 휴식, 이벤트, 축제 등의 비농업 부문이 농어촌에서 중요한 사업으로 자리매김해 간다. 비농업 부문을 잘할 수 있는 사람은 농업인이 아니라 비농업인이다.

정부는 농업 부문과 비농업 부문의 사람들이 서로 연대해 농촌마을을 잘살게 하고 지역 산업 활성화를 도출해 낼 수 있도록 선택과 집중을 해야 할 것이다. 새로운 인구 합성 구조 속에서 농어촌 신구 산업이 산업 간의 시너지를 창출할 수 있도록 예산 구조를 재편하길 바란다.

둘째, 지역 특성이 반영된 농공상 융합산업으로 비교 우위를 만들자. 농산업의 고도화와 농업의 외연 확대가 빠르게 전개될 것이다. 첨단화되는 기술이 농촌 자원과 결합함으로써 기존의 농산업의 효율성과 효과성을 제고시킬 수 있는 가능성은 많다. 여기에 적합한 인력을 어떻게 육성, 보급할 것인가가 정부의 역할이다. 또한 환경 산업 및 생명 산업과의 접점을 통한 농업의 외연 확대는 농공상 융합의 새로운 사업 포인트가 된다. 결론은 전통적인 농민이 이 분야에서 주도권을 잡을 수 없다는 점이다. 따라서 새로운 사업 형태에 적합한 귀촌인을 어떻게 육성, 보급할 것인지 인력 체계를 조직화하는 것이 빠르게 요구된다.

셋째, 귀촌인이 참여하는 시장 지향적인 기술 마케팅 보완으로 6차산업 정책을 활성화하자. 한국 산업과 수출을 견인한 산업 예비군을 활용해 국내외 시장이 요구하는 기술과 마케팅, 경영 효율을 높이자. 산업 예비군을 활용하면 어려운 문제가 아니다. 기술·경영·마케팅 효율이 올라가면 지역 농업이 활성화되고, 농공상 융합은 다각화·차별화가 진행된다. 시장의 호응을 얻을 수 있다면 우리 농업·농촌은 새로운 혁신과 상업화가 가능하다.

넷째, 산업 제휴 네트워크를 통하여 농업과 비농업 부분의 수출형 융복합을 촉진하자. 정부와 지자체는 새로운 농업과 비농업이 결합한 연계형 보조 사업을 대폭 신설해 정부 보조사업으로 확산해야 한다. 반드시 향촌인과 농민이 일정 비율 이상 참여하는 6차산업형 제휴 네트워크가 지역 내에서 이루어지도록 해야 한다. 귀농귀촌인과 새로운 마을 조직이 융합하는 사업에 대해 지원하는 도농 융합 사업이 마련되어야 하겠다. 사업비는 2억~10억까지 다양한 사업 유형을 만들어 보급하기 바란다. 일본의 농림수산성에서 추진하는 산업 제휴 네트워크 사업은 시사하는 점이 크다. 농업의 6차산업화를 추진하는 귀촌인과 농업인들의 역량을 강화하고 사업 창출 기회를 마련해 산업화나 기업화를 만들어 수출하는 지혜가 요구된다.

2. 귀농귀촌인의 창업

귀농귀촌인들이 농촌에서 창업으로 잘사는 방법은 무엇인가. 그것은 도농 융합이다. 본인의 전문성이나, 재능·기술·특기를 농업·농촌·농민과 결합시키는 것이다. 이런 개념을 도농 융합이라고 한다. 도농 교류가 1회성 교류와 일방적인 도움 주기라 한다면, 도농 융합은 상호 신뢰와 발전, 지역 활성화를 시키는 방법이다.

도시의 사업과 일, 자본과 지식을 농촌의 기술과 생산력, 경관과 융합시키자는 말이다. 융합은 화학적 반응을 전제하기 때문에 더하기 개념이 아니라 곱하기와 같이 파괴력을 가진다. 귀농귀촌은 도시의 디자인, 디지털, 다이나믹을 강화해 청년 실업을 해소할 것이다. 또 국가의 복지 비용을 절감하는 동시에 농촌 일자리를 증대시킬 것이다.

모르는 분야를 경험과 전략 없이 시작하면 망한다. 농업도 마찬가지다. 그렇다면 농촌에서 농업을 안 한다면 뭐 먹고 살아야 하나. 처음에는 다른 방안을 생각하기가 어렵다.

하지만 조금만 더 생각해 보면 자신이 잘할 수 있는 분야와 농업을 융합하는 것이다. 자신이 도시에서 평생 동안 해 오던 분야와 농업의 융합이다. 즉, 농업과 공업·상업·관광·민박 등 농공상 융합화를 생각할 수 있다. 도시민이 농촌 정착에 성공하려면 반드시 자신이 잘할 수 있는 분야로 농촌에 제일 약한 부분을 찾아 결합해야 성공한다. 이것은 상부상조하고 누이 좋고 매부 좋은 격이다. 도시와 농촌이 서로 도와야 도농 융합이 성공할 수 있다.

반농반도사半農半都事[108]란 필자가 만든 용어로, 반만 농사짓고, 나머지 반은 도시에서 하던 일을 지속해 나가자는 개념이다. 결국 귀농·귀촌의 중심 개념이 반농반도사와 농공상 융복합이 결합해야 발전한다. 반농반도사는 농자도사農資都事[109]의 개념으로 진화된다. 농자도사란 농촌의 자원과 도시의 경험·지식·지혜, 자신의 총체적 역량이 투영된 일과 결합해야 성공한다는 의미이다.

FTA 등 가속화되는 시장 개방 아래 은퇴 후 농촌으로 들어간 사람들의 살 길은 무엇인가. 우리나라 농정 현실은 급속히 1차 농업 생산에서 농식품과 농산업 위주로 급격히 개편되고 있다. 다른 말로 표현한다면, 고부가가치 농산물 생산, 수출 위주의 농업으로의 재편이라고 보면 좋다. 정부도 국민의 정부 이래 농식품과 농산업 육성에 주력하고 있다는 말이다.

농업소득 감소는 필연적으로 농촌의 사회성과 농업의 역동성을 저하시킨다. 만약 귀농귀촌인이 농촌에서 관행 농업을 지속한다는 것은 점점 패색이 짙어지는 싸움판에 뛰어들어 열심히 싸우다 죽어 가는 형국이다. 우리는 한 번뿐인 인생에서 이기는 싸움을 해야 한다. 베이비부머는 이기는 싸움을 현대사에서 전개했다. 시골에서 패배한 이름 모를 당신을 누가 기억해 줄 것인가. 어쨌든 싸움에서는 이기고 볼 일이다.

농촌 관광형 기업마을

귀촌인이 은퇴 이후 농촌에서 잘살기 위한 관심을 가져야 할 부분이 농촌 관광이다. 농촌 관광은 말 그대로 농산어촌의 다양한 경관과 자원을 보고 즐기고 노는 것이다. 즉, 볼거리 · 먹거리 · 쉴거리 · 할거리 · 놀거리 · 일거리 · 알거리 · 팔거리를 쇼핑하는 관광 형태이다. 농촌도 알고 이해하는 재미도 있고 뽕도 따는 관광 형태다.

농촌 관광은 농촌이 식량과 농산물의 생산 기지로만 인식되어 오던 것을 휴양과 휴식, 환경 보전, 문화 보전 등의 기능을 인식시켜 주는 좋은 기회가 되었다. 농촌 주민들은 농촌을 가꾸고, 농촌의 자원을 이용하여 보다 유익하고 재미있는 프로그램을 마련해야 한다. 프로그램과 마

---

108 반농반도사의 자세한 개념은, 유상오(2011)의 『은퇴하면 뭐 먹고 살래』에 소개되어 있음.
109 농자도사는 반농반도사의 개념을 발전시킨 용어로 귀촌인이 농촌의 자원을 활용해 도시에서하던 일과 경험 · 지식 · 지혜를 결합시킨다는 개념으로, 이것으로 소득 창출과 지역 활성화를 꾀할 수 있음.

을 브랜딩, 홍보가 일석 삼조의 효과를 보는 형태다.

하지만 도시민을 만족시키기 위해서는 역시 도시생활을 수십 년 한 귀촌인이 최고다. 실제 민박이나 농촌 관광을 하면 시골 할머니는 도시민이 무엇을 원하는지 잘 모른다. 하지만 도시에서 귀촌한 베이비부머는 눈빛만 보아도 잘 알 수 있다. 도시민이 내 집 혹은 우리 마을에 찾아와 먹고 쉬면서 이야기하면서 친구가 된다. 이런 프로그램이 농촌 관광이다. 소득도 타 작목에 비해 높다. 물론 개인차는 있지만 입지와 시설, 교육과 훈련을 받으면 누구나 연수입 2천만 원 정도는 올릴 수 있다. 농촌 관광의 특징은 있는 그대로의 귀촌인이 사는 농촌과 농가를 보여 주는 것이다. 인위적 조작을 최소화한다는 의미이다. 우리 농촌마을의 인문ㆍ자연ㆍ생태ㆍ농업 등의 자원을 원형을 훼손하지 않고 방문객에게 보여 준다는 것으로, 귀촌인이 이 점에 주안점을 두고 자신만의 테마로 스토리텔링을 만들어 나가야 한다.

농촌 관광은 도시민과 농촌 주민을 이어 주는 매개체로 상호 교류라고 할 수 있다. 시골의 자원과 인심을 함께 나누는 프로그램이다. 만약 도시민이 농촌에 와서 농촌의 자연ㆍ농사ㆍ문화 등을 체험하며, 휴양과 휴식을 즐기며, 지역의 농특산물을 구매함으로써 상호 교류가 활발하게 이루어지면서 마을 소득도 올려 주는 역할을 귀촌인이 해야 하는 것이다.

농촌 관광이 귀촌인에게 좋은 점은 주민 중심의 경영 형태를 갖는 것이다. 귀촌인도 준비만 잘하면 공정한 경쟁을 할 수 있고, 동네 사람들이 마음만 뭉쳐진다면 마을의 자연자원을 이용하여 부가가치를 높이는 개발을 할 수 있다. 이 과정에서 농림축산식품부의 녹색농촌 체험 마을 사업을 추진한다면 3억 정도는 쉽게 보조받을 수 있다. 그리고 그 혜택은 농촌 주민 모두에게 돌아간다.

귀촌인이 주의 깊게 보아야 할 대목이 농촌 관광은 지역 가꾸기와 병행하여 실시된다는 점이다. 농촌 관광은 근본적으로 지역의 아름다운 자연경관, 맑고 깨끗한 환경, 지역 주민들이 가지고 있는 풍요로운 인간미와 문화성이 중요시되어 지역 가꾸기와 같이 추진되는 것이다. 새마을운동 방식의 마을 가꾸기, 농촌 관광은 정부에서 지원도 해 주고 도시의 경험과 선진문화를 전파하는 과정이며 귀촌인이 주체적으로 할 수 있는 사업이다.

네덜란드에서 배우는 농수출의 교훈

1. 농산업도 수출이다

우리가 한국재에서 얻은 전략은 속도, 비교 우위, 수출, 교육 네 가지다. 피가 돌기 위해서는 농산업도 수출해서 팔아야 산다. 나라가 잘살려면 농업도 수출산업이 되어야 한다는 말이다. 우리는 지난 70여 년 동안 자원도 자본도 자신감도 없는 나라를 세계 10위권의 나라로 만들었다. 모든 상품과 산업은 수출 중심에 방점을 찍어 왔다. 끊임없이 해외시장의 목소리에 귀를 기울이지 못하면 경쟁자들에게 우리 자리를 내 주어야 했다. 변화와 적응, 창조를 밥 먹듯이 하고 교육과 개발, 효율 증대에

죽기 살기로 노력했다. 국부에 필수적인 기본 3요소(자원·자본·자신감)가 없으니, 남들보다 더 노력해야 함은 물론이다.

우리나라는 지난 반세기 동안 모든 품목을 다 수출 중심으로 해 놓았는데, 농산물 수출은 아직 진척이 없다. 왜 진척이 없을까. 수출하려는 노력을 하지 않고 내수 중심으로 정책을 전개했기 때문이 아닐까. 우리도 네덜란드나 덴마크, 이스라엘처럼 수출 농업으로 먹고 사는 나라가 될 수는 없는 것일까.

네덜란드는 인구 약 1,700만 명, 국토 면적 4만1,500여 ㎢에 불과한 작은 국가다. 농가 수도 지속적으로 감소해 7만 호를 겨우 넘고 있다. 우리나라 117만 호의 6%에 불과하다. 그럼에도 네덜란드는 세계적인 농업 강국으로 인정받고 있다. 농업 부문은 네덜란드 총 부가가치의 12%, 총 고용의 10%를 차지하며, 수출액은 162억 유로(2,400억 원)에 이른다. 이 중에서 튤립으로 알려진 원예 부문의 경우 2010년 기준으로 농업 생산의 40%인 80억 유로를 차지한다.

네덜란드 농업의 성공 요인은 다섯 가지로 요약할 수 있다.[110]

첫째, 무역과 수출 활성화다. 네덜란드는 무역이 국가 경제에서 대부분의 비중을 차지하고 있으며, 이는 16세기 열강으로 부각될 때부터의 전통이다. 특히 수출이 국내총생산GDP에서 차지하는 비중은 80%나 된다.

그 중에서 농식품 부문은 네덜란드 무역 흑자의 40%를 차지할 정도며, 2004년 이후 농식품 부문 무역수지 흑자가 세계 최고 수준이다. 우리는 농식품 수출이 약 60억 달러 수준으로 전체 5000억 달러의 수출 중 1.2%로 아직까지 미미하다.

둘째, 연구 개발이다. 네덜란드는 농업을 지속 가능하고 수출 경쟁력을 가진 산업이 되도록 연구 개발에 투자 비중을 높이고 있다. 농식품 부문 투자의 60% 이상은 지속 가능을 높이는 R&D 부문에 투자한다. 농식품 부문에 투입되는 예산은 지식, 경쟁력 및 지속 가능성, 국제 정책, 동식물, 건강 등이 대상이다. 박근혜 대통령은 네덜란드의 농업 기술력을 95%, 노동력을 5%로 보고 있다.

셋째, 연구 개발 인프라의 조성이다. 수출을 위한 농식품 부문의 연구 활동은 여러 분야가 통합된 클러스터와 네트워크 구조다. 예를 들어 '녹색 지식 협력체'는 전문지식, 전문교육, 고등전문교육연구소 등의 연합 기구다. 녹색 지식 협력체는 7만5천 명의 학생, 1만5천 명의 근로자, 120개 학교가 포함된 거대 클러스터다. 다시 말하면, 거점 클러스터가 있고, 이를 네트워크로 연계해 거대한 군단을 만들었다고 보면 좋다.

녹색 지식 협력체의 성공 요인으로는 사업계와의 관련성, 지식에 대한 가치 부여, 지역적 결합, 매력적인 교육 시스템, 학생들에 대한 동기 부여 등을 들 수 있다. 바헤닝언 대학 연구 센터는 네덜란드 지식 센터로, 자연의 잠재력을 탐구하고, 삶의 질을 개선하는 목표를 가지고 있다.

넷째, 공공-민간의 파트너십이 잘 구축돼 있는 것도 네덜란드 농업의 강점이다. 대표적인 것이 '푸드 밸리Food Valley'로, 이는 바헤닝언 지역의 지역네트워크 개념이다. 수출업자, 공무원, 중소기업 경영자, 연구기관 등으로 구성된 푸드밸리는 농식품 부문의 주요 성공 요인인 지식·기

110 플로어 브라우어. 네덜란드 농업의 성공 요인. 농민신문. 2012. 9. 12.

박근혜 대통령과 네덜란드 농업

박근혜 대통령은 2012년 대선 전부터 농업에 대한 새로운 시대적 요구를 계속 주문했다. 그 중 대표적인 것이 네덜란드식의 농업이다. 박 대통령이 인식하는 새시대적 농업이란 "농업을 2차. 3차 산업과 융합해 6차산업으로 육성하고, 농생명 신소재, 식의약, 바이오 에너지 등 생명산업으로 확장해야 한다"는 것이다. 또한 ICT를 활용한 자동재배 시스템, BT를 활용한 생명산업 등 새로운 기술 활용 가능성도 필연적으로 증대되어야 한다고 보고 있다.

박 대통령은 자주 네덜란드가 열악한 여건 속에서 농식품 수출 세계 2위의 농업강국이 된 비결을 예로 든다. 정부·대학·연구소·기업 등의 협업을 통해 지식혁신시스템을 구축하고 농업을 과학화하는 것이 네덜란드에서 배우고자 하는 것이 박 대통령 의중의 핵심이다. 네덜란드 농업 예산의 37%가 지식 및 혁신 관련 예산이다. 네덜란드의 농업 발전을 견인하는 푸드 밸리 종사자 2만 명 가운데 연구 개발 인력이 75%에 이른다고 한다.

농림축산식품부나 농업진흥청, 산림청이 제3의 농업혁명을 이루려면 농림식품 연구개발(R&D) 투자를 확대함으로써 노동 집약적 발전 모델에서 기술혁신 발전모델로 전환하는 것이 필요하다. 2013년 정부는 이를 위해 농림식품 R&D 예산을 지속적으로 확대하고 농림축산식품 예산 구조를 점진적으로 기술 투자 중심으로 바꾸어 나갈 계획이다. 6차산업과 아울러 농림식품 R&D가 농림식품 산업정책을 실질적으로 뒷받침하도록 국정 과제 및 농정 목표와 연계해 중점 R&D 분야도 설정하려고 노력하고 있다.

예를 들어 농가 인구 감소 및 고령화에 대응한 농림축산 로봇 개발 기술, 환경 친화적 축산업 육성을 위한 가축 분뇨를 자원으로 활용하는 기술, 수급 불안으로 인한 가격 폭등을 방지하기 위한 신선 농산물의 저장 기간 연장 기술 등과 같이 국민이 체감하는 기술에 집중 투자해 나갈 계획이다.

박근혜 대통령은 "농업이 단순히 1차산업이 아니라 가공·유통·관광과 같은 종합적인 6차산업이 될 수 있도록 복합적 발전계획을 수립해 지원해야 한다"고 기회 있을 때마다 밝혔다. 또 박 대통령은 네덜란드 농업정책 관계자가 '네덜란드의 농업은 95%가 과학기술이고 5%만이 노동'이라고 강조한 점을 소개하면서 "(우리 농업도) 첨단 과학기술과 정보통신기술을 융합해 고부가가치화하는 것이 중요하다"고 말했다. "첨단 생산. 유통 시스템 도입 등을 통해 농업 분야의 R&D(연구·개발) 투자를 강화하는 방안에 대한 검토가 필요하다"는 말이다.

박 대통령은 이러한 수출과 연구 개발 농업이 '농가소득 증가', '농업경쟁력 확보', '농촌 복지확대'라는 목표를 달성할 것이라고 보고 있다.

업·혁신 등을 모두 함께 도입해 농식품 부문의 혁신적인 잠재력을 빠르게 향상시켜 왔다.

다섯째, 수출 인프라 정비다. 무역을 위한 운하·공항 등 운송 인프라도 잘 갖춰져 있다. 유럽에서 가장 규모가 큰 로테르담 항구의 경우 연간 4억t의 물량을 처리하며, 최근 들어 1일 컨테이너 처리량이 1만8천 개까지 높아졌다. 암스테르담 스키폴 공항은 원예제품 무역의 허브라고 할 수 있다.

2. 네덜란드 농산업 우리가 이길 수 있다.

네덜란드 농업이 농식품 수출을 준비하는 한국에 어떤 교훈을 줄 수 있는가. 첫째, 미래 창조 국가 한국이 국가 농업의 전략적 목표를 수출 농업 육성으로 할 필요성이 제기된다. 우리나라는 고부가가치 상품에 대한 수요와 선택, 개선과 변화, 적응이 세계에서 가장 빠르게 진보하는 독특한 나라다. 삼성전자나 LG의 휴대폰 수출을 보라. 2000년대 초반만 해도 일본이나 핀란드 기업은 전혀 경쟁 상대가 되지도 못하는 회사였다. 하지만 한국인들은 한번 한다면 고 이주일 선생의 웃음처럼 뭔가를 보여 주어야 한다. 그리고 집요한 집념과 까라면 까는 'kk 정신'으로 기필코 세계 정상에 우뚝 섰다. 이는 한국에서 고부가가치 식품산업 혹은 기능성 식품의 성장 가능성이 있다는 것을 의미한다.

그렇다면 왜 정부와 농업인들이 1990년대 중반부터 수출을 시도했지만 큰 성과를 내지 못했는가. 이유는 시스템의 부재이다. 생산자인 농민이 수출을 모르고 생산만 알고, 도시나 외국을 전혀 모르는데 수출이 잘

될 턱이 없다. 적을 알고 나를 알아야 하는데, 지금까지는 적을 몰랐다. 대행업자는 손님이지 주인이 아니다.

그러나 이제는 다르다. 농촌에 도시에서 수출과 지식, 마케팅으로 무장된 세계 최강의 한국 용사들이 농촌으로 들어가기 시작했기 때문이다. 이들은 수출이면 수출, 뭐든지 무에서 유를 창조한 세대이다. 확실히 보여 드려야 마음이 편한 세대이다. 한다면 하는 해병대 집단이다. 비록 나이는 들어 머리는 은발이 되지만 아직도 열정과 경험, 지식과 기술은 세계 최고다. 현역 시절 날밤 새우며 연구 개발하는 정성이 있다. 이들과 세계 최고의 생산 능력을 갖춘 농민이 만나 기능성 식품이나 고부가가치 농산물을 생산한다면, 또 수출한다면, 우리 농촌의 미래는 한강의 기적보다 더한 마을의 기적을 만들 수 있다. 우리는 이것은 제2의 새마을운동이라고 예상한다.

사실 마을의 1차 기적은 새마을운동이었다. 이제 2차 기적을 농산물 수출로 보여 주자. 우리나라를 찾는 개발도상국 지도자들에게 과거만 보여 주지 말고 현재 농촌의 멋진 광경을 보여 줘야 진짜 기적을 그들에게 선물하는 일이 아닐까. 고부가가치 농산물 수출은 우리에게 기회로 작용할 수 있다. 이런 기회를 보다 잘 활용하기 위해 귀농귀촌인을 대상으로 한 교육과 지도 사업은 필수다.

둘째, 농업인들은 책임감을 가지고 고품질 기능성 농산물을 생산해야 한다. 이 과정에서 농업인들은 정부나 다른 기관으로부터 적절한 보호와 지원을 받아야 한다. 정부가 1970년대 중화학공업 육성과 같이 농업에 대한 지원을 해 주어야 한다. 대기업으로부터 중소기업을 보호하듯이, 중소기업으로 부터 농업을 보호해야 한다는 말이다. 농업은 국민의 생명이고 산업의 뿌리이다. 근본이 없이 변화와 창조는 어렵다. 더 늦기 전에 근본에 충실하는 나라가 되어야 G-5의 목표를 달성할 수 있다.

셋째, 네덜란드는 지역이 클러스터가 되어, 마을 간 네트워크를 이루고, 각각의 전략적 파트너십을 형성했다. 귀농귀촌인이 중심이 되어 지역사회 진흥을 만드는 조직화가 필요하다. 이것이 이루어진다면, 수출 농업은 어렵지 않을 것이다. 답답한 것은, 우리가 40년 전 새마을운동 때 하던 일을 네덜란드가 하는데, 정작 우리는 아무 생각이 없다는 것이다.

귀농귀촌인의 고부가가치 농산물 생산과 수출

지금까지 정부는 농식품 종합대책과 비전을 가지고 지속적으로 준비해 왔다. 컨설팅 교육 부문이 앞서 간다. 식품 외식기업 컨설팅 및 교육 지원을 해서 유관 기관과 협력체계를 구축하여 식품 기업들이 식품 위생 자문 및 기술 경영 지도를 체계적으로 받을 수 있도록 지원하고 있다. 또 관련 산업 종사자를 대상으로 국가 차원의 차별화된 교육을 실시하여 전문 인력을 양성하고 있다. 또 시설 현대화 등 자금 지원도 한다. 식품 제조업체, 농산물 업체, 전통식품 제조업체에 대해 시설 현대화를 지원하여 관련 기업의 경쟁력을 강화하고 있다. 전통 발효식품도 육성하고 있다. 한국 전통식품의 명품화 사업 기반을 확립하고 전통 발효식품과 관련한 다양한 홍보 및 마케팅을 추진한다.

- 2020년대 동북아경제 공동체 형성
- 반경 2천 km내 15억 인구 거주 EU의 3배 인구거주
- 세계 GDP의 1/3을 동북아경제권에서 생산
- 비행거리 2시간 이내 1백만명 이상 도시 60개
- 안전, 안심할 수 있는 친환경 농산물 수요 급증
- 유교, 한자, 쌀을 기본으로 하는 먹거리 공동체
- 한중일의 중심위치로 해상 및 항공교역 유리

또한 국가 인증 농수산 식품 홍보와 한식 세계화 인프라 구축, 그리고 한식 교육 및 경쟁력 강화에도 매진하고 있다. 특히 한식 세계화 사업의 체계적 전개를 위한 시장 정보 조사, 전문 조리 인력 양성 교육, 표준 조리법 및 유망 메뉴 연구 등을 추진하고 있다. 한식의 접근성 제고를 위한 콘텐츠를 발굴, 홍보하고, 한식의 우수성을 객관적으로 증명하기 위한 임상 시험도 하고 있다.

중요한 것은 농촌과 농민을 지원해 줄 귀농귀촌인이 농촌마을에서 소외되지 않고 더불어 협력해서 살아갈 수 있는 협력형 소득 모델을 만들어 수출 농업을 활성화시키는 것이다.

한중일이 현재는 영토 분쟁을 하고 있지만, 경제적으로는 급격히 통합될 전망이다. 2020년대 동북아 경제공동체가 형성되고 한중, 한일 FTA도 타결되어 명실상부한 경제권이 형성될 전망이다. 동북아 경제권이 형성된다면 반경 2천km 내 15억 인구가 거주한다. 이 인구 규모는 EU의 세배에 해당하는 인구 규모가 권역 내에서 경제생활을 한다는 의미이다.

우리가 주의 깊게 살펴보아야 할 점은 이 권역에서 세계 GDP의 1/3을 생산한다는 점이다. 실제 한국 · 일본 · 중국 · 대만 등 동북아 경제권에서 생산한 물품이 전 세계에 수출되고 있다.

● 종합대책과 비전 2020과의 비교

종합 대책('08.11)	비전 2020('10.2)	기본 계획('11.7)
■식품 산업 인프라 확충 R&D 확대 등 투자 활성 식품 클러스터 조성 식품 분야 투자 활성화 통계, 정보 시스템 선진화 제도 개선 ■농어업 연계 · 발전 식재료 산업 활성화 생산자 참여형 기업지원 ■식품 산업 수출 산업화 전통 발효 식품 산업화 수출 확대 및 한식 세계화 전통주 산업 육성 ■안전 농식품 공급 안전 관리 강화 인증 · 표시 제도 개선 식생활 교육	■신성장 동력 창출 친환경 녹색산업 활성화 동식물 자원 활용 등 ■농어업의 체질 전환 직불제 통합 · 확충 지역 역량 극대화 생태 문화 자원 활용 ■식품 산업 글로벌화 고부가가치 식품 산업 전략 품목 개발 한식 세계화 확산 농식품 수출 확대 ■국가 식품 시스템 선진화 국가식품위원회 안전성, 식생활, 식품 체인 효율화	■식품 산업 인프라 확충 농식품 R&D 확대, 국가 식품 클러스터 식품 인력 교육, 통계 · 정보관리 강화 민간 투자 확대, 농식품 기업 지원센터 원활한 원료 조달 시스템 구축 ■농어업과의 연계강화 지역 전략 식품육성, 식품 가공 활성화 농공상 융합형 기업 육성, 외식 산업 육성, 우수 식재료 소비 촉진 품목별 가공 산업 활성화 ■글로벌 경쟁력 강화 농식품 수출 확대, 한식 세계화 전통 발효 식품 육성, 기능성 식품 육성 연관 산업 활성화 ■소비자 권리 보호 및 안전 관리 소비자 정보 제공 강화, 인증제도 개편 녹색 식생활 교육 사전 예방적 안전 관리, 유통 단계 안전 관리 강화

자료 : 농림부

그렇다면 동북아 경제권의 공통점은 무엇인가. 유교 · 한자 · 쌀을 기본으로 하는 먹거리 공동체, 문화 공동체다. 이러한 식품과 문화의 일체성은 15억 인구를 내 집이나 이웃 같은 식품공동체로 만들 가능성이 높다. 우리가 주의 깊게 보고 선택과 집중을 해서 수출할 고부가가치 식품 시장은 멀리 있는 곳이 아니다. 비행 거리 2시간 이내 1백만 명 이상 도시 60개만 공략해도 우리 농촌은 복지농촌이 된다. 그렇다. 안전 안심할 수 있는 친환경 농산물의 수요가 급증하고, 이것에 기능성 식품과 고부가가치 식품을 생산한다면 대한민국은 먹거리 삼국지도 제패할 수 있다. 우리는 한중일의 중심 위치로 해상 및 항공 교역의 노루목이다.

---

111 I턴은 도시 출신이 시골로 이동해 사는 것을 말한나. U턴은 시골 출신이 도시생활을 하다가 다시 고향으로 이동하는 것. J턴은 시골 출신이 도시에 살다가 고향이 아닌 타향으로 이동해 정주하는 것을 말한다.

귀농귀촌 국민운동의 전개

귀촌이 빠르게 진화한다

도시에서의 경험과 지식, 기술과 교육이 전통적인 농업과 농사에 대한 인식을 전혀 다른 형태로 바꾸고 있다. 새로운 아이디어와 경영 능력을 갖춘 도시민들이 다양한 형태의 비즈니스를 농업·농촌·농민과 결합시키는 신농촌 이주가 나타난다. 과거의 귀촌에서 볼 수 없는 루랄 엑서더스Rural Exodus가 출발하고 있다.

이들을 농향민農向民으로 정의할 수 있다. 농향민이란 농촌으로 향하는 도시민을 말한다. 이 중에 도시에서 농촌으로 향하는 I턴[111], U턴, J턴 등이 있으며, 이 유형 속에서 귀농과 귀촌이 있다. 정리하면 귀촌이란 말은 지극히 지엽적인 의미라는 사실을 알 수 있다.

귀농귀촌인과 원주민이 2인3각이 되어 잘 살려면 법제 신설과 제도 개선, 규제 완화의 3박자를 지원해 주어야 한다. 정부는 지금까지 왜 전통식품을 농민이 생산하지 못하고 대기업과 중소기업만의 전유물이 되었는지 곱씹어 봐야 한다. 농민도 살리려면 농민 리그를 만들어 주어야 한다. 그래야 국토 균형 개발도 이루어진다. 소득 없는 곳에 일자리도 세금도 복지도 없다는 한국재의 교훈을 잊었는가.

농향민은 농촌사회에서 직업으로 농업 이외에도 농가공, 유통, 관광, 문화, 커뮤니티 비즈니스, 환경 등 다양한 분야에서 성공 모델을 만들면서 농촌에 정착을 해야 한다. 이들이 반농반도사를 실천한다면 적어도 농촌에 1만 가지 이상의 직업이 새로 생길 수 있다.

농촌진흥청의 최윤지 박사는 농촌 리더의 약 40%가 귀농귀촌자라고 밝히고 있다. 필자의 추정으로 지난 15년 정도의 귀농귀촌 역사를 보면, 귀농귀촌자는 4만2천 가구에 약 10만 명에 이른다. 농가 인구는 2011년 현재 약 296만 명이다. 이 중 10만 명이면 약 3.4%이다. 하지만 지역의 중견 지도자로 성장한 귀농귀촌인은 전체 300만 농민 중 40%에 육박하고 있다. 이것은 무엇을 의미하는가. 지역에는 실력 있고 유능한 신규 취농 인구가 필요하다는 것이다. 귀농귀촌인들이 일선 지자체에 새롭게 활력을 불어넣고 있다는 말이다.

베이비부머의 은퇴 원년은 2010년이다. 귀농귀촌의 추세는 58년 개띠가 본격 은퇴하는 2013년 이후 더욱 심화될 것이다. 모든 전문가들이 2013년 58년 개띠들의 판단을 숨죽이며 보고 있다. 본격적인 소셜 믹싱

social mixing도 시작될 것이다. 이 과정에서 갈등과 경쟁, 반목과 친교, 단절과 소통을 통해 새로운 질서가 태동할 전망이다. 많은 아픔은 있겠지만, 대한민국 농촌은 분명 진화할 것이다. 우리 국민들은 이 격동을 슬기롭게 극복하고 강한 경쟁력을 지닌 농산어촌으로 거듭날 것이다. 지역의 아름다움을 갖춘 동양의 스위스로 성장할 것으로 전망한다.

사라지는 농촌마을 귀농귀촌 캠페인이 답이다

아이 울음소리가 사라지고 노인들만이 사는 농촌마을에서 활력을 찾기란 여간 어려운 것이 아니다. 이런 고령화 · 저출산화 · 빈곤화의 문제 중에 어느 것 하나 쉽게 해결하기 어렵다. 베이비부머는 농촌으로 돌아가고 싶다. 농향민이 되어 농촌에 살고 싶다. 이런 농향민을 지역에서 받아 주고 공생해 지역과 농향민이 같이 협력해서 부자 되는 방법은 없는 것일까.

귀농귀촌을 활성화하기 위해 귀농귀촌 서약서에 서약하고 귀농귀촌 후에 농림축산식품부 · 보건복지부 · 안전행정부 등 정부에서 귀농귀촌인을 대상으로 '양부모 맺고 같이 살기 운동'을 도와주면 어떨까. 대부분 자식이 도시에 있는 현실에서 노부모를 모시기도 어렵다. 이런 현실을 타개해 주는 것은 향촌자들이 시골로 내려가 시골 노부부를 양부모로 모시고 돌보며 살아가는 방법이 모색되어야 하는 것이 아닐까. 황혼의 이들을 돕고 보살핀다면 여러 사회문제와 비용도 해결되고 민간사회 안전망도 되살아나고 국가재정도 좋아질 것이다. 이런 것이 자조적 복지이다. 전국 농촌의 약 116만 가구 중 약 50만 가구의 독거노인 혹은 노부부가 있다. 이들 노인을 귀촌인이 자식이 되어 부양하자. 농기술도 배우고 그 집에서 같이 살거나 이웃에서 살면서 서로 돕는 것은 의미 있는 운동이 될 것이다. 이것은 후대 계승을 위한 다문화 가정을 만든 것과 같이 지역문화 계승을 위해 '양부모 모시기 운동'이 전개되어야 한다.

만약 이것이 사회운동화된다면 정부의 복지 관리 비용 부담도 크게 줄일 수 있고 농촌 생산성도 높일 수 있는 방안이 될 것이다. 또 사라져가는 지역 문화와 어메니티 자산을 살리고, 농촌의 자원을 도시의 다양한 직업이 결합해 새로운 사업 기회를 늘릴 수 있다. 정부가 여기에 투자하고 도와준다면, 농촌에 우리가 상상할 수 없는 많은 일자리가 창조될 것이다.

'양부모 모시기 운동'의 전제가 되는 것이 귀농귀촌 서약서[112]이다. 쉽게 말하면, 사후 장기 기증을 맹세하고 서약서를 작성하듯, 자신이 은퇴

향촌 준비 5계명

① 귀농이 아닌 귀촌을 하라 *선 귀촌 후 귀농

② 보통 사람이 도시에서 은퇴 이후 대안 마련이 어렵다. *선 대안 마련 후 장소 선택

③ 10인의 후원자를 만들라(가족과 지인이 후원자가 되도록 함) *선 신뢰 확보 후 후원 요청

④ 은퇴 후 일과 취미와 봉사를 공유하라

⑤ 은퇴 후 좋아하고 잘할 수 있는 것에 매진하라.

하면 시골로 내려가 살겠다는 향촌 서약서를 약속하고 이를 실천하는 방법이다.

현재 시골에, 특히 고향마을로 가기는 여러 가지 제약이나 장애가 있다. 특히 실패자나 능력 없는 사람이라는 선입관을 해소해 주는 사회적 면죄부와 여건 개선이 필요하다. 정부는 이것을 사회운동으로 발전시킬 수 있는 지원이 필요하다. 정부가 착각하지 말 것은, 운동은 민간이 하는 것이지 정부가 하는 것이 아니라는 것이다. 정부가 하는 순간 정책이 되고 운동의 자유로움이 없어지게 된다. 그 순간 운동은 끝장이 난다. 따라서 운동은 민간이 전개하고, 정부 지원은 보이지 않게 하는 세련미가 요구된다.

3천만 원으로의 귀촌 설계

2009년 『3천만 원으로 은퇴 후 40년 사는 법』이라는 책을 저술했다. 간단히 3천만 원으로 40년 사는 귀촌 설계를 설명하면 다음과 같다.

먼저 1천만~2천만 원으로 적당한 집을 임대한다. 가급적 5년 이상 장기 임대가 바람직하다. 선택 기준은 ① 경관이 양호한 곳 ② 텃밭 딸린

---

112 귀농귀촌 서약은 2005년 저자가 제안하고 전국농업기술자협회 강춘성 회장과 최동주 박사가 운동화 하려고 했으나 사회적 공감대를 이끌어 내지 못했다. 지금 다시 한다면 좋은 반응을 만들 수 있는 가치 있는 운동이다.

곳 ③ 5년 이상 장기 임대 가능지 ④ 마음이 편안한 곳 ⑤ 민박 가능지[113]
등을 고려해야 한다.

나머지 1천만 원으로 취미 농사를 지을 준비를 해야 한다. 1천만 원을
잘 사용하기 위해 텃밭은 가까이 있어야 하며 ① 농약 안 하는 품목 ② 발
효식품이가능한 품목 ③ 저장이 가능한 품목 ④ 능력에 적합한 품목 ⑤
지인들이 좋아할 품목을 선택하는 것이 중요하다. 이것으로 취미농을 할
준비는 충분하다.

다음 단계로는 지인 열 가족을 모으자. 한꺼번에 모을 수 있는 방법은
쉽지 않다. 도시에서부터 충분한 취미농과 주말농장을 경작해 주변에서
어느 정도인정받아야 가능하다. 로마가 하루아침에 이루어지지 않듯이
취미농도 하루아침에 완성될 수 없다. 도시에서부터 미리 준비해야 열
가족을 모을 수 있다.

열 가족이 모아졌다면 매년 2월에 먼저 1백만 원을 먼저 받고 2주에
한 번씩 자신이 경작한 농작물과 시골 소식을 전한다. 1,000만 원이면
어느 정도 자신이 할 일이 정해진다. 꾸러미 사업을 하자는 말이다. 봄
에는 산나물을 보내 주자. 여름에는 자신의 집에서 2박 3일 정도 휴가를
같이 보내자. 가을에는 과일과 발효 엑기스를 부쳐 주자. 수확한 농산물
을 받게 하자. 겨울에는 함께 김장을 하고 다음 해 2월에는 장류를 같이
만들자.

---

113 www.welchon.com에 들어가 약 1700개 중 한 곳을 선택한다. 이 사이트는 농림축산식품부가 지
원하는곳으로 안전하게 이용할수 있다.

이 념	철 학	정 신	방 식	
부국강병 목표주의 마을주의 자립주의 관용주의 복지주의 총평주의 성과주의 학습주의	반 공	근 면	MH방식(멘땅에 헤딩하는 방식)	도전
	수 출	자 조	JS방식(죽기살기 방식)	노력
		협 동	KK방식(까라면 까는 방식)	신뢰
			PP방식(빨리빨리 방식)	성과

↓

300만 베이비부머 귀농귀촌	새마을정신 계승의 사업방식

↓

6차산업 활성화와 도농융합에 의한 마을단위 소득개발

↓

농식품 수출을 통한 자립경제와 자조복지

↓

부국강병에서 부국강복으로 이념전환=G–5 선진국 진입

이것이 100만 원이라면 비싼 것이 아니다. 이렇게 하려면 도시에서부터 농사를 연습하고 신뢰를 형성해야 한다. 꾸러미 사업은 일본에서는 일상화되는 개념이다. 안전하고, 안심하고, 신선하고, 신뢰받는 농산물을 공급한다는 것은 은퇴 이후 개인이 국가와 사회를 위해 할 수 있는 몇 안 되는 일 중에 가장 가치 있는 일이다. 가족과 지인이 누가 생산했는지를 알고 먹는 음식은 보약이다. 현재 우리는 농산물의 약 70~80% 정도를 외국산으로 충당하고 있다는 사실을 주지하기 바란다. 현재 우리나라의 식량 자급률은 22% 정도다. 쌀을 제외한다면 말하기 부끄러울 정도다.

이제 베이비부머에 의한 국가재테크의 실천이 필요하다. 지금까지 배우고 익혔던 방식을 농촌과 도시를 융합해 농식품 · 농산업 수출로 승부하자. 그 길만이 우리나라 위대한 대한민국이 살아가는 길이다.

1. 저서 및 논문 (저자 가나다순)

- 강대구 외(2006), 「최근 귀농 실태와 지원 대책 방안 연구」, 농림부.
- 강진구(2007), 「미래 조직의 성공 키워드」, LGERI 리포트.
- 권상필(2003), 「농촌투자활성화를 위한 정책추진 방향 워크숍」, 한국농어촌공사.
- 권순우 외(2011), 「SERI 전망 2012」, 삼성경제연구소.
- 김부성(2012), 「귀농 · 귀촌 정보제공 및 교육체계 구축 개선방안」, 농림부.
- 김성수 외(2004), 「귀농자들의 농촌정착 지원을 위한 프로그램 개발 방향」, 「한국농촌지도 학회지」 11–1, 한국농촌지도학회.
- 김성수 · 정지웅(1983), 「교육혁신으로서의 새마을운동」, 「지역사회개발과 사회혁신」, 서울대학교 새마을운동종합연구소.
- 김일철(1978), 「새마을운동의 전개과정과 그 사회적 성격의 전환」, 「지역개발연구」 제10권–1호, 전남대학교 지역개발연구소.
- 김정렴(2006), 「최빈국에서 선진국문턱까지」, 랜덤하우스 중앙.
- 김정섭(2009a), 「귀농 · 귀촌 활성화를 위한 농촌 지방자치단체의 과제」, 「농촌 지도와 개발」 16–3, 한국농촌지도학회.
- 김정섭(2012), 「귀농 · 귀촌 정책의 방향과 과제, 농림부」, 「귀농 · 귀촌1차정책포럼 발표문」.
- 김정섭 · 김광수(2011), 「귀농 · 귀촌 동향과 지역의 대응 방안」, 「농업전망 2011」, 한국농촌경제연구원.
- 김정섭 · 임지은 · 박천수(2012), 「어촌 지역의 인구 · 산업 · 일자리 동향과 전망」, 「농업전망 2012: 도농상생을 위한 농업 · 농촌 가치의 재발견」, 한국농촌경제연구원.
- 김철규 외(2011), 「귀농 · 귀촌인의 성공적 정착과 농촌사회 발전방안 연구」, 한국사회학회.
- 김태영(2011), 「우리술이야기」, 「인터라뱅」 3, 농촌진흥청.
- 김해동(1974), 「새마을운동의 이론적 기초 I」, 「행정논총」 제12권–2호, 서울대학교 행정대학원 한국행정연구소.
- 김해동(1975), 「새마을운동의 이론적 기초」, 「행정논총」 제13권–2호, 서울대학교 행정 대학원 한국행정연구소.
- 김형용(1998), 「귀농자의 실상과 정착방안에 관한 연구」, 「한국축산경영학회지」 14–1, 한국축산경영학회.
- 류상채(1993), 「약이 되는 술」, 서해문집.
- 마상진(2008), 「신규 취농의 진입장애 해소 방안」, 한국농촌경제연구원.

- 문병집(1976), 「새마을운동의 실제적 연구」, 『지역사회발전연구』 제1권, 한국지역사회발전학회.
- 박세일 · 김승보 · 박정수(2007), 『평생학습사회 만들기 : 교육에서 학습으로』, 한국직업능력개발원.
- 박정근(2003), 「고도 경제성장기의 산업 · 지역(1960 ~ 1980)」, 『한국산업 · 지역 100년(하)』, 한국지역경제연구원.
- 박정희(2005), 『하면된다 떨쳐 일어나자』, 동서문화사.
- 박정희(2005), 『나라가 위급할 때 어찌 목숨을 아끼리』, 동서문화사.
- 박정희(2006), 『한국인에게 고함』, 동서문화사.
- 박진도(1988), 「8.15이후 한국산업정책의 전개과정」, 『한국 산업 · 주민문제연구』 I, 한국농어촌사회연구소.
- 박진환(2005), 『박정희 대통령의 한국경제 근대화와 새마을운동』, (사)박정희대통령기념사업회.
- 서만용 · 구자인(2005), 「귀농자의 농촌정착에 관한 탐색적 연구」, 『농촌관광연구』 12-2, 한국농촌관광학회.
- 서윤정 · 이병오 외(2011a), 「우리나라 농상공 연대의 현황과 과제」, 『한국농촌관광학회』 18-2
- 서윤정 · 이병오 외(2011b), 「AHP를 이용한 농상공연대의 핵심요소 도출」, 『한국농촌관광학회』 38-4.
- 성주인 · 김성아(2012), 「도시민의 귀농 · 귀촌 실태와 정책 과제」, 『농업전망 2012: 도농상생을 위한 농업 · 농촌 가치의 재발견』, 한국농촌경제연구원.
- 성주인(2012), 『농어촌과소화마을 실태와 정책과제 요약』, 한국농촌경제연구원.
- 손종호(1980), 『한국농정의 발전사』, 인성출판사.
- 송미령 · 박주영 · 김정섭(2006), 『농산촌 지역혁신체계 기반 구축』, 한국농촌경제연구원.
- 송미령 · 박주영 · 김정섭 · 오형은 · 황정임(2006), 『농촌 지역혁신 사례』, 한국농촌경제연구원.
- 송용섭 · 황대용(2010), 「귀농 · 귀촌 교육의 실태와 발전 방안」, 『한국농업교육학회 학술대회 발표자료집』, 한국농업교육학회.
- 신섭중 외(1981), 「새마을운동의 이론 재정립과 그 영속적인 추진방안에 관한 연구」, 『새마을운동연구총서』 제6집-3권, 새마을연구회.
- 오원철(2006), 『박정희는 어떻게 경제강국을 만들었나』, 동서문화사.
- 오유석(2003),1970년대 지역새마을운동에 대한 역사적 평가,및 『한국 지역사회의 변화발전』, 『한국 산업 · 지역100년사 논문집』 제2집, 한국지역경제연구원.
- 오헌석 · 최윤미(2009), 「ASTD를 통해 본 인적자원개발의 최근 동향」, 『직업능력개발연구』, 제12권-1호.
- 유상오(2011), 『도시민 농어촌 이주준비를 위한 지원 방안』, 지역발전위 · 한국농촌경제연구원
- 유상오(2009), 『3천만원으로 은퇴후 40년 사는 법』, 나무와 숲.
- 유상오(2011), 『은퇴하면 뭐먹고 살래』, 나무와 숲.
- 유상오.(2012), 『귀농 · 귀촌법제 마련을 위한 세미나 주제발표』, 한국법제연구원.
- 윤용만 · 여택동 외(2005), 『한국의 경제정책』, 박영사.
- 이명복(1993), 『체질을 알면 건강이 보인다』 1, 대광출판사.
- 이병오(2011), 『농상공 연휴연관정책 현황 과제』, 나고야 경제대학 .

- 이봉훈(2004), 「도시자본유치를 통한 농촌의 활력증진대책추진」, 『한국관계배수학회지』 10권−1호.
- 이종구 · 조은상 · 김홍유(2009), 「한국 직업변천사의 시대별 특성 비교분석에 관한 탐색적 연구
  −해방이후(1945) ∼ 현재(2009)까지」, 『경영사학』, 제24권−4호.
- 이질현(1976), 「지역새마을운동 발전방향 설정에 관한 연구」, 『산업경제연구』 제18집, 한국산업경제학회.
- 이태일 외(1981), 「새마을운동의 방향 재정립에 관한 연구」, 『새마을운동 연구논총』, 제6집−3권, 새마을연구회.
- 이현철 외(2011), 「미생물학, 식품영양학, 기능성 웰빙식품산업 및 미래 의료관리
  산업의 통합적 접근」, 『21C 산업융합을 통한 국가 글로벌 경쟁력 강화 심포지엄』.
- 장동헌(2009), 「지방자치단체의 귀농 관련 자치법규의 비교 분석: 귀농의 조례
  및 규칙을 중심으로」, 『지역사회연구』 17.
- 장상환(1995), 「농정이념과 목표−민교협 편」, 『한국의 산업정책』, 미래사.
- 장주희 · 한상근 · 이지연 · 서용석(2011), 『2030 미래의 직업생활연구』, 한국직업능력개발원
- 정갑진(2009), 『1970년대 한국새마을 운동의 정책경험과 활용』, KDI.
- 정기환(2006), 「한국 지역개발 경험의 국제화 전략: 새마을운동을 중심으로」,
  『산업분야 국제협력의 과제와 추진전략』, 한국지역경제연구원.
- 정영국(2003), 「유신체제의 특성과 경제정책의 의의」, 『한국 유신시대의 경제정책』, 한국정신문화연구원.
- 조영탁 외(1991), 「1950년대 이후 산업정책의 전개과정」, 『한국자본주의분석』, 일빛.
- 조창완(2009), 「전남 귀농 활성화 방안」, 『리전인포』제171호. 전남발전연구원.
- 차광주(2010), 「현장에서 본 귀농 활성화 방안」, 『농업전망 2010』. 한국농촌경제연구원.
- 최하(1997), 『참으로 올바른 건강법 대자연 의학』, 자연윤리사.
- 최문성(1989), 「주민에 대한 정치적 지배구조」, 『한국산업 · 주민문제연구』, II, 한국농어촌사회연구소.
- 최양부(1978), 「지역새마을운동 연구의 사회과학적 접근」, 『지역경제』, 한국지역경제연구원.
- 한도현(1989), 「국가권력의 주민통제와 동원정책: 새마을운동을 중심으로」, 『한국산업 · 주민문제연구』II,
  한국농어촌사회연구소.
- 황연수(1991a), 「수입개방에 따른 농정전환의 내용과 성격」, 『한국자본주의와 지역사회』 한국농어촌사회연구소.
- 황연수(1991b), 「산업정책과 농가소득구조의 변화」, 『지역사회의 전통과 구조변동』, 한국정신문화연구원.
- 황연수(2006), 「지역 새마을운동의 再照明」, 『산업사연구』 제5권−2호 pp.17∼53, 한국산업사학회.
- 황인정(1979), 「1980년대 지역새마을운동의 과제와 발전방향」, 『지역경제』 제2권−4호, 한국지역경제연구원.
- 황정임(2012), 「기초 지방자치단체의 귀농 · 귀촌 정책 추진 실태와 쟁점」,
  『귀농 · 귀촌 1차정책포럼 발문문』, 농림부
- 톰 피터스(2010), 최은수 · 황미리 역, 『The Little Big Things』, 더난출판.
- Handy, C.(2005), 이종인 역 『코끼리와 벼룩: 직장인들에게 어떤 미래가 있는가』, 생각의 나무.
- 스티븐 랜즈버그(2008), 이무열 역, 『발칙한 경제학』, 웅진지식하우스.
- Laslett, Peter(1989), A Fresh Map of Life : The Emergence of the Third Age, Cambridge,

MA : Harvard University Press.

- Sadler, W. (2000). The Third Age : 6 Principles for Growth and Renewal after Forty. New York : Da Capo Press.

2. 보고서 (부처별 가나다순)

- 교육부(1998). 『교육 50년사』.
- 내무부(1973). 『새마을운동: 시작에서 오늘까지』.
- 내무부(1980a). 『새마을운동 10년사』.
- 내무부(1980b). 『새마을운동 10년사(자료편)』.
- 내무부(1983). 『새마을운동』.
- 농림수산식품부(2011). 『농어촌 기업 제품판매활성화를 위한 유통체계 구축방안』.
- 농림수산식품부(2012). 『농식품 · 외식기업 지원사업 종합안내서』.
- 농림수산식품부 · 농업인재원(2009). 『귀농 · 귀촌종합안내서』.
- 농림부 한국지역경제연구원(1989). 『한국농정 40년사』.
- 농림부 한국지역경제연구원(1999). 『한국농정 50년사』.
- 농림수산부(1978). 『1977년도 산업동향에 관한 연차보고서』.
- 농촌진흥청(2010). 『신시장, 신사업 창출의 農 · 商 · 工 연대 사례집』.
- 농촌진흥청(2010). 『농외소득활동실태조사』.
- 대한상공회의소(1982). 『한국경제 20년의 회고와 반성』.
- 새마을운동중앙회(1998). 『한국의 새마을운동』.
- 새마을운동중앙회(2003). 『새마을운동 핸드북』.
- 새마을지도자연수원(1982). 『새마을지도자연수원 10년사』.
- 일본국 내각부(2010). 『신 성장전략』.
- 전국경제인연합회 편(1986). 『한국경제정책40년사』.
- 중소기업청(2009). 『농 · 공 · 상 융합형 중소기업 육성전략』.
- 지식경제부 · 산업융합민간합동위원회(2011). 『산업의 신르네상스를 위한 산업융합촉진전략』.
- 통계청(2011). 『한국사회통계』.
- 한국지역경제연구원(1979). 『한국의 지역개발 1970~79: 새마을운동의 평가와 전망』.

3. 신문기사 및 기타 (연도별순)

- 정비석. 薔薇와 쓰레기통 . 농아일보. 1956. 9. 14.
- 달아오르는 「인류 화합 잔치」. 경향신문. 1988. 3. 1.
- 5共 청산관련 일지. 경향신문. 1989. 12. 16.

- 베트남進出에 유의할 점, 매일경제, 1992. 12. 22.
- 강문규(새마을운동 중앙협의회 신임회장), 제2 새마을운동으로 국난극복, 경향신문, 1998. 9. 16.
- 北에 '통일손수레' 1만대 전달, 국민일보, 2000. 11. 10.
- 전국 새마을지도자 대회 열려, YTN, 2004. 12. 8.
- 새마을운동의 재해석, 내일신문, 2006. 9. 20.
- 6 · 25전쟁 직후 문맹퇴치 사업 본격화, 문화일보, 2010. 6. 1.
- 허은(고려대 한국사학과 교수), 문맹퇴치와 계몽, 문화일보, 2010. 6. 1.
- 새마을운동 보급 탄력… 저개발국 봉사단 파견 확대, 문화일보, 2011. 2. 7.
- 유상오, 도시민 1인 귀농 · 귀촌 1억8천만원 경제적 효과, 농민신문, 2011. 9. 2.
- 한드미 산촌유학, 한국일보, 2011. 12. 23.
- 선진농업의 선구자 이스라엘 가보니…, 뉴시스, 2012. 7. 16.
- 플로어 브라우어, 네덜란드 농업의 성공 요인, 농민신문, 2012. 9. 12.
- 도시 · 농촌 소득 격차 '사상 최대' 벌어져, 경향신문, 2012. 9. 14.
- 제롬 글렌(밀레니엄프로젝트 회장), 2030 미래전략 세계 석학에게 듣는다 1, 동아일보, 2013. 1. 3.
- 일본 65 · 69세 노인 셋 중 한명 직장 다닌다, 연합뉴스, 2013. 1. 21.
- 서울 취업 · 구직 노인 65% "생계비 마련이 목적", 한국일보, 2013. 1. 23.
- 경상북도 새마을운동 http://isvil.net
- 새마을 운동 중앙회 http://www.saemaul.com
- 새마을운동자료관 http://www.saemauldb.com
- 법제처 http://www.moleg.go.kr
- 새마을금고 http://www.kfcc.co.kr